CHANYE SIDI

陈昭彦 著

产业"四地"
推进青海高质量发展
TUI JIN QING HAI GAO ZHI LIANG FA ZHAN

青海人民出版社

图书在版编目（CIP）数据

产业"四地"推进青海高质量发展 / 陈昭彦著 . ——
西宁 : 青海人民出版社 , 2023.11

ISBN 978-7-225-06599-1

Ⅰ . ①产… Ⅱ . ①陈… Ⅲ . ①区域经济发展—研究—
青海 Ⅳ . ① F127.44

中国国家版本馆 CIP 数据核字 (2023) 第 205699 号

产业"四地"推进青海高质量发展

陈昭彦 著

出 版 人 樊原成

出版发行 青海人民出版社有限责任公司
西宁市五四西路 71 号 邮政编码：810023 电话：（0971）6143426（总编室）

发行热线 （0971）6143516/6137730

网 址 http://www.qhrmcbs.com

印 刷 青海友谊彩色印刷有限责任公司

经 销 新华书店

开 本 787mm×1092mm 1/16

印 张 17

字 数 300 千

版 次 2023 年 11 月第 1 版 2023 年 11 月第 1 次印刷

书 号 ISBN 978-7-225-06599-1

定 价 55.00 元

前　言

　　党的二十大明确高质量发展是全面建设社会主义现代化国家的首要任务。党的十八大以来，习近平总书记一直高度重视青海的工作，曾两次来青海考察调研，两次参加全国人大青海代表团审议。习近平在青海考察时指出："青海最大的价值在生态、最大的责任在生态、最大的潜力也在生态。"立足"三个最大"省情定位，并根据青海资源禀赋、发展优势和区域特征，总书记亲自为青海高质量发展擘画宏伟蓝图，明确建设产业"四地"作为推动青海高质量发展的主攻方向和行动路径，即加快建设世界级盐湖产业基地、打造国家清洁能源产业高地、国际生态旅游目的地、绿色有机农畜产品输出地。青海省第十四次党代会上明确了产业"四地"建设为青海高质量发展前进方向、根本遵循，在推进青海生态保护和高质量发展上不断取得新成就，奋力谱写出全面建设社会主义现代化国家的青海篇章。

　　本书力求突出学理性、学术性、资政性以及普及性，紧紧围绕习近平总书记在青海考察的重要讲话精神，以习近平生态文明思想为指导，对产业"四地"提出的背景及其客观性、必然性做出创新性的理论探讨；再对产业"四地"建设及青海高质量发展现状研究进行分析，从而及时发现所面临的困难与挑战；充分研究青海高质量发展的内涵和特色，提出青海高质量发展的总体思路和要求。基于以上分析，重点研究提出产业"四地"建设推进青海高质量发展的路径、体制机制和政策建议。

　　产业"四地"推进青海高质量发展研究具有理论意义和现实意义，专著立足"三个最大"省情定位和"三个更加重要"战略地位，积极落实习近平总书记来青海考察时的重要讲话精神和重大要求，瞄准把脉青海资源禀赋、发展优势和区域特征，研究和分析高质量发展过程中的问题，为青海抢占时代发展制高点，推动青海高质量发展提供强大助力和施策建议。以高规格、大视野、国际化为标准，推进产业"四地"建设，为推进青海高质量发展提出"青海方案"，发出"青海声音"，为加快建设绿色发展、生态友好的现代化新青海及奋力谱写全面建设社会主义现代化国家的青海篇章做出应有贡献。

　　本书共分为十二章，全书由作者编订并修改定稿。在创作期间得到青海民族大学马成俊副校长、青海民族大学科研处赵艳处长以及青海民族大学政治与公共管理学院张兴年院长大力支持；根据青海人才对接项目《青海高质量发展研究院及产业"四地"建设研究》，原国家应对气候变化战略研究和国际合作中心首任主任李俊峰、生态环境部环境与经济政策研究中心主任田春秀、青海省社会科学院副院长孙发平、国务院发展研究中心苏扬、天津大学傅利平教授、中国人民大学张可云教授、中央民族大学管理学院院长李曦辉教授、中国社会科学院生态文明研究所朱守先教授、生态环境部国家应对气候变化战略研究和国际合作中心对外合作交流部李彦副主任、北京市科学技术研究院资源环境研究所张忠国所长以及青海大学杨娟丽副教授对本书提出宝贵建议，在此深表谢意！感谢青海民族大学马新国老师、姜宝龙老师及马米娜老师对文章提出宝贵建议！感谢青海民族大学张丁凡、张政、彭慧敏、邵静雯、冯莉涓及付旦等优秀研究生以及青海民族大学青海高质量发展研究院朱翔羽老师为本书提供的材料和数据！在创作期间，作者对海东市、海西州及黄南州等市州以进行了大量调查研究，在此对海东市、海西州，乌兰县、都兰县、河南县及青海省生态文明处的有关领导同志提供调查研究之便及组织产业四地企业参与座谈并提供资料和数据表示深深的感谢！对大唐青海能源公司、青海瑞湖生物资源开发有限公司、西宁博占网络科技有限公司、青海圣洁高寒农牧科技有限公司、圣源地毯公司、水井巷集团等产业四地代表企业的大力支持表示深深感谢！

　　限于作者的学识和水平，书中难免存在失当之处，恳切期待读者的批评指正。

目录

1 大美青海

1.1 青海地理概况及社会历史演化

　　青海省作为青藏高原的重要核心区，以高原为主体，地理构成多样，草原、高山、盆地、戈壁、河流、湖泊蔚为壮观，因纵贯的东昆仑山和境内发源的黄河、长江、澜沧江而被称为山宗水源之地，是国家重要的生态安全屏障，也是北半球气候敏感启动区、全球生态系统调节器和高寒生物天然物种资源库，生态地位特殊而重要，生态责任重大，主要任务是全面筑牢国家生态安全屏障，持续改善生态环境质量，推动高质量发展。进入新时代，立足新发展阶段、贯彻新发展理念、构建新发展格局，推动青海生态环境保护和高质量发展任重道远。青藏高原是大自然赐予中华民族和全人类的财富，建设青藏高原生态文明高地，对青藏高原可持续发展，对中国乃至世界生态环境保护事业的发展，都将产生十分重要的影响。中国共产党和中国政府坚持生态保护优先，把保护好青藏高原生态文明作为关系中华民族生存和发展的大事。目前，青藏高原生态文明制度逐步完善，生态保护成效显著，资源得到一定保护，环境质量稳定良好，青藏高原生态文明建设正发挥着引领作用。

　　青海位于中国西部，地处东经89°35′—103°04′，北纬31°9′—39°19′之间，东西长1200多千米，南北宽800多千米，总面积72.23万平方千米，占全国总面积的1/13。青海省因拥有全国最大的内陆咸水湖——青海湖而得名，简称青。青海省东西长约1200千米，南北宽约800千米，总面积72.23万平方千米，约占全国总面积的 1/13。青海省由 2 个地级市和 6 个自治州组成。截至 2021 年，青海省常住人口 594 万，全省生产总值为 3346.63 亿元，比 2020 年同期增长 5.7%，两年平均增长 3.6%。青海北部和东部与甘肃省接壤，西北部与新疆维吾尔自治区毗邻，南部和西南部与西藏自治区相连，东南部与四川省毗邻，属于四大地理区域中的青藏地区。青海东部是向黄土高原的过渡地带，地形复杂多变；北部有祁连山脉和阿尔金山；中部有昆仑山脉和阿尼玛卿山；南部有唐古拉山和巴颜喀拉山。山脉之间是著名的柴达木盆地、可可西里盆地以及历史悠久且人口稠密的"河湟谷地"，形成山盆（谷）相间的地形格局。多座山峰耸立于雪线之上，其中海拔最高的是 6860 米的布喀达坂峰。青海拥有青藏高原、内陆干旱盆地和黄土高原三种地貌，属大陆性气候，黄河、长江、澜沧江、黑河和大通河五大水系流经青海。

秦汉时期，羌人有 150 多个部落，每一部落都有其首长，互不统属。他们过着逐水草而居的游牧生活，劳动生产率低下，社会形态原始。汉武帝元狩二年（公元前 121 年），西汉王朝派骠骑将军霍去病出兵击败西域匈奴部落，设令居塞，并在河西设四郡。武帝元鼎六年（公元前 111 年），汉军征讨河湟羌人，在湟中设"护羌校尉"，发动湟中之策，筑西平亭（今西宁市）。从此，汉王朝开始统治青海东部地区。汉宣帝神爵元年（公元前 61 年），赵充国奉命平先零羌杨玉得胜后，罢兵屯田于河湟，设"金城属国"，先后设置临羌（治所在今湟源县）、安夷（治所在今海东市平安区）、破羌（治所在今海东市乐都区）、允吾（治所在今民和县）、允街（治所在今甘肃省兰州市红古区）、河关（治所在今贵德县）七县，青海东部正式纳入中原封建王朝的郡县制。三国时期，魏文帝黄初三年（222 年），凭依汉西平亭故城，修成西平郡城。4 世纪初，吐谷浑人迁入甘青地区，后向青海境内发展，并建立了吐谷浑国。鼎盛时期，其势力范围东南至四川松潘，北至青海祁连，东到甘肃洮河，西达新疆南部，东西长约 1500 千米，南北宽约 500 千米。自吐谷浑人进入青海至唐龙朔三年（663 年）亡于吐蕃止。东晋十六国时，青海河湟地区先后由前凉、前秦、后凉、南凉、西秦、西夏和北凉统治。

公元 7 世纪，松赞干布统一了西藏高原，建立了吐蕃王朝。他先后兼并了羊同、苏毗、白兰、党项诸羌，尽得其地。唐朝"安史之乱"后，吐蕃王朝进一步东进，统治整个青海全境近 200 年。唐朝末年，"嗢末"一度控制河湟流域。五代十国时期，青海吐蕃部落分散，不复统一。

宋时，唃厮啰势力逐渐强大，在河、湟、洮地区以青唐城（今西宁）为中心，建立了以吐蕃为主体的宗喀地方政权，臣属于宋。徽宗初，唃厮啰政权势力日衰，宋军遂进占河湟地区。崇宁三年（1104年），宋以西宁州取代鄯州，是"西宁"见于历史之始。北宋灭亡后，金和西夏占领河湟地区近一个世纪。南宋理宗元庆三年（1227年），成吉思汗进军洮、河、西宁州，将青海东部地区纳入蒙古汗国版图。忽必烈即位初，在河州、吐蕃等处设宣慰使司都元帅府，管辖青、甘一带吐蕃部落。至元十八年（1281年）在甘肃等处设行中书省，辖西宁诸州。

明洪武六年（1373年）改西宁州为西宁卫，下辖6000户所。后来，设"塞外四卫"：安定、阿端、曲先、罕东（当今海北州刚察西部至柴达木西部，南至格尔木，北达甘肃省祁连山北麓地区）。孝宗弘治元年（1488年），设西宁兵备道，直接管理蒙、藏各部和西宁近地，"塞外四卫"由西宁卫兼辖。明初青海东部实行土汉官参设制度。在青南、川西设有朵甘行都指挥使司，又在今青海黄南州、海南州一带设必里卫、答思麻万户府等。16世纪初，厄鲁特蒙古四部之一的和硕特部移牧青海，一度成为统治青海的民族。清雍正初年，罗卜藏丹津反清斗争失败后，清朝在青海设置青海办事大臣，统辖蒙古二十九旗和青南玉树地区、果洛地区及环湖地区的藏族部落。青海东北部西宁卫改为西宁府，仍沿袭明朝的土司制度，属甘肃省管辖。

民国元年（1912年）北洋军阀政府任命马麒为西宁总兵，民国四年（1915年）又任命其为蒙番宣慰使和甘边宁海镇守使。从此，马家军阀统治青海近40年。1914年设立西宁道。民国十七年（1928年）9月5日，南京国民政府决定新建青海省，治设西宁。民国十八年（1929年）1月，青海省正式建制。

1949年9月5日，中国人民解放军解放西宁，同年9月26日，青海省人民军政委员会宣告成立。1950年1月1日，青海省人民政府正式成立，以西宁为省会。

截至2020年10月，青海省辖2个地级市，6个自治州，6个市辖区，4个县级市，7个自治县，1个县级行政委员会。

表1-1　区划详情

行政区	市辖区、县级市、县	车牌	区划代码
西宁市	城中区、城东区、城西区、城北区、湟中区、大通回族土族自治县、湟源县	青A	630100

续表

海东市	乐都区、平安区、民和回族土族自治县、互助土族自治县、化隆回族自治县、循化撒拉族自治县	青 B	630200
海北藏族自治州	海晏县、祁连县、刚察县、门源回族自治县	青 C	632200
黄南藏族自治州	同仁市、尖扎县、泽库县、河南蒙古族自治县	青 D	632300
海南藏族自治州	共和县、同德县、贵德县、兴海县、贵南县	青 E	632500
果洛藏族自治州	玛沁县、班玛县、甘德县、达日县、久治县、玛多县	青 F	632600
玉树藏族自治州	玉树市、杂多县、称多县、治多县、囊谦县、曲麻莱县	青 G	632700
海西蒙古族藏族自治州	德令哈市、格尔木市、茫崖市、天峻县、都兰县、乌兰县、大柴旦行政区	青 H	632800
注：更新于 2020 年			

截至 2021 年末,青海常住人口 594 万人,比上年末增加 1 万人。按城乡人口划分,城镇常住人口 362.5 万人,比上年增加 6.2 万人,占常住人口的比重(常住人口城镇化率)为 61.02%,提高了 0.94 个百分点。全年人口出生率 11.22‰,比上年下降 0.21 个千分点;人口死亡率 6.91‰,比上年上升 0.26 个千分点;人口自然增长率 4.31‰,比上年下降 0.47 个千分点。全年城镇新增就业岗位 6.31 万个,城镇登记失业率为 1.8%。农牧区劳动力转移就业 110.54 万人次。农民工 94.9 万人,比上年增加 0.7 万人,其中外出农民工 66.6 万人,本地农民工 28.3 万人。

青海的山川草原曾是西部各民族融合交流的发展之地,青海的主要少数民族有藏族、回族、土族、撒拉族和蒙古族,少数民族人口占青海总人口的 47%,其中藏族人口为 130 多万,回族人口近 100 万。该地区的五个少数民族享有区域自治权,共设立了 6 个自治州和 7 个自治县:五个藏族自治州(玉树、果洛、海南、海北、黄南藏族自治州),一个蒙古族藏族自治州(海西蒙古族藏族自治州),一个土族自治县(互助土族自治县),一个撒拉族自治县(循化撒拉族自治县),两个回族自治县(化隆、门源回族自治县），两个回族土族自治县（民和、大通回族土族自治县），一个蒙古族自治县（河南蒙古族自治县）。民族自治地方的面积占全省总面积的 98%，民族自治地方的少数民族人数占全省少数民族总人数的 81.55%，此外，全省还有 28 个民族乡。

1.2 青海地理环境和气候特征

青海省地势总体呈西高东低，南北高、中部低，西部海拔高峻，向东倾斜呈梯形下降，山脉和盆地众多，各大山脉构成全省地貌的基本骨架。全省海拔 3000 米以上，省内海拔高度 3000 米以下的面积为 11.1 万平方千米，占全省总面积的 15.9%；海拔高度 3000 至 5000 米的面积为 53.2 万平方千米，占全省总面积的 76.3%；海拔高度 5000 米以上的面积为 5.4 万平方千米，占全省总面积的 7.8%。青南高原平均海拔超过 4000 米，面积占全省总面积的一半以上；河湟流域海拔较低，大多在 2000 米左右。海拔最高点是位于昆仑山的布喀达坂峰，海拔为 6851 米，最低点位于海东市民和县马场垣乡境内（青海省最东端）与甘交界处，海拔为 1644 米。青海省的省内平原面积为 19.7 万平方千米，占全省总面积的 28.3%；山地面积为 34.1 万平方千米，占全省总面积的 48.9%；丘陵面积为 10.2 万平方千米，占全省总面积的 14.6%；台地面积为 5.7 万平方千米，占全省总面积的 8.2%。

青海省地处青藏高原，属于远离海洋的内陆地区，属大陆性干旱、半干旱高原气候，气候特点为：日照时间长，辐射强；冬季漫长，夏季凉爽；气温日较差大，年较差小；地域差异大，东部降水较多，西部干燥、缺氧、寒冷。年平均气温受地形的影响，其总的分布形式是北部较高，南部较低。青海省境内各地区年平均气温在 -5.1℃～9.0℃之间，1 月（最冷月）平均气温为 -17.4℃～-4.7℃，其中祁连托勒为最冷的地区；6 月～8 月均温为 5.4℃～9.9℃，气候凉爽，是天然避暑胜地，其中，7 月（最热月）平均气温在 5.8℃～20.2℃之间，最热地区为民和县。祁连山区、青南高原的年平均气温在 0℃，其面积占全省面积的 2/3 以上；较暖的东部湟水谷地、黄河谷地，年平均气温在 6℃～9℃。青海全省年降水量分布总趋势是由东南向西北逐渐减少，绝大部分地区年降水量在 400 毫米以下，西北部年降水量在 50 毫米以下，柴达木盆地年降水量在 17 ～ 182 毫米之间，其中冷湖为降水最少的地区，植被稀少，以荒漠为主；东北部高山区和青南高原温度低，除祁连山、阿尔金山和江河源头以西的山地外，年降雨量一般在 100 ～ 500 毫米；西南部年降水量可达近 500 毫米，地表水量丰富，森林茂密；东南部的久治、班玛一带降水量在 600 毫米以上，其中久治降水量最大，年平均降水量达 745 毫米。青海省无霜期为 3 ～ 6 个月，东部农业区为 3 ～ 5 个月，其他地区只有 1 ～ 2 个月，三江源部分地区无绝对无霜期。全省年平均辐射总量可达 5860 ～ 7400 兆焦 / 米 ^{2}，日照时数为 2336 ～ 3341 小时，全省年太阳辐射总量仅次于西藏，太阳能资源丰富。

1.3 自然资源概况

1.3.1 土地资源

截至 2015 年，青海省实测土地总面积为 69.66 万平方千米。农用地面积为 4510.50 万公顷，占全省土地总面积的 64.75%，其中，耕地面积为 58.57 万公顷，牧草地面积为 4081.21 万公顷，林地面积为 354.15 万公顷，园地面积为 0.61 万公顷；建设用地面积为 33.99 万公顷，占全省土地面积的 0.49%；未利用地面积 2421.99 万公顷，占全省土地面积的 34.77%。青海土地类型多样，垂直分异明显，大致以日月山和青南高原北部边缘为界，以西为牧区、以东为农耕区，自西而东依次为冰川、戈壁、沙漠、草地、水域、林地、耕地梯形分布，地块分散，难以连片开发集约利用。东部耕地占全省总耕地面积的 90.8%，耕地后备资源主要分布在柴达木盆地、海南台地、青海湖地区及东部地区。

截至 2015 年，青海省草地面积 4193.33 万公顷，其中可利用草地占 92.21%，面积为 3866.67 万公顷，分为 9 个草地类、7 个草地亚类、28 个草地组和 173 个草地型，每年总产牧草 8093 万吨，其中夏秋草场 1825.35 万公顷。高寒草甸为 2366.16 万公顷，占全省草地面积的 64.92%，是青海天然草地的主要组成部分。在全省 173 个草地型中，有 40 个以莎草科牧草为优势品种的草地型，面积为 2091 万公顷，占全省草地面积的 57.37%。全省耕地面积为 58.57 万公顷，2015 年农作物播种面积为 55.84 万公顷，比上年增加 0.47 万公顷。其中粮食作物面积为 27.71 万公顷，占总播种面积的

49.62%；经济作物播种面积 17.70 万公顷，其中油料作物面积 14.47 万公顷，占总播种面积的 25.91%；蔬菜种植面积 4.96 万公顷，占总播种面积的 8.88%；枸杞 2.96 万公顷。2015 年主要农产品产量为：粮食 102.72 万吨、油料 30.48 万吨、蔬菜 166.4 万吨、水果 1.5 万吨。主要农产品品种有小麦、青稞、玉米、油菜、蚕豆、豌豆、马铃薯、胡麻等。主要水果品种有红元帅、红星、红富士、贵德长把梨、软儿梨、杏、桃、李子、樱桃、沙果、核桃、花檎、草莓、西瓜、葡萄等。

1.3.2 动物资源

青海省有陆栖脊椎动物类约为 1100 种，有经济价值动物有 250 种，鸟类别有 432 种、兽类有 103 种，分别占全国的 1/4 和 1/3，其中列为国家重点保护的一、二级动物有 69 种。珍稀动物有：野骆驼、野牦牛、野驴、藏羚羊、盘羊、白唇鹿、梅花鹿、麝、雪豹、黑颈鹤、藏雪鸡、天鹅等。还有水獭、喜马拉雅旱獭、赤狐、猞猁、香鼬、兔狲、金猫、石貂、豹、岩羊、原羚、黄羊、马鹿、水鹿、毛冠鹿、棕熊等。家畜家禽主要有互助黑猪、八眉猪、牦牛、藏系羊、玉树马、贵南黑紫羊、环湖改良细毛羊、骆驼、山羊、黄牛、犏牛、浩门马、河曲马、大通马、柴达木马等。其他有益动物主要有灰鹤、鸿雁、豆雁、大鸨、岩鸽、藏马鸡、金雕、啄木鸟、猫头鹰等。

1.3.3 植物资源

青海省有高等被子植物近 1.2 万种，蕨类植物 800 余种，其中，经济植物 75 类 331 属 1000 余种，主要涉及药用、纤维、淀粉、糖类、油料、化工原料、香油蜜源、野果野菜、观赏花卉等植物种类。药用植物约 500 种，其中，著名中药 50 多种，主要包含冬虫夏草、大黄、贝母、枸杞、甘草、雪莲、藏茵陈、党参、黄芪、羌活、茛菪、麻黄等。纤维植物有 50 余种，主要有紫斑罗布麻、箭叶锦鸡儿、马兰、芦苇、狼毒、芨芨草、山柳等。油料植物有香薷、沙棘、文冠果、薄荷、宿根亚麻等 70 余种。淀粉类植物有蕨麻、锁阳、黄精、玉竹等 50 余种。化工原料植物主要有油松、金露梅、地榆、柽柳等 50 余种。香料蜜源植物有丁香、忍冬、百里香、玫瑰等 40 余种。野果和蔬用植物有草莓、山楂、山葡萄、猕猴桃等 40 余种。食用菌类有发菜、蘑菇、黑木耳等 10 余种。

1.3.4 矿产资源

青海省祁连矿区以有色金属、石棉、煤为主；柴达木盆地北端的成矿带以贵金属、有色金属、煤炭为主；柴达木盆地以石油、天然气、盐类矿产为主；东昆仑成矿带以有色金属、贵金属矿产为主；"三江"北段成矿带以铜、铅、锌、钼等有色金属矿产为主，铅储量为 115 万吨、锌储量为 153 万吨、铬储量为 23 万吨。各地区的矿产类型大致有"北部煤、南部有色金属、西部盐类和油气、中部有贵金属、东部非金属"的特点；从矿产类型来看，矿产种类多，相关矿产和副产品矿产多，小型矿山多，矿产地分散，矿产储量相对集中。全省盐湖类矿产资源（钾、镁、钠、锂、锶、硼等）储量相对丰富。石油、天然气、钾盐、石棉及有色金属（铜、铅、锌、钴等）矿产品的供应已在全国占有重要地位。现有 135 种矿产，已查明的矿产有 88 种，单矿种产地数有 1121 种，其中大型矿物 184 种，中型矿物 224 种，小型矿物 713 种。在已探明的矿物种保有资源储量中，有 56 个矿种居全国前十位，镁盐（氯化镁和硫酸镁）、钾盐、锂矿、锶矿、石棉矿、饰面用蛇纹岩、电石用灰岩、化肥用蛇纹岩、冶金用石英岩、玻璃用石英岩等 11 种矿产居全国第一位。全省共发现非金属矿种 36 种，有 5 种列全国第一位，其中最重要的包括石棉、石膏、石英、石灰岩、石墨等，石棉保有储量占全国的 63%。

1.3.5 光照资源

青海省位于平均海拔约 4000 米的中纬度地带，其大气层相对稀薄，太阳光透射率很高，再加上干旱少雨，云层遮蔽率较低，因此该地区的光照资源非常丰富。青海大部分地区年太阳辐射总量大于 605 千焦 / 厘米 ^{2}，全年平均日照时数在 2300~3550 小时之间，可利用太阳能发电规模约为 30 亿千瓦，绝大部分地区的太阳能资源供应给属于 1400~1600 小时的二级区域，其保证发电时数至少为 1300 小时。[1] 青海的光伏日出力特性如图 1.3 所示，在晴朗天气的时候，光伏发电的输出曲线是一个很平滑的正弦半波，输出的时间是在 7:00 至 20:00 之间，在中午，输出的功率达到最大。[2]

---

[1]　陈阳 . 集中式并网光伏发电上网电价定价研究 [D]. 西安理工大学，2018.

[2]　傅旭，苗淼，李富春，杨欣，王昭 . 青海电网光伏接纳能力研究 [J]. 陕西电力，2017，45(04):21-25.

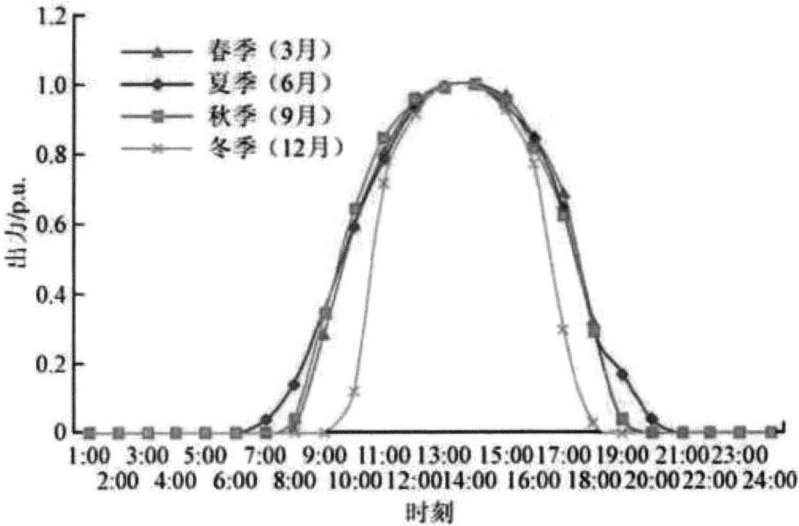

图 1.1　青海光伏典型日出力曲线

青海省的年总辐射量在 580 千焦 / 厘米 ^{2} ~ 740 千焦 / 厘米 ^{2} 之间，生理辐射值比东部同纬度地区高，如格尔木与兰州纬度相近，日平均值却高出 32.4 瓦 / 米 ^{2}，西宁的生理辐射量 [110 瓦 /（米 ^{2}·日）] 高于济南 [（94 瓦 /（米 ^{2}·日）]。格尔木、西宁和上海的紫外线分别占总辐射量的 3.5%、2.5% 和 1.8%，青海是全国辐射资源最丰富的地区之一。青海地区年辐射总量的区域分布和日照时数呈西高东低、西北向东南递减的趋势。位于青海省西部地区海西的，年平均日照时数超过 3000 个小时，年平均日照百分率达 68% 以上。柴达木盆地日照强度大于 690 千焦 / 厘米 ^{2}，年日照时数超过 2500 个小时，其中柴达木盆地日照强度为 3200 ~ 3600 个小时，在青海省日照百分率中居第一位，在全国排名第二高。盆地的西部在 710 千焦 / 厘米 ^{2} 以上，盆地的西部和北部在 3200 小时以上，在这些地区中，冷湖的海拔达到了 741.1 千焦 / 厘米 ^{2} 以上，年日照时数达到了 3550.5 个小时，这是全省最长的日照时数，也是全省太阳辐射量最大的地区。青海湖区的年平均光照时数超过 3000 小时，比青海东部的同期平均光照时数多约 700 小时；年日照百分率在 68% ~ 69% 之间。年总辐射量为 171.461 千卡 / 厘米 ^{2}·年 ~ 106.693 千卡 / 厘米 ^{2}·年，比同纬度的华北平原和黄土高原高 10 千卡 / 厘米 ^{2}·年 ~ 40 千卡 / 厘米 ^{2}·年。从此角度来看，向南、东两个方向的总辐射量随着云雨天气次数的增多而递减。果洛州的东南部不到 610 千焦 / 厘米 ^{2}，玉树、果洛州的东南部不到 2500 小时，而久治只有 2327.9 小时，是全省年光照时数最少的地区。该地区东部辐射强度普遍低于 610 千焦 / 厘米 ^{2}，其中互助辐射强度只有 584.9 千焦 / 厘米 ^{2}，是全省年辐射总量最少的区域。达坂山和拉脊山两侧（即互助、湟中等地）为日照时数低值区，日照时间不超过 2600 小时。以推进清洁能源示范省的建设为中心，青海已经初步形成了一条比较完整的光伏制造业的生产链条，其中包括了逆变器、光伏玻璃、石英坩埚、铝边框、支架等一批配套光伏企业。在 2019 年，全省的多晶硅年产能达到了 2.3 万吨左右，单晶硅年产能达到了 7000 吨左右，电池年产能达到了 500 兆瓦左右，光伏组件年产能达到了 1 吉瓦左右，逆变器年产能达到了 0.5 吉瓦左右，光伏组件铝边框年产能达到了 1.5 万吨左右。到 2019 年末，青海省的光伏发电装机总容量达到了 955 万千瓦，占全国光伏发电装机容量总规模的 4.7%，占新能源并网发电装机容量的 78.3%。[①]

1.3.6 地热资源

青海省地热资源种类较多，主要有三大类：地下热水、浅层地温能和干热岩。根据水动力条件、储藏条件、地质结构和水文地质特点划分，青海省主要凸起区存在着两种类型的地下热水资源：一种是隆起带断裂构造型，另一种是沉降盆地型。隆起断裂型地热资源主要有：西宁盆地南部边缘的药水滩地热区、贵德热水沟地热区、兴海县的温泉地热区及唐古拉山口温泉地热区等。青海省的沉降盆地型地热资源主要分布于青海东部西宁盆地、贵德盆地及共和等盆地内，其中在共和盆地东西两侧，是两条断裂带和温泉分布带。盆地东侧瓦里贡山构造岩浆带沿当家寺—过马营—多和茂一线分布，该带为西秦岭印支造山带褶皱基底，形成了一条由北往南的温泉分布带。盆地西侧构造岩浆带在鄂拉山沿乌兰—温泉一线分布，以瓦洪山断裂贯穿南北，断裂显示强烈的挤压现象，呈现出 50 ~ 100 米宽的挤压破碎带，断裂顺扭运动、深切地壳、多期活动。

青海省的地热资源分布十分广泛，主要以青海省的东部、北部与南部三个区域最为集中。全省共发现 84 处水温超过 15℃的热水或地热异常点，包括一处超过 90℃的中温热点（贵德 93.5℃），10 处 60℃ ~ 80℃的低温热水点，9 处 40℃ ~ 60℃的低温热水点，64 处 15℃ ~ 40℃的低温水点。青海地热属于地下盆地的热水田类型，其热水的温度大多为 20℃ ~ 40℃之间和 40℃ ~ 60℃之间，很少超过 80℃。据侦测发现共和—贵德盆地、大柴旦、都兰盆及青藏铁路沿线的温泉及玉树巴塘地区、兴海地区、同仁盆地等地区，特别是在共和、贵德和大柴旦、都兰、玉树巴塘盆地，埋藏

---

① 王小梅. 以双循环为支撑促进青海光伏产业链创新建设 [J]. 青海科技，2020，27(06):22−25+30.

深度多在 200 米～1800 米之间。研究发现，都兰热水乡和夏日哈乡的地表水温均在 70℃～82℃之间；在共和县恰卜恰地区打出 4 口深水井，井口水温在 72℃～82℃之间，可开采水量为每日 1 万立方米；此外，在共和盆地深度为 1850 米的地方及贵德盆地深度为 2700 米的地方分别发现 98℃和 107℃的干热岩。从中新生代以来，由于青海周边山体隆升和盆地内下沉，沉积着巨厚的侏罗系、白垩系、古近系、新近系及第四系碎屑岩类堆积物，组成了盆地复盖层热储系统。其中，贵德盆地有 2000 米左右的沉积厚度，共和盆地恰卜恰地区有 1500 米以上的沉积厚度，海晏盆地有 1200 余米的沉积厚度，在西宁盆地凸起区有 1500 多米、凹陷区大于 3000 米的沉积厚度。中新生界的巨厚层沉积具有良好的储盖性和巨大的地热水容量，是一种理想的地下热水资源。青海省具有形成地热能的良好环境条件，即有大量的地下热泉，水量丰富，水温适宜，适宜开发地热田，地热能开发利用潜力巨大。

1.4 水资源

青海省有 380 条集水面积超过 500 平方千米的河流。全省年径流总量为 611.23 亿立方米，水资源总量在全国排名第十五位，人均占有量是全国平均水平的 5.3 倍，是黄河总径流量的 49%、长江总径流量的 1.8%、澜沧江总径流量的 17% 及黑河总径流量的 45.1%，每年从青海流出的水量为 596 亿立方米。青海有 281.6 亿立方米的地下水资源；全省有 242 个面积 1 平方千米以上的湖泊，湖水总面积 13098.04 平方千米，位居全国第二。青海拥有大量的水资源，但是目前供需矛盾仍然非常突出。长江、澜沧江流域人口集中，工农业经济总量小，但水资源丰富。黄河流域是青海省发展最早、人口和耕地相对集中、经济相对发达的区域，其水资源占全省的 33.1%、流域内人口占全省的 81%，耕地面积占全省的 84%，地区生产总值占全省的 70%。其中湟水储量为 22.2 亿立方米，占全省的 3.5%，流域内人口占全省的 56%，耕地面积占全省的 52%，地区生产总值占全省的 56%，经济和社会的发展与水资源的分布不相协调，已经成为限制青海经济和社会发展的重要因素。

1.4.1 水资源概况

青藏高原的水资源是以河流、湖泊、冰川和地下水等多种水体形式为主要来源的，其中河川径流是其主要来源。青海省水系发达，江河纵横，湖泊众多，外流水系流域面积占高原总面积的53.56%。青藏高原南部及东南部水系发达，为长江、黄河、怒江、澜沧江、雅鲁藏布江、恒河、印度河等亚洲主要河流的发源地。青藏高原地表水平均年水资源总量为6383亿立方米，主要以河川径流为代表。青藏高原的冰川覆盖了4.9万平方千米的土地，平均每年有350亿立方米的融水量。高原湖泊的总面积为36889平方千米。青藏高原地表水和地下水总量为6386.6亿立方米，其中地下水含量为28.35%，水资源总量占中国的22.71%。

（1）黄河

黄河，作为中华民族的母亲河，历史悠久，支流繁多，仅青海就有24条一级支流，1条二级支流。黄河三江源流域从上游到下游的左岸一级支流为：优尔曲、西科河、东科河、得柯河、尕柯河、西哈垄、切木曲、中铁沟、曲什安河和大河坝河等；右岸的一级支流为：多曲、热曲、柯曲、达日河、吉迈河、章额河、沙柯河、泽曲、巴沟、茫拉河、西沟河(莫曲沟河)、东沟河(高红崖河)和隆务河等；二级支流是格曲河。

三江源黄河流域的地面径流主要以大气降雨为主，但在一定程度上也接受了冰川融水和地下水等的补给。在《青海省地下水资源评价》的基础上，对三江源地区黄河流域的地下水进行综合分析，得出了三江源地区黄河流域的地下水资源总排泄量为4.3亿立方米，冰川总面积191.95平方千米，其中年融水总量为1.65亿立方米的结论。

（2）长江

长江是中国第一长河，长江的上游在青海省的玉树州和果洛州，这里除了有长江的干流（源头为沱沱河，在青海省被称为通天河），还有雅砻江（长江一级支流）及大渡河（为长江第二支流，在青海被称为玛柯河），上述这两条大河都是从青海省流出来，然后流入四川省，最后汇入金沙江的。

三江源长江流域除了大气降水的补给之外，冰川融水是重要补给手段之一，地表水主要以河流、湖泊、沼泽和冰川等形式存在。该地区的地下水类型为山丘地下水，其补给来源为自然降水、冰雪融水、基岩裂隙水、松散碎屑岩孔隙水以及冻结层水；三江源长江流域冰川为大陆性山地冰川，其冰川总面积为1496.04平方千米，冰川总储量为11496.04亿立方米，年消融总量为11.87亿立方米。

（3）澜沧江

澜沧江是中国主要的国际性河流之一，其干流扎曲河位于青海省，发源地是青海省西南部的唐古拉山脉高山地区。澜沧江是三江源地区位于玉树州杂多县、囊谦县和玉树市等县市，该流域内河流水系发达，支流众多，有33条支流流域面积在300平方千米以上，干流上游沿着河谷地区分布着大量的沼泽地，发源地海拔高达5388米，在发源地1.5千米以内有多个长流泉眼。

三江源澜沧江流域的地表径流补给来源主要以降水和冰川融水为主，河道下垫面以基岩为主，地表径流相对较稳定，平均径流系数为0.55；三江源澜沧江流域的地下水属山丘区地下水，其补给主要以大气降水和冰雪融水为主，其地下水位较高。该流域的冰川总面积为124.75平方千米，冰川储量为124.75亿立方米，年融水总量达1.65亿立方米。

1.4.2 青藏高原水系概况

青藏高原地区的河流分布受其特殊的气候及自身的地貌条件共同影响。除了东南地区有较多的降雨，其他地区的河流补给主要以冰川及积雪的融水为主。在该区域内，祁连山—巴颜喀拉山—念青唐古拉山—冈底斯山构成了青藏高原内、外水系的分界线，并将该地区的河流分为外流区与内流区。外流区主要位于青藏高原东部和东南部，如流入太平洋的黄河、长江，流入印度洋的西南水系如雅鲁藏布江、怒江等；内流水系大多分布在青藏高原的西北部，以羌塘高原、柴达木盆地以及部分地区的小型封闭湖泊为主。大部分内流河的河水都会流入这些洼地中，从而形成为数众多的咸水湖。

内流区因为受到高大山脉阻挡，不利于暖湿空气进入，降水量较少。由于光照充足，蒸发量也比较大，所以内流河一般都是径流量较小且流程较短。内流河大部分都是以冰雪融水作为其主要补给水源，所以季节性变化明显，夏季为汛期，冬季则会结冰，经常会出现断流现象，这就是间歇性河流多的原因。由于内流河大多数流入盆地和洼地，从而形成了大量的咸水湖，比如青海湖、纳木错等。

按照外流区可划分为：黄河水系、长江水系以及西南水系。长江和黄河作为太平洋水系的一部分，均流入太平洋；澜沧江、怒江、雅鲁藏布江和印度河（起源于藏西南边缘）均注入印度洋，属于印度洋水系。在外流河水系中，黄河、长江和雅鲁藏布江等均有较多的支流，流域面积大，是青藏高原地区最重要的外流水系类型。外流水系大多起源于西藏东南或东部，其补给的主要方式是雨水补给。相对于内流河，外流河水流量更大，流程更长，其流经地的两岸，往往因为侵蚀、堆积而形成大小不一的冲积平原或台地。

主要河流：青藏高原是中国多条河流的发源地，其南部和东部的边缘山区分布着大量的河网，其中较大的外流河属于印度洋水系的雅鲁藏布江（大支流有拉萨河、年楚河、尼洋曲与帕隆藏布等）、怒江、朋曲以及属于太平洋水系的长江、黄河与澜沧江等大河的上游流域。

表1-2　青海重要河流

名称	简介
长江	长江发源于世界屋脊上的唐古拉山主峰各拉丹冬雪山
黄河	黄河发源于巴颜喀拉山北麓，以卡日曲为正源。
澜沧江	澜沧江是中国西南地区大河之一。源于青海省唐古拉山，纵贯横断山脉，从云南西双版纳傣族自治州南部流出中国国境。

重要湖泊：在青藏高原上，共有大大小小的湖泊超过1500个，在这些湖泊中，面积在1平方千米以上的有湖泊1091个，总面积44993.3平方千米；面积在10平方千米以上的湖泊有346个，总面积为42816.10平方千米。该地区湖泊主要是以咸水湖和盐湖为主，其中以纳木错、青海湖、察尔汗盐湖、鄂陵湖等湖泊最为出名。

表 1-3　青海重要湖泊

名称	简介
青海湖	青海湖古称西海。蒙古语称"库库诺尔"，意为"青色的湖"。由大通山、日月山与青海南山之间的断层陷落形成。系断层陷落所成。是中国最大的内陆咸水湖。
茶卡盐湖	茶卡盐湖中"茶卡"是藏语音译，意即盐池，蒙古语"达布逊淖尔"，也就是青盐的海。茶卡盐湖四周雪山环绕，平静的湖面像镜子一样，反射着天空的景色。被誉为柴达木盆地东大门和"中国的天空之镜"，是国家 4A 级旅游景区。
察尔汗盐湖	"察尔汗"是蒙古语，意为"盐泽"。盐湖自西向东分为别勒滩、达布逊、察尔汗和霍布逊 4 个湖区，总面积为 5856 平方千米。察尔汗是中国第一、世界第二大盐湖（仅次于美国盐湖城盐湖），盐资源总储量有 600 多亿吨。

1.4.3 亚洲水塔——三江源

"青海之美，美在三江源"，青海三江源地处青藏高原腹地，被誉为"中华水塔"，是除北极和南极之外最大的淡水储备库，是长江、黄河和澜沧江等河流的发源地，惠泽中国 20 多个省区和东南亚 5 个国家，是中国乃至亚洲水资源产生、赋存和运移的重要枢纽，也是中国乃至整个亚洲水生态安全的命脉。三江源地区位于地球第三极，是全球面积最大、海拔最高的高寒湿地生态系统，是全球气候变化的敏感区，也是亚洲重要的水源地，这一地区具有独特的地理环境和生态优势。由于生态环境恶化速度加快，国家在 2005 年与 2014 年分别对三江源实施生态保护和建设一期和二期工程，全省对"三个最大"省情认识越来越深刻，坚持以生态保护作为立省之要，牢固树立"绿水青山就是金山银山"理念，制定了《青海省创建全国生态文明先行区行动方案》《青海省生态文明制度建设总体方案》等一系列的政策举措，开展了三江源地区祁连山生态保护与建设、退耕还林、退牧还草、国家重要湿地保护与修复、水土保持等重大专项项目，草地退化、荒漠化的趋势已经得到初步遏制，林草综合植被覆盖率明显提升，水体与湿地生态系统整体恢复，水源涵养和流域水供给也得到了增强，生态建设和环境保护已经取得了新的成效，开创了新的局面。三江源地区的生态产品价值的开发与利用，一方面，对于提高青海省的生态环境质量，促进青海省的社会经济发展，保障青海省可持续发展及生态安全有着重大的战略意义；另一方面，在保证三江源人地关系和提升居民生活质量的同时，也保证了当地生态环境的安全，保证了生态脆弱地区的可持续发展以及区域安全稳定发展。

1.4.3.1 地理位置及地质特征

三江源地区气候属于青藏高原气候系统，为典型的高原大陆性气候，具有冷热两季交替、干湿两季分明、年温差小、日温差大、日照时间长、辐射强烈、无四季区分的气候特征。

2009年，国家三江源科学考察小组根据"河源唯远"的原则，将卡日曲认定为黄河的发源地，其输水总量占黄河总水量的49%；作为长江发源地的沱沱河，输水总量占长江总水量的25%；扎曲是澜沧江的发源地，输水总量占澜沧江总水量的15%。三江源区域总面积为36.31万平方千米，约占青海省面积的50.43%。中国黄河的干流全长约为5464千米，在青海省境内流经约1959.1千米，其流域面积约为16.72万平方千米，约占黄河流域总面积的52.6%；中国长江干流全长约为6300千米，在青海省境内流经约1217千米，其流域面积约为11.35万平方千米，约占长江流域总面积的35.7%；中国境内的澜沧江干流全长约为4909千米，在青海省境内流经约448千米，流域面积约为3.74万平方千米，约占澜沧江流域总面积的11.7%。

三江源区被可可西里山和唐古拉山脉横贯，这些山普遍在海拔5000～6000米之间，高大山脉的雪线以上常年积雪，冰雪覆盖广布，是中国具有代表性的冰川分布地之一，河流密布，湖泊、沼泽总面积1800多平方千米，是全球现代冰川集聚地之一，也是亚洲乃至世界上孕育大江大河最集中的地区，更是世界上海拔最高、面积最大、湿地类型最丰富的地区。三江源国家公园拥有167个面积大于1平方千米的湖泊，其中长江源区有120个、黄河源区有36个、澜沧江源区有11个。从流域面积来看：黄河源区面积为16.7万平方千米，约占三江源区域总面积的46%；长江源区面积为15.9万平方千米，约占三江源区域总面积的44%；澜沧江源区面积为3.7万平方千米，约占三江源区域总面积的10%。三条江河每年输送到中下游的水量超过600亿立方米，占长江总水量的25%、黄河总水量的49%和澜沧江（在东南亚被称作湄公河）总水量的15%，这里是中国最大的淡水资源补给地，被称为"江河源""中华水塔""亚洲水塔"，青海省也由此闻名于世。

1.4.3.2 三江源资源概况

三江源地区位于青海省南部，是世界屋脊——青藏高原的腹地，是长江、黄河和澜沧江（国外称湄公河）等世界著名河流的发源地，其行政区域包括玉树、果洛、海南、黄南藏族自治州的 16 个县和格尔木市的唐古拉乡等 128 个乡（镇）。三江源境内分布着三江源、可可西里和隆宝滩等多个自然保护区，是我国自然保护区分布最集中的区域之一，总面积为 30.25 万平方千米，是青海省总面积的 43%。其现有人口55.6 万人，藏族人口占 90% 以上，另有汉族、回族、撒拉族、蒙古族等多个民族。

三江源地区是世界上高海拔生物多样性最集中和世界上水资源最为丰富的地区之一，因此被誉为"中华水塔""具有全球意义的生物多样性重要地区"。三江源在2018 中国西北旅游营销大会暨旅游装备展中入选了"神奇西北 100 景"榜单。

2019 年 1 月，三江源地区的青海省玉树藏族自治州政府宣布，将永久性禁止在三江源头水域开展外来鱼种的放生活动。情节严重者，将被移交给司法部门依法追究刑事责任。2020 年 11 月，我国第二次青藏科考三江源冰川科学考察分队在青海省三江源地区阿尼玛卿冰川进行的综合科学考察和冰芯钻取工作取得重大进展。2021 年10 月 21 日，三江源国家公园管理委员会在国新办新闻发布会上回应了有关问题，在三江源国家公园体制试点基础上，对其功能分区和范围进行了优化，将长江的正源格拉丹东、长江的南源当曲、黄河源头的约古宗列曲等区域纳入正式设立的国家公园范围，使三江源国家公园面积达到了 19.07 万平方千米。2022 年 8 月，中国地质调查局西宁自然资源综合调查中心工作人员在青海省玛沁县境内的三江源地区开展自然资源综合调查时，发现近百头白唇鹿的种群。

三江源对改善中国的生态环境及发展国民经济具有十分重要的意义，在我国西部大开发生态环境的治理保护中肩负着重要责任。为了更好地保护三江源地区的生态系统、生物物种和遗传多样性，建立三江源自然保护区是非常必要的。我国西部地区位于亚欧大陆中心地带，该区域包含四川、重庆、云南、贵州、广西、西藏、陕西、甘肃、内蒙古、青海、宁夏和新疆等 10 多个省（自治区），总面积为 5451000 平方千米，约为全国总面积的 56.8%。青藏高原被誉为"世界屋脊"，也被誉为地球"第三极"，其生态环境影响着全球自然环境，有着巨大的生态效应，并由此广泛影响到人类的生存和发展。

三江源地区是中国面积最大的天然湿地分布区，长江、黄河、澜沧江源头相距很近，并均发源于青海境内。长江是发源于唐古拉山脉的主峰各拉丹冬的雪山，绵亘几十里的冰塔林就像一座座水晶峰峦，千姿百态，景色绮丽。奔腾的黄河发源于巴颜喀拉山北麓的卡日曲河谷和约古宗列盆地，源头湖泊、溪流星罗棋布，水草丰美，景色宜人。《天龙八部》中曾有星宿海一说："位于青海一隅，方圆几百里有百里湖泊、沼泽，阳光照射之下，星光璀璨，恍若夜晚星辰。"因此这里被称为星宿海。金庸笔下的星宿海正落座于三江源黄河源园区内。澜沧江的发源地位于青海省杂多县西北部的玉树藏族自治州，吉富山麓扎阿曲的谷涌曲中。这些大江大河是中国和亚洲几十亿人民的生命源泉，曾孕育了人类光辉灿烂的古代文明，也是现代文明得以为继和可持续发展的根本保障。

坐落在玉树藏族自治州结古镇通天河畔的三江源自然保护区纪念碑位，是一座用花岗岩雕而成的纪念碑，碑体高 6.621 米，代表着长江正源地各拉丹冬雪峰 6621 米的高度；纪念碑基座面积 363 平方米，代表着三江源保护区 36.3 万平方千米的面积；基座高 4.2 米，代表着三江源 4200 米的平均海拔；碑体由 56 块花岗岩堆砌而成，它是中国 56 个民族的标志；在碑体上方，有两只巨大的手掌，代表着守护三江源的人类。碑体的正面刻有江泽民同志亲笔题写的"三江源自然保护区"字样。石碑巍峨挺拔，气势磅礴，屹立在通天河渡口房山丘之上。

通天河，俗称"牦牛河"，从玉树草原流过，全长 1000 千米，因被辑入《西游记》而闻名世界。通天河渡口为"唐蕃古道"上的一大重要渡口，其中乱石穿空，河水奔腾，波涛汹涌，涛声震耳。古渡口处一桥飞架南北，天堑变通途。通天河大桥的南岸，有一块被称为"晒经石"的巨石，石旁古柏群上挂满经幡。相传唐僧师徒取经归来，渡通天河时，因负老龟嘱托，被掀翻落水。唐僧等人上岸后，在此石上晾晒被水浸湿的经卷，虽然是个神话传说，但是石头上的文字痕犹存，清晰可辨，成为玉树州一道靓丽的旅游景观。

三江源地区是一个动植物资源十分丰富的区域。青藏高原上，山脉连绵，江河纵横，形成了鲜明的高原特色。这里的湖泊湿地面积在 10000 平方千米以上，流域面积 500 平方千米以上的河流有 80 多条，是重要的产流地和水源涵养源，有"中华水塔"之称。三江源地区是中亚高原高寒环境和全球高寒草原的典型代表，具有独特的高寒生态系统。植被类型包括了 9 个植被型，分别是针叶林、阔叶林、针阔混交林、灌丛、草甸、草原、沼泽及水生植被、垫状植被和稀疏植被，它们可被划分为 14 个群系纲、50 个群系。该区域内有 3 种植物国家二级保护植物，31 种兰科植物列入国际贸易公约附录Ⅱ，34 种植物为青海省级重点保护植物。三江源地区的野生维管束植物（高等植物）种类有 87 科、474 属、2238 种，约占全国植物种类的 8%，其中以草本植物种类最多，包括 422 属，约占三江源高等植物总数的 89%；乔木植物占 11 属，约占三江源高等植物总数的 2.3%；灌木植物占 41 属，约占高等植物总数的 8.7%。除上述植物外，种子植物种类占全区总植物种数的 8.5%。高地型是该地区的动物分类型，青藏类是该地区的主要种类，同时也有少数中亚型及广布种动物在该地区广泛分布，包括：103 种兽类，294 种鸟类（含亚种为 263 种），7 目、13 科、48 种两栖爬行类，69 种国家重点保护动物，其中 16 种国家一级重点保护动物，包括藏羚、野牦牛、雪豹等，35 种国家二级重点保护动物，包括岩羊、藏原羚、棕熊、猞猁、盘羊等，还有 32 种省级保护动物，包括艾虎、沙狐、斑头雁、赤麻鸭等。青藏高原已探明 50 多种矿产资源种类，铜矿占青海总储量的 80%，是我国重要的矿产资源。到 2012 年末，《青海省矿产资源储量表》中收录了 36 种矿产种类，73 处矿产产地，其中海南州（22 个）、玉树州（29 个）、黄南州（10 个）、果洛州（12 个）。三江源地区有钨矿、汞矿、锑矿、铂矿、钯矿、铷矿、锗矿和泥炭矿等多种矿产资源，同时该地区铜、铅、锌、银等成矿带在青海省具有重要的地位。

三江源旅游以玉树为核心，具有资源上的独特优势，这种资源优势，将以其独特魅力转变为一种与当地经济和环境协调发展的产业优势。三江之源，既有大山、大江、大河、大草原、大雪山、大湿地、大动物乐园等原生态的自然景观，又汇集了藏传佛教文化，唐蕃古道遗地，玉树歌舞、赛马节等多姿多彩的民俗风情活动，极具有代表性地反映了青海之大美意境和内涵。目前，玉树已初步探明并列入规划的旅游资源共 283 类（处），其中包括：文成公主庙、桑周寺、新寨嘉那嘛呢石经城、囊谦县达那寺和格萨尔王三十古塔等国家级重点文物保护单位 4 处，省级文物保护单位 18 处。在 2008 年，经省旅游局批准的景区中，勒巴沟—文成公主庙景区、结古寺景区、当卡寺景区、新寨嘉那嘛呢文化景区、拉司通古藏村景区被认定为 3A 级景区；赛巴寺民俗博物馆景区、贡萨寺景区被认定为 2A 级景区。此外，还有 10 项国家级非物质文化遗产，包括玉树土风歌舞、玉树赛马会、玉树藏族服饰等。

三江源区既是青海旅游业的"富矿区"，也是中国乃至世界旅游业的稀缺性资源区，有着发展绿色旅游业无可取代的独特资源优势。《青海省三江源地区生态旅游发展规划》由中国科学院地理科学与资源研究所编制，省旅游局负责组织，已经通过了专家评审。根据《规划》，青海省将实施三江源生态旅游重点项目 35 个，其中可可西里、勒巴沟、达那寺峡谷和黄河源景区等景区被规划建设为 6 个重点景区。三江源生态旅游将以"三江之源"水源地生态与环境体验、"康巴安多"藏文化原生态体验、"青南高原"人与自然关系体验、"青南高原"户外运动与自驾车旅游为主体系列产品。以黄河源生态体验、长江源生态体验、澜沧江源生态体验、湖泊水生态、歌舞之乡采风、马背文化体验、宗教文化探秘、雪山冰川攀登探险、青南自驾游等为主打的系列产品，涵盖游、住、行、食、购、娱六大板块的内容。在《规划》中，设计了黄河源科考线路、长江源科考线路、澜沧江源科考线路、可可西里科考线路、藏传佛教文化旅游线路、江河源生态系统考察线路、高原森林生态旅游线路和格萨尔文化生态旅游线路等八条精品生态旅游线路。为确保通过旅游开发，推进三江源生态环境保护，《规划》对三江源区域进行了整体定位，将其打造了一个融自然生态与人文生态为一体的具有示范意义的江河源型国际级生态旅游目的地，并以此为基础，对其进行了系统研究。

1.4.3.3 湿地水文

三江源区河流密布、湖泊沼泽众多，雪山冰川分布广布，是全球海拔最高、面积最大、分布最集中的地区，湿地面积达 7.33 万平方千米，约占整个保护区总面积的 24%，三江源区的湿地可划分为 4 类 6 型，一是河流湿地，可分为季节性和永久性 2 型；二是湖泊湿地，包括永久性淡水湖和永久性咸水湖 2 型；三是沼泽湿地，主要是沼泽化草甸 1 型；四是人工湿地，有库塘 1 型。该地区河网密度的高值区，湿地状态良好，对积雪、地表径流具有重要的调控作用，不仅使河流水量均衡，还能调节气候，使其周围环境较其他区域更加温暖湿润。

河流概况。三江源源区主要有外流河和内流河两种类型的河流，大大小小的河流 180 多条，河流湿地面积为 81970 公顷，约占源区内湿地面积的 4.8%。外流河主要由通天河、黄河、澜沧江（上游称扎曲）和雅砻江、当曲、孜曲、结曲等大小河川并列组成。流域总面积为 237957 平方千米，多年平均总水流量为 1022.3 立方米 / 秒，年总水径流量 324.17 亿立方米，理论水电蕴藏量为 542.7 万千瓦。长江发源于唐古拉山北麓的各拉丹冬雪山，在三江源区除正源沱沱河外，区内主要支流还有楚玛尔河、布曲、当曲、聂恰曲等多条支流，全长 1217 千米，占干流全长 6300 千米的 19%，年平均径流量为 177 亿立方米。长江源区河流湿地为 29174 公顷，占三江源区河流湿地面积的 35.6%；在青海省内，黄河以多曲、热曲等支流为主，省内全长 1959 千米，占干流全长 5464 千米的 36%，年均径流量为 232 亿立方米，占黄河全部流域水资源总量的 49% 和三江源区总径流量的 42%，黄河源区河流湿地面积为 42040 公顷，占三江源区河流湿地面积的 51.3%；澜沧江在三江源区内长度为 448 千米，占干流全长

4600 千米的 10%，占我国境内干流全长 2130 千米的 21%，年均径流量为 107 亿立方米，约占境内整个流域水资源总量的 15% 和三江源区总径流量的 22%，同时，澜沧江源区河流湿地面积达 10756 公顷，占源区河流湿地面积的 13.1%。

湖泊概况。三江源区为多湖泊地区，以内陆河流域及长江与黄河发源地为主的大大小小湖泊有近 1800 多个，湖水面积在 0.5 平方千米以上的天然湖泊有 188 个，总面积 0.51 万平方千米，其中，有 148 个淡水湖和微咸水湖的矿化度在 1~3 克/升以下，总面积为 2623 平方千米；28 个盐湖矿化度大于 35 克/升，总面积为 1480 平方千米，被列入中国重要湿地名录的有星宿海、扎陵湖、鄂陵湖、星星海等。在这些湖泊中，有 153845 公顷的永久性淡水湖和 6089 公顷的永久性咸水湖，其中黄河源区有 151985 公顷湖泊湿地面积，占源区湖泊湿地面积的 95%。长江源区和澜沧江源区的湖泊湿地面积分别为 2459 公顷和 5490 公顷，湖泊湿地面积较少。第一次湿地调查利用已有的各块湿地数据，将调查得到的青海湿地分布图相结合，通过计算机计算出三江源源区内的水资源二级分区（流域）的面积以及各类型湿地面积，得到三江源区湿地类型、面积以及流域分布情况（见表 1-4）。

表 1-4　青海三江源地区湿地类型面积与分布

一级流域	二级流域	流域面积 km²	湿地面积 小计	河流湿地		湖泊湿地		沼泽湿地	人工湿地
				永久性河流	季节性河流	淡水湖	咸水湖	沼泽化草甸	库塘
黄河		104946	435525	42040	0	147636	4349	203200	38300
	1.龙羊峡以上	104946	435525	42040	0	147636	4349	203200	38300
长江		158392	1136133	29018	156	1509	950	1104500	0
	1.金沙江石鼓以上	141950	1129786	27671	156	1509	950	1099500	0
	2.金沙江石鼓以下	6794	0	0	0	0	0	0	0
	3.岷沱江	9648	6347	1347	0	0	0	5000	0
西南诸河		36998	137046	10756	0	4700	790	120800	0
	1.澜沧江	36998	137046	10756	0	4700	790	120800	0
总计		300336	1708704	81814	156	153845	6089	1428500	38300

三江源区域面积（流域面积）为 300336 平方千米，100 及 100 公顷以上的湿地湿地面积共 1708704 公顷，占三江源区总面积的 5.69%。其中天然湿地面积为 1670404 公顷，占源区总面积的 5.56%。湿地总面积和天然湿地面积所占土地面积的比例分别比全国 4.00% 和 3.67% 的水平高出 42.3% 和 51.5%，这在半干旱高寒地区是

罕见的 [①]。

沼泽概况。三江源区是中国最大的天然沼泽分布区之一，沼泽总面积约 1.43 万平方千米，占源区面积的 13.9%。占源区湿地面积的 83.6%。沼泽大多集中于江源区潮湿的东部和南部，而干旱的西部和北部分布甚少。从地势方面看，沼泽主要分布在河滨湖周一带的低洼地区，尤以河流中上游分布为多，当曲水系中上游和通天河上段以南各支流的中上游一带沼泽连片广布。以当曲流域沼泽发育最广，沱沱河次之，楚马尔河则较少，显示分布在长江源区的沼泽面积为 1104500 公顷，占源区沼泽面积的 77.3%，长江源区东部的沼泽远多于西部地区。

在唐古拉山北侧，沼泽最高发育到海拔 5350 米，达到青海高原的上限，是世界上海拔最高的沼泽。黄河河源区沼泽发育受到半干旱特征限制，沼泽面积为 203200 公顷，占源区沼泽面积的 14.2%，主要分布于河源约古宗列曲、两湖周围及星宿海地区。澜沧江源区大小沼泽总面积为 120800 公顷，占江源区土地总面积的 3.1%，占源区沼泽面积的 8.5%。主要集中在干流扎阿曲段和支流扎那曲、阿曲（阿涌）上游。其中，较大的沼泽群有扎阿曲、扎尕曲间沼泽、阿曲、支流扎那曲段流域内沼泽。

雪山冰川。三江源地区是除南北两极外最大的冰雪沉积地，数千立方千米的冰沿着山势缓缓下滑，形成了冰川。三江源地区总共有冰川 715 条，雪山、冰川约 2400 平方千米，冰川资源蕴藏量达 2000 亿立方米，现代冰川均属大陆性山地冰川。长江源区以当曲流域冰川覆盖面积最大，沱沱河流域次之，楚玛尔河流域最小，冰川总面积 1247 平方千米，冰川年消融量约 9.89 亿立方米，雪山冰川规模以唐古拉山脉的各拉丹冬、尕恰迪如岗及祖尔肯乌拉山的岗钦 3 座雪山群为大，尤以各拉丹冬雪山群最为宏伟。澜沧江源头北部多雪峰，平均海拔 5700 米，最高达 5876 米，终年积雪，雪峰之间是第四纪山岳冰川，东西延续 34 千米、南北宽 12 千米。面积在 1 平方千米以上的冰川有 20 多个。澜沧江源区雪线以下到多年冻土地带的下界，呈冰缘地貌，下部因热量增加，以冰丘热融滑塌、热融洼地等类型为主。山北坡较南坡冰舌长 1 倍以上，冰舌从海拔 5800 米雪线沿山谷向下至末端海拔 5000 米左右，最长的冰舌长 4.3 千米。源区最大的冰川是色的日冰川，面积为 17.05 平方千米，是查日曲两条小支流穷日弄、查日弄的补给水源。

① 石明明，周秉荣，多杰卓么，苏淑兰，张帅旗，马盼盼.三江源区沼泽湿地退化过程中植被变化特征及评价指标体系 [J].西北植物学报，2020，40（10）:1751-1758.

地下水。三江源区不但水资源蕴藏量多、地表径流大，而且地下水资源也比较丰富，《2021 年青海省水资源公报》显示：三江源区地下水资源量为 362.53 亿立方米，地下水与地表水资源不重复量为 17.77 亿立方米。据估算，仅玉树州的地下水贮量就达 115 亿立方米。地下水属山丘区地下水，分布特征主要为基岩裂隙水和碎屑岩空隙水。地下水补给方式主要为降水的垂直补给和冰雪融水。

1.4.3.4 生态地位

三江源一方面是青藏高原地区最重要的生态功能区，另一方面对于中国乃至亚洲都具有重要的战略生态地位，因此，被称为"中华水塔"和"亚洲水塔"。三江源平均海拔在 3600 米以上，大部分地区海拔在 4000 米以上，有些山峰海拔甚至高达 6000 米以上。这些高耸的高原山峰通过动力和热力作用，极大地改变了北半球的大气环流形势，对全球气候环境产生着重要影响。[①] 不仅如此，三江源地区还以其独特的地理位置和海拔高度，拦截了西南气流带来的大量水汽而形成充沛降水，为长江、黄河、澜沧江的发源提供了丰富水源，并因此孕育了灿烂的华夏文明。另外，三江源地区气候环境独特，人类活动稀少。许多地区至今还是无人区，为吸血古老物种躲避第四纪冰川提供了天然避难所，也为近代一些物种免受人类的侵扰创造了条件，该地区因此成了我国重要的珍稀物种繁衍中心，也成为我国最重要的生物基因库之一[②]。三江源地区的生态地位主要体现在以下几个方面：

（1）中国乃至亚洲的生命之源

三江源位于青藏高原腹地，承担着三江及其他江河水系循环的基础作用。这些冰川年均融水量约 17.02×10^8 立方米，是三江源地区干支河的重要补给水源。在三江源地区，仅长江、黄河、澜沧江三大水系总面积就达 2350.77 平方千米，其中面积在 1 平方千米以上的天然湖泊有 226 个。如著名的扎陵湖、鄂陵湖、乌兰乌拉湖、可可西里湖、库赛湖、多尔改错湖等星罗棋布，形成了世界上海拔最高、面积最大、分布最集中的高原湿地，在很大程度上影响着人类的生存和社会经济的发展。黄河源头多次断流给中下游地区造成了巨大的经济损失，一方面影响到了区域社会经济的发展，另一方面更影响到了人类的生存和社会的稳定。除了经济基础、人口、自然资源等因素差异外，水资源匮乏是造成中国西部同中东部差异的关键因素。纵观世界历史，人类文明的建立和发展均依赖于稳定的水源，三江源地区则稳定提供了中国乃至亚洲

① 高雅灵，林慧龙，周祯莹，魏祎梅．三江源地区可持续发展的生态足迹 [J]．草业科学，2019，36（01）：11-19.
② 卢昌彩．深入推进三江源生态保护对策的探讨 [J]．决策咨询，2020，（04）：26-30

的水资源，分别贡献了长江总水量的25%，黄河总水量的49%以及澜沧江总水量的15%，它一旦"咳嗽"，长江、黄河全流域就有感冒，或洪涝，或断流。可以看出，三江源的水资源战略地位对于中国和亚洲至关重要。

（2）世界面积最大、海拔最高的高原湿地

三江源的湖泊、沼泽、河流又重新组合构建成一个新的生态系统——湿地。湿地具有水陆过渡性、系统脆弱性、结构复杂性和功能多样性等基本特点，湿地的生态系统功能包括：水源涵养、径流速度减缓、蓄洪防旱、降解污染、生物多样性维持、气候调节等，发挥着其他生态系统不可替代的服务和作用。湿地还是珍稀水禽的临时栖息地、繁殖地和越冬场所，因此，湿地被称为"生命的摇篮"和"地球之肾"。三江源地区湿地面积为7.33万平方千米，占该地区面积的20.19%，是全国分布率最高的地区。三江源湿地种类分为：河流湿地（面积0.16万平方千米）、湖泊湿地（面积0.51万平方千米）、沼泽湿地（面积6.66万平方千米），湖泊湿地具有巨大的水量调节作用，沼泽湿地基本类型为藏北嵩草沼泽，且多数为泥炭沼泽。在三江源地区，冰川融水量约占长江干流区年均径流量的9.13%，占黄河干流年径流量的2.24%，三江源的湿地在很大程度上调节着冰雪融水和地表径流，使河流水量均衡。同时，湿地也能调节局地气候，使其周围的环境较其他区域更加冬暖夏凉。

（3）高海拔地区生物多样性最集中的地区

倘若将中国看作一个大的生态系统，三江源地区因所处的地理位置和独特的地形地貌特征决定了三江源具有丰富的生物多样性、物种多样性、基因多样性、遗传多样性和自然景观的多样性。三江源地区海拔在2980~6821米之间，广大的自然保护区面积、复杂的地形、差异明显的气候、当地严酷的高寒环境、介于4000~5800米的高山是当地独特生命繁衍区的重要构成条件，一方面，多种生物在此处生存达到其分布的边缘和极限，生物和地理空间共同构成宝贵的遗传资源和高原基因库，区内现有野生种子植物73科、390属、1713种，有国家一级保护动物藏羚羊、野牦牛、西藏野驴、雪豹、白唇鹿、黑颈鹤等16种，国家二级保护动物猕猴、藏原羚、马麝、棕熊、猞猁、盘羊、藏雪鸡等35种。在一定程度上甚至可以说，三江源是现代众多珍稀高寒野生动植物在地球上生活的唯一家园，是中国这个大生态系统生物多样性的重要载体；另一方面，由于三江源地区周边黄土高原、横断山脉、羌塘高原和塔里木盆地等多种一级地理单元的相互作用影响，此地"边缘效应"较为突出，生物的进化和变异等过程不断发生和进行，进而孕育出高原独有生物物种，呈现出丰富且宝贵的物种多样性和遗传多样性。总之，三江源地区无论在物种多样性还是在生态系统多样性方面，都在我国占有重要地位，是我国的生物资源宝库，也是我国人与动植物是否能和谐相处的试金石[①]。

（4）生态系统最原始和最脆弱的地区之一

青藏高原形成时间并不够长，下垫面的物理属性不及其他同类型地貌，多数土壤和植被类型仍处于年轻的发育和适应阶段。在寒冷干旱的生存环境中，由于生态系统功能和结构简单，青藏高原自身的调节能力不能够适应外界的影响，恢复和改善能力有限，生态系统一旦遭到破坏则容易出现退化或逆向演替现象。无论是三江源北部、西部的滩地或沼泽，还是东南部的高山或峡谷，因地质发育时间短，地质结构不稳定，加上区域内山高、坡陡、峡谷深、风化壳浅薄、土壤浅薄等地形特点，直接导致区域内生态环境极其脆弱，一旦地表植被遭到破坏，水土流失则极易发生，靠自然修复非常困难，而依靠人类介入进行修复则需要花费非常高昂的代价，目前三江源黑土滩和土地荒漠化即是最好例证。当前三江源生态保护面临较多的挑战：首先，开展生态保护的同时，需要加快自然资源本底数据调查，全面掌握重要野生动植物分布区域、种群数量、动态变化，同时系统研究因人类活动加剧和气候变化等因素导致的生态系统退化、生态格局改变等；其次，需要尽快扭转重点生态系统退化的趋势，由于历史原因和受自然条件、气候变化、人类活动等因素影响，三江源草地退化治理进展缓慢，不过当地居民活动区域多为水源地、地形较为平整，有集中定居点，有更多处于原始状态的区域人类和牲畜没有办法到达，目前还未产生不良影响，保持了较好的原始性和自然性，因此，人类活动对三江源地区产生的破坏和影响可以恢复和逆转，但是需要投入大量的精力、时间，并且需要立刻转变生产方式和生态观念，以保证不造成更大范围的破坏和影响；最后，三江源地处青藏高原，是气候敏感区，全球气候变化对区域影响明显，气温升高导致了冰川消融加速、雪线上升等问题出现，因此需要针对此问题采取措施，进行监测、研究和应对。

1.4.3.5 生态恶化

历史上，三江源曾是水草丰美、湖泊星罗棋布、野生动植物种群繁多的高原草甸区，被称为生态和生命的"净土"。但现实情况却不容乐观、令人警醒。近几十年来，由于许多自然和人为的因素，整个青藏高原的生态环境已在明显恶化，形势日益严峻。

---

① 钟水映，冯英杰.生态移民工程与生态系统可持续发展的系统动力学研究——以三江源地区生态移民为例[J].中国人口·资源与环境，2018，28（11）：10-19.

20 世纪 70 年代，随着全球气候变暖，冰川、雪山逐年萎缩，以及人口的增加和人类无限度的生产经营活动，直接影响高原湖泊和湿地的水源补给。众多的湖泊、湿地面积不断缩小甚至干涸，草地大面积退化和沙化，使得牧民的生产生活受到严重影响；更为严重的是，随着园区植被与湿地生态系统被破坏，三江源地区的水源涵养能力急剧衰退，导致三江源中下游地区旱涝灾害频繁，工农业生产受到严重制约，并已经严重威胁到长江、黄河流域乃至东南亚诸国的生态安全。

过去的一段时期，中国长江流域生态环境严重退化。水土流失、土地沙化、干旱缺水已严重制约中下游地区社会经济的健康发展。江河流域生态环境问题已经成为中国 21 世纪可持续发展的心腹大患，而这些又与上游和江河源头地区生态退化、植被破坏密切相关。

长期以来，青藏高原被称为生态"处女地"，但受严酷自然条件的制约，生态环境十分脆弱。由于自然因素和不合理人类活动的双重作用，这里生态环境日益恶化，草场严重退化，水土流失加剧，土地沙漠化面积扩大，冰川、湿地面积缩小，生物多样性锐减。据 1998 年统计，这里的退化草地有 2.5×10 平方米，占可利用草场面积的 37.8%，其中近 10% 的退化草地已沦为裸地，即"黑土滩"。大面积优质草场的退化是这里面临的首要问题。同时，鼠害肆虐加上土地沙化也不容忽视。据调查，三江源地区高原鼠兔平均每公顷洞口为 1624 个，每公顷有鼠兔 120 只，每年消耗牧草 4.7×10^9 kg，相当于 286 万只羊一年的食草量。鼠害不仅消耗了大量的牧草，同时鼠类的啃食、掘洞等活动还造成了大面积的裸地，加速了退化草地的发生。过度放牧和滥采乱挖，也加剧了土地严重退化、草场沙化。三江源地区生态环境的恶化严重影响和制约了当地各民族的生存与发展，造成了当地畜牧业生产水平低而不稳，民族地区贫困程度不断加大，经济发展落后；同时还严重影响大江大河中下游地区以及东南亚国家的生存与发展。

三江源地区位于我国的西部，平均海拔 3500~4800 米，是世界屋脊——青藏高原的腹地。三江源区境内昆仑山脉的巴颜喀拉山、可可西里山、阿尼玛卿山及唐古拉山脉横贯其间，这些山脉普遍在海拔 5000~6000 米左右，高大山脉的雪线以上分布有终年不化的积雪，雪山冰川广布，是中国冰川集中分布地之一，河流密布，湖泊、沼泽众多，是世界上海拔最高、面积最大、湿地类型最丰富的地区。三江源地区自然资源丰富，地形地貌复杂，自然环境类型多样，具有多种植被类型，为动植物资源的分布提供了极其独特的环境条件，使三江源地区成为世界海拔最高、生物多样性最丰富、最集中的地区。据统计，三江源自然保护区内共有兽类 83 种，鸟类 197 种，两栖动物 8 种和爬行动物 7 种。野生植物资源种类也相当繁多，数量丰富，用途广泛，经济价值较高，冬虫夏草驰名中外，药用价值极高。

三江源地区是中国乃至全球气候变化的"敏感区"和"启动区"，是国际科技界瞩目的研究气候和生态环境变化的敏感区和脆弱带。根据最新发布的《中国温室气体公报》显示，青海瓦里关站的大气二氧化碳（CO_2）、甲烷（CH_4）、一氧化碳（N_2O）浓度整体呈上升趋势（如图 1.2 所示）。近 43 年来，三江源地区气温普遍升高，夏、秋季降水量的变化呈微弱减少趋势，而冬、春季降水量呈现出显著增加趋势，气候暖湿变化表现出不同季性，四季及年蒸发量变化呈逐年增大趋势；气候变化具有显著的区域性差异；年平均气温在 1987 年出现了由冷到暖的突变，冬、春季降水量均在 20 世纪 70 年代中期和 80 年代出现了由少向多的突变，年蒸发量在 1986–1988 年间发生由少到多的突变[①]。受气温升高和降水增加的影响，三江源地区草地产草量总体呈增加趋势，特别是高寒草原与西部地区草地的提高幅度较大。尽管如此，它仍受到气候变化的强烈驱动。在近 600 年的小冰期时代青藏高原及其以东地区分别出现了三次相对冷期和三次暖期，每一次冷暖期都是青藏高原变化最早，然后转向东部，两者之间相差 10~60 年。近 40 年来，我国气温经历了三次暖期、两次冷期，每次波动也都是高原东南部一带出现最早，而后再向东传播。可见，在中国，气候变化总是青藏高原先行，然后再逐渐向东传播，带动其他地区的气候变化。由此可以说，三江源地区及其所在的青藏高原不仅是全球气候的被动适应者，也是亚洲及北半球气候的主动创造者。因此，应该对由于全球气候变化造成的生态系统牧草供给功能的短期增加保持清醒的认识，这种增加有可能掩盖了气候变化对生态系统整体功能的长期负面影响[②]。

随着全球的气候变化加剧，人口的无节制增加和人类无限度的生产经营活动，三江源地区的生态环境发生了显著变化。多年冻土和冰川融化，湖泊水位下降，草地退化、鼠害增多，土地荒漠化加剧，威胁着当地、我国乃至东南亚一些国家的生态安全和经济发展。因此，从全球应对气候变化角度来讲，三江源的保护不仅是中国的责任，更是世界的责任。

---

① 李林，李凤霞，郭安红，朱西德，《近 43 年来"三江源"地区气候变化趋势及其突变研究》
② 樊江文，邵全琴，刘纪远等，《1988–2005 年三江源草地产草量变化动态分析》

	二氧化碳 CO_2		甲烷 CH_4		一氧化氮 N_2O	
	全球	瓦里关	全球	瓦里关	全球	瓦里关
2011 年的年平均浓度	390.9 ppm	392.2 ppm	1813 ppb	1861 ppb	324.2 ppb	324.7 ppb
2011 年相对于 1750 年的增长率	140 %		259 %		120 %	
2010~2011 年绝对增量	2.0 ppm	2.2 ppm	5 ppb	9 ppb	1.0 ppb	1.1 pbb
2010~2011 年相对增量	0.51 %	0.56%	0.28 %	0.48%	0.31 %	0.34 %
过去 10 年的年平均绝对增量	2.0 ppm /年	2.1 ppm /年	3.2 ppb /年	3.5 ppb /年	0.78 ppb /年	0.80 ppb /年

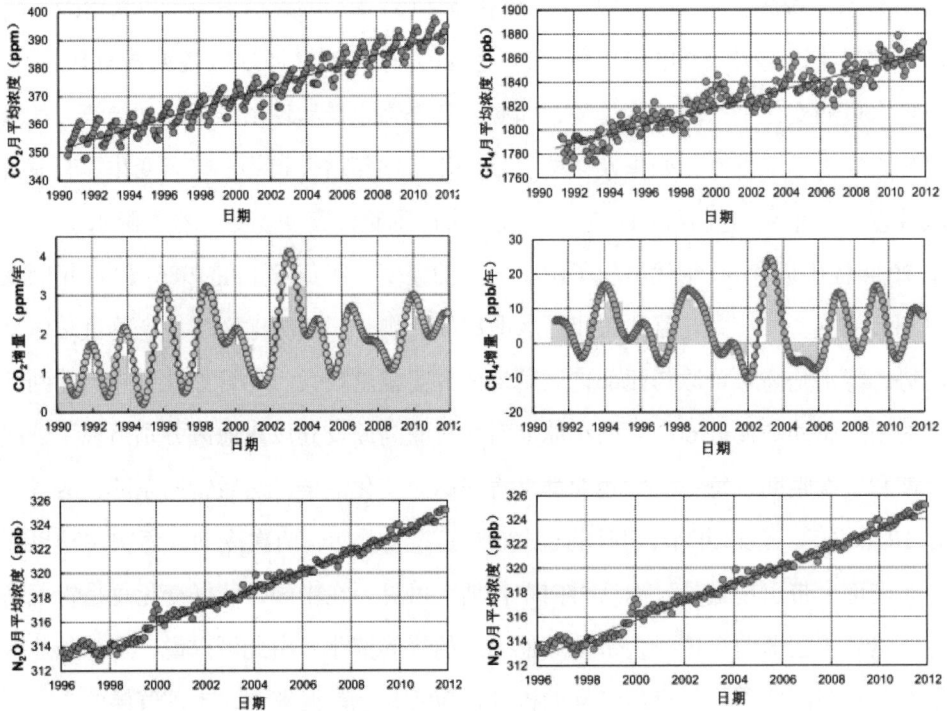

资料来源 :《中国温室气体公报》, 2012 年 12 月

图 1.2　青海瓦里关站大气二氧化碳（CO_2）、甲烷（CH_4）、一氧化氮（N_2O）浓度
　　　　时间序列

　　《青海三江源自然保护区生态保护和建设工体规划》中明确的三江源治理范围总面积为 15.23 万平方千米，后因区域的重要性，又扩大至 39.5 万平方千米，涉及果洛藏族自治州的玛多、玛沁、甘德、久治、班玛、达日 6 个县;玉树藏族自治州的称多、杂多、治多、曲麻莱、囊谦、玉树 6 个县，海南藏族自治州的兴海、同德 2 个县，黄南藏族自治州的泽库和河南 2 个县，格尔木市管辖的唐古拉山乡包括 16 个县 1 个乡，

在行政区划上共有 69 个不完整的乡镇。三江源地区是一个以草原畜牧业为主要经济来源的区域，主体经济以天然畜牧业为主，牧业生产方式以自然放牧为主，经济结构比较单一。2002 年，全区人均可支配收入达到 3800 元，其中，农业、畜牧业产值占 60% 左右。与全国相比，牧民的科学文化素质、生产技能较低。贫困面呈现出整体性和民族性的特征，牧民群众的生活质量很低。近年来，随着"虫草热"升温，使得虫草采挖成为三江源地区民众增加收入的主要手段。在一些主要产地，虫草收益已经占年人均收入的 50% 以上。下表是三江源地区经济社会发展基本情况（如表 1-5、1-6所示）

表 1-5　2006-2011 年全省及三江源地区生产总值

	全省		三江源地区	
	绝对额（万元）	增速（%）	绝对额（万元）	增速（%）
2006 年	6485000	13.3	419292	15.5
2007 年	7973500	13.5	511825	16.1
2008 年	10186200	13.5	634414	8.7
2009 年	10812700	10.1	682659	9.4
2010 年	13504300	15.3	857992	16.9
2011 年	16347200	13.5	1067384	15.3

表1-6　三江源地区农牧民人均纯收入与全省农牧民人均纯收入对比表

	三江源地区		全省		三江源地区与全省差距对比		
	纯收入（元）	环比增速（%）	纯收入（元）	环比增速（%）	纯收入（元）	环比增速（百分点）	年均递增速度（百分点）
2006年	2087.49	—	2358.37	—	-270.88	—	—
2007年	2249.27	7.75	2683.78	13.80	-434.51	-6.05	—
2008年	2418.13	7.51	3061.24	14.06	-643.11	-6.55	—
2009年	2665.06	10.21	3346.15	9.31	-681.09	0.90	—
2010年	3528.51	32.40	3862.68	15.44	-334.17	16.96	—
2011年	3314.01	-6.08	4608.46	19.31	-1294.45	-25.39	—
年均递增速度（%）	9.68		14.34		—	—	-4.65

（1）湖泊萎缩，冰川后退，水资源减少

三江源地区为河流、湖泊和冰川分布密集地带，是青藏高原上最重要的沼泽、湿地分布区。然而，过去几十年中，该地区的大小湖泊和河流快速缩小甚至干枯，沼泽地消失，水资源急剧减少，三江源地区1071个湖泊萎缩，其中，被誉为"黄河源头第一县"的玛多县萎缩了1040个湖泊。目前，长江源区的赤布张湖（面积约为600平方千米）已经萎缩解体为4个子湖；西金乌兰湖（面积约为300平方千米）已被分隔为5个子湖，其面积减少了近2／3；沱沱河和当曲河源的冰川退缩分别达到每年8.25米和9米。今年来，黄河源区的扎陵湖、鄂陵湖在不断萎缩，并且这一现象还在持续并有继续扩大和加剧的趋势。受冰川萎缩和气候干旱化等影响，黄河、长江流域的径流在不断减小，其中以黄河流域最为显著，已连续 7 年出现枯水期，年均流量由从 1956—1989 年的每秒 667 立方米下降到 1990—1996 年的每秒 527 立方米，降幅达 21%，在 1972—1997 年间，黄河断流 69 次，尤其是 1997 年，洪涝灾害期间断流时间长达 226 天，是黄河历史上断流最早、断流时间最长的一年。1996 年，黄河源头的鄂陵湖和扎陵湖两湖之间首次出现断流，水位下降近 2 米。根据三江源地区河水径流量从 1956 年开始的记录，三江源地区 1956—2000 平均年径流量为 370.20 亿立方米，1991—2000 年平均年径流量为 329.70 亿立方米，降幅达 10.90%，在黄河源区下降幅度最大。

（2）草场退化与土地沙化加剧

过去的一段时期，三江源区草场退化严重，现有退化草场已经占可有效利用草场的 26% ~ 46%，严重威胁着生态安全。黄河源区草场中，中等程度退化的草场约为 380 万公顷，占全部可有效利用草场的 68%，并呈现出进一步的退化；长江源目前有 253.29 万公顷的退化草场，约占可有效利用草地的 22.4%，是目前青海省草原生态系统中脆弱的一环。三江源区草场退化严重，造成了单位面积草场产量的显著降低。例如，玛多县高原草地的平均牧草产量在 1976 年为 1950 千克 / 公顷，1998 年降至 1380 千克 / 公顷，降幅为 29%。三江源区由于草地植被的退化，荒漠化程度呈逐年上升趋势。根据相关调查数据，黄河源地区以玛多和玛沁两县为主的荒漠化土地目前已有 126670 公顷，其中以流动沙丘为主的荒漠化土地占 79.9%。长江源区沙化土地以位于治多、杂多的当曲、楚马尔河和通天河为重点，目前已有 194221 公顷的沙化土地，其中以流动沙丘为主，面积占该区沙化土地面积的 24.85% ~ 40.47%。如今，这片荒漠化的土地，每年有超过一亿吨的泥沙流入长江和黄河。在这种背景下，三江源原始生态景观出现了高寒草甸到退化高寒草甸再到荒漠化的反向演替。

（3）水土流失日趋严重

三江源区因为它独特的地理位置以及气候特征，致使水力、风力和冻融等多方面因素带来的侵蚀共同存在，因此其原始生态系统的维持异常艰难。由 2009 年第三次卫星统计数据可知，三江源区水土流失程度在轻微及以上的面积为 950×10^4 公顷，占三江源地区总面积的 31.09%。其中黄河源地区、长江源地区和澜沧江源地区的轻微及以上的水土流失面积分别为 378 万公顷、489 万公顷和 84 万公顷，分别占各地区总面积的 35.04%、29.64%和 25.28%。1987 年《青海省地理》一书中记载："河源区由黄河沿线水文站实测的年平均输入泥沙流量约为 6.4 万吨，2002 年《三江源自然保护区生态环境》中该数据则提升到 9.3 万吨；玉树州直门达水文站测量结果显示，近几年来该区域的通天河平均年入沙量已经增加至 950 万吨，并有逐年递增的趋势。

三江源流域水土侵蚀加剧，不仅使该区域土壤流失，加速生态环境退化，还使下游河段泥沙淤积，威胁着水利工程的安全运行，使其行洪受阻，洪灾频发。

（4）草原鼠害猖獗

过去的一段时期，三江源区草地出现了大面积的退化与荒漠化，同时，草地上鼠类天敌数量的下降与消失，使草地上的鼠类种群数量持续增加，目前，玉树和果洛两州草地上的受鼠害影响的土地面积占该州总面积的 19.34% 和 42.48%，占三江源地区的 17%，占可有效利用草场的面积约为 33%。

鼠类危害已成为三江源地区草场退化和生态环境恶化的重要因素。其主要特点是发生范围广、发生点多、密度大、数量大，在危害严重的同时，鼠类还通过挖穴翻土等方式，造成土壤中水分的大量损失，造成大面积的牧草枯死，造成三江河源区局部草原成为 "黑土滩"，造成土壤侵蚀，使生态环境恶化。据初步统计，黄河源地区、长江源地区和澜沧江源地区受鼠害影响的土地面积分别为 18452.095 平方千米、7451.793 平方千米和 6496.318 平方千米。三江源地区受鼠害影响的土地总面积约 32400.206 平方千米，为三江源地区面积的 10.34%。而黄河源地区、长江源地区和澜沧江源地区的黑土滩面积分别为 8694.321 平方千米、31696.859 平方千米和 6691.996 平方千米，地区黑土滩面积总和 47083.176 平方千米，为地区总面积的 15%。三江源地区鼠害，不仅会对其自身生态系统的稳定产生不利影响，还会对其水源地的功能以及下游地区的生态安全构成严重威胁。以果洛州玛沁县为例，2015 年受鼠类影响的面积约为 9.95×10^4 公顷，所危害的草地约为 8.43×10^4 公顷，其中高原鼠兔和高原田鼠最为猖獗，导致受影响的面积分别为 7.42×10^4 公顷和 2.53×10^4 公顷，所危害的草地面积分别为 6.63×10^4 公顷和 2.07×10^4 公顷。而玛多县受鼠类影响的面积约为 14.87×10^4 公顷，所危害的草地约为 14.71×10^4 公顷。高原鼠兔和高原田鼠导致受影响的面积分别为 14.6×10^4 公顷和 0.20×10^4 公顷，所危害的草地面积分别为 14.58×10^4 公顷和 0.13×10^4 公顷。

（5）生物多样性面临威胁

三江源地区是高原生物种类较为特殊以及丰富的地区，是真正意义上的高原生物资源宝库。然而，20 世纪，随着该地区自然生态环境的持续恶化，尤其是大面积的湿地退化，再加上不法分子对珍稀野生动物的大量盗猎、对药材的大量采掘，使该地区的生物物种分布范围越来越小，甚至出现了濒临灭绝的现象。例如，作为国家一级保护动物的藏羚羊，数量从 10 万多只锐减至 3 万多只；国家野生动物，如白唇鹿，马鹿，雪豹，数量急剧减少。中国科学院高原生物所表示，大约有 15%~20% 的物种面临着生态危机，这一比例远高于全球 10% ~15% 的平均水平；各种种类的植物也呈现出反向演化的趋势。三江源地区生物多样性的减少，不仅将打破区域原有的生态平衡，加剧区域生态的脆弱性，还将对区域内物种特有的高原环境适应能力强、抗逆性强以及物种多样性等产生不利影响，对人类的未来发展将产生不可估量的影响。

三江源流域生态状况不仅受到中国政府的重视，还受到了国际社会的高度关注。2000 年，青海三江源保护区获青海省人民政府批复，《三江源自然保护区生态保护和建设总体规划》（以下简称《规划》）于当年开始编制；2003 年 1 月，国务院将三江源保护区提升为国家公园，进一步完善《规划》的内容；《规划》于 2004 年 6 月编制完成，2005 年 1 月经国务院批准，于 8 月 30 日召开《规划》实施的启动大会，正式开始执行阶段。三江源第一期项目计划从 2004 年开始到 2010 年结束，共 7 年的时间。因为《规划》于 2005 年获批，当年八月底开始执行，所以建设时间也随之延后。八年以来，项目得到了党中央、国务院的高度关注，以及各相关部门的支持。青海省将总规划作为"一号工程"，在省级有关部门的共同努力下，在项目所在地州、县、乡各级党委、政府的精心组织下，在各族干部群众的积极参与下，项目取得了很好的效果。

1.4.3.6 生态保护

2005 年，《青海三江源自然保护区生态保护和建设总体规划》（后文称《总体规划》）获国务院办公厅批准。其中，三江源区生态保护和恢复工程，农牧民生产和生活设施建设以及其他生态保护支持工程，共计投入 75 亿元。所有项目中关于生态环境保护与恢复的建设的项目共 12 项，涉及退耕还林、退牧还草、封山育林、重点湿地保护、保护区管理设施与能力建设、黑土滩综合治理、森林防火、鼠害防治、沙漠化土地防治、水土保持、草原防火、野生动物保护和湖泊湿地荒漠工程，规划共投资 49.25 亿元；关于农牧民生产生活与基础设施建设的项目共 6 项，涉及生态移民、建设养畜、小城镇建设、灌溉饲草料基地建设、能源建设和人畜饮水工程，规划中共投资 22.24 亿元；共四项与生态保护有关的项目，包括生态系统监测、科学研究及应用推广、人工增雨和科技培训工程,规划中共投资3.6亿元。2005年8月启动实施上述22个项目,2016年9月12日,三江源国家第一期生态保护与建设项目完成,2014年1月8日,《关于印发青海三江源生态保护和建设二期工程规划的通知》由国家发改委下发,青海三江源地区生态修复与建设第二阶段启动,2018年4月13日,青海三江源生态修复与建设二期项目规划实施完成中期评估(详见表1-7)。

表1-7 三江源生态保护和建设工程投资与完成情况表

项目名称	规划资金(亿元)	完成情况
退牧还草	31.27	完成
退耕还林	1.52	完成
封山育林	3.16	完成
沙漠化土地防治	0.46	完成
重点湿地保护	1.12	完成
黑土滩综合治理	5.23	完成
森林防火	0.31	完成
草原防火	0.21	完成
鼠害治理	1.57	完成
水土保持	1.50	完成
保护区管理设施与能力建设	2.03	完成
野生动物保护和湖泊湿地荒漠治理	0.87	完成
生态移民	6.31	完成
小城镇建设	3.91	完成
建设养畜	8.91	完成

续表

能源建设	1.86	完成
灌溉饲草料基地建设	0.42	完成
人畜饮水	1.55	完成
人工增雨	1.88	完成
生态监测	0.55	完成
科研课题及应用推广	0.63	完成
科技培训	0.54	完成
总计	75.09	22 项完成

在青海三江源生态保护和建设一、二期项目的建设与保护下，三江源地区生态系统的退化得到了初步控制，宏观生态状况得到了改善，多年平均植被覆盖率得到了显著提升，草地的载畜量得到了明显的增加，水体和湿地的生态系统得到了有效的恢复，生态服务功能得到了进一步的加强，生态建设工程区域的生态环境得到了明显的改善，生态监测网络基本建立，信息化水平显著提高，生态补偿机制框架初步建立，生态保护体制机制日益完善，农牧民生活质量持续提高，生态保护意识显著增强，生态保护红利持续体现，生态安全屏障进一步筑牢。

（1）自然保护区建设

经国务院批准，三江源自然保护区于 2003 年 1 月正式被提升为国家级自然保护区。按照《三江源国家级自然保护区区划范围》，三江源自然保护区的面积达 20.42 万平方公里，为青海省总面积的 28.02%，三江源规划总面积的 56.24%。三江源自然保护区被分为核心区、缓冲区以及实验区这三块区域，面积分别为 5.67 万平方千米、5.63 万平方千米和 8.93 万平方千米。三江源地区生态保护工作自 2000 年左右开始计划和实施，先后出台实施多项相关政策建议和生态保护工程，生态保护工程以 2005 年发布的《青海三江源自然保护区生态保护和建设总体规划》为主，相关生态政策、工程如下表 1-8 所示。

表1-8　三江源生态政策和工程项目介绍

分类	名称	发布/实施年份	涉及部门	补偿方向
政策	《关于请尽快考虑建立青海三江源自然保护区的函》	2000年	国家林业局	
政策	正式批准三江源自然保护区晋升为国家级自然保护区	2003年	国务院	——
政策	《青海三江源自然保护区生态保护和建设总体规划》	2005年	国务院	——
政策	《国务院关于支持青海等省藏区经济社会发展的若干意见》	2008年	国务院	——
政策	审议通过《青海三江源国家生态保护综合试验区总体方案》	2011年	国务院	——
政策	批准实施《青海三江源生态保护和	2013年	国务院	
工程	青海省三江源天然林资源保护工程	2000年至今	林业部	森林保护
工程	青海省三江源自然保护区生态保护	2005-2011年	国家发展和改革委员会	综合生态保护
工程	青海三江源国家生态保护综合实	2011年	——	综合生态保护
工程	三江源国家公园建设	2016年3月	国务院	综合生态保护

2016年3月，中共中央、国务院办公厅联合发布了《三江源国家公园体制试点方案》，这标志着中国开始了对国家公园制度实践的探索，青海省委省政府在三江源地区正式开展了试点工作，并已于2020年底正式设立三江源国家公园。

（2）生态补偿

自20世纪70年代开始，受气候变化与人口增长等多方因素的影响，三江源地区的生态环境质量持续下降，生态条件持续恶化，甚至使黄河源头数次断流。青海省委省政府为了保护和治理三江源地区的生态环境，于1998年颁布了停止砍伐天然林和禁止开采沙金等政策法规；2000年，在三江源建立了国家自然保护区，实施了国家森林资源保护计划；2003年，经国务院批准，该自然保护区正式成为国家级自然保护区；《青海三江源自然保护区生态保护和建设总体规划》于 2005 年开始实施；并于 2006 年正式取消对三江源州、县两级政府有关经济发展相关指标的考核；基于国家 2008 年出台的《国务院关于支持青海等省藏区经济社会发展的若干意见》，2010年、2011 年青海省委省政府先后出台和颁布《关于探索建立三江源生态补偿机制的若干意见》《青海省草原生态保护补助奖励机制实施意见 (试行)》《关于印发完善退牧还草政策的意见的通知》《三江源生态补偿机制试行办法》。三江源生态补偿工作以2010—2016 年颁布实施的相关文件和工程为主，详见表 1-9。

表 1-9　三江源生态补偿政策与生态工程项目介绍

分类	名称	发布 / 实施年份	涉及部门	补偿方向
政策	《关于探索建立三江源生态补偿机制的若干意见》	2010 年	青海省政府	—
政策	《三江源生态补偿机制试行办法》	2010 年	青海省政府	—
政策	《关于印发完善退牧还草政策的意见的通知》	2011 年	农业部财政部	—
政策	《推动三江源国家公园设立工作方案》	2020 年	青海省政府	综合生态环境保护
工程	青海省三江源天然林资源保护工程	2000 至今	林业部	森林保护
工程	青海省三江源生态保护和建设一期工程	2005 年	国务院	基础设施建设
工程	退牧海草工程	2003—2007 年	国务院	草原保护
工程	草原生态保护补偿奖励机制	2011 年至今	农业部财政部	草原保护
工程	三江源生态保护和建设二期工程	2014 年	国家发改委	中央财政为主，地方财政为辅
工程	三江源国家公园建设	2016 年 9 月	国务院	综合生态保护
工程	青海三江源生态保护和建设二期工程 2019 年度培训和宣传教育项目实施方案	2019 年	农牧处	培训和宣传生态保护

　　目前，三江源地区的生态补偿主要采取的是中央财政和地方财政两种方式，同时不断探索跨流域、跨地区的横向生态补偿路径。当前国家层面正在实施的生态补偿项目和政策主要包括：退耕还林（草）政策、巩固退耕还林（草）成果补助政策、退牧还草政策、草原生态保护补助奖励机制、国家公益林中央财政森林效益补偿、天然林管护补助、生态移民搬迁安置补助、湿地生态效益试点补偿、国家生态功能区中央财政转移支付等，青海省政府层面出台的补偿项目包含教育、技能培训、产业扶持等内容，相关补偿标准和资金见表1-10。

表1-10　国家与地方对三江源已实施的生态补偿政策

分类	生态补偿政策	补助标准	投入资金（亿元／年）
国家	退耕还林（草）政策	粮食补助、种苗（50元）	7.04
国家	巩固退耕还林（草）成果补助政策	成果补助90元／人	1.90
国家	退牧还草政策	饲料补助、围栏建设补助（50元）、草种（20元）	6.52
国家	草原生态保护补助奖励机制	禁牧6元／亩、草畜平衡1.5元牧草良种10元／亩	19.47
国家	国家公益林中央财政森林效益补偿	国有公益林5元／亩	8.57
国家	天然林管护补助	国家10元／亩，地方3元／亩	3.01
国家	生态移民搬迁安置补助	8000元／人	1.50
国家	湿地生态效益试点补偿	禁牧25元／亩、休牧10元／亩、	0.25
国家	国家生态功能区中央财政转	补助标准从2008年的6.27亿元提高至2021年的35.24亿元	33.16（近五年平均）
青海省	"1+9+3"教育保障经费	—	2.00
青海省	异地办学奖补	—	1.70

续表

青海省	农牧民技能培训和转移就业	—	0.80
青海省	草畜平衡补偿	—	3.00
青海省	重点生态功能区生态环境日常监测费用保障经费	—	0.60
青海省	生态公益管护补偿	—	0.60
青海省	生态移民燃料补助	—	0.50
青海省	生态移民困难生活费补助	—	2.00
青海省	扶持农牧后续产业发展补偿	—	0.50
青海省	重点功能区所在县财力和绩效奖励等一般性转移支付	—	0.90

经过中央与地方生态补偿政策的实施，三江源居民生态保护意识普遍增强，生态环境保护效果明显，其中：森林覆盖率、草地植被盖度、湿地面积、土地沙化和荒漠化、三江源头径流量、出境水质、野生动物种群等多项指标均有提升和优化；农牧民收入稳定增长；畜牧业转型加快升级。虽然当前三江源生态补偿取得了一定成效，但仍面临一些困难和挑战。首先，当前生态补偿主要通过政府财政补贴、政策倾斜、项目实施、税费改革等方式，以对生态环境服务进行的纵向补偿为主，且补偿的力度每年不足 100 亿元，因此，生态产品受益者付费补偿的横向补偿路径仍需探索和实现，同时，水权、碳汇、排污权等市场交易机制亟须建立；其次，缺乏对生态补偿的奖励制度。现行的生态补偿机制主要是对农牧民为恢复生态环境所付出的代价进行的保护和改善，亟需建立农牧民主动参与生态系统保护和改善的生态激励机制，形成三江源地区生态系统保护与生态产品供给的良性循环；再次，生态补偿政策设计需要更多考虑可持续性，同时避免部门分割和分散使用补偿资金，高效发挥生态补偿资金的效用；最后，生态补偿涉及多个部门，需要综合的管理协调能力，三江源县乡两级政府和政策执行机构因人少、事多、机构不健全等情况，影响到了基层政府的服务管理能力提升。

（3）三江源生态保护和建设工程

青海三江源地区是中国、亚洲的一个重要生态屏障，也是一个重要的水资源涵养区，其生态保护关系着我国西北甚至整个国家的生态安全。十多年的保护与建设，已取得了一定的成效。2005年，《青海三江源自然保护区生态保护和建设总体规划》的批复，标志三江源地区第一阶段的生态保护与建设工作已全面展开，第一阶段规划建设面积为15.23万平方千米。为使三江源区生态环境得到较好的恢复，采取了"退牧还草""生态移民"和"人工降雨"等20多种措施。从2006年开始，青海省人民政府将对三江源地区的考核由国内生产总值指标调整为环境指标。数据显示，三江源生态保护与建设项目的实施的10年时间里，区域内地表水总量累计增加了84.9亿立方米，主要湖泊新增了760多万平方千米，长江干流水质已连续九年达到或优于《地表水环境质量标准》中的Ⅱ类标准。

党的十八大以后，三江源地区的生态环境得到了进一步的改善。三江源地区2013年新增降水量达42.91亿立方米，是西湖水量的300倍。玉树藏族自治州副州长才仁公保说道："我认为，自三江源开展生态保护工作以来，最大的成就就是人工降雨。三江源地处内陆，气候干燥，降水的增加，使得沙漠化防治效果显著。"三江源流域的生态环境得到了改善，野生生物资源得以恢复。2019年1月，位于三江源地区的玉树藏族自治州政府发布通知，无限期禁止在三江源地区水域进行外来鱼种的放生行为。若造成严重后果，当事人将被依法追究刑事责任。果洛藏族自治州位于三江源地区的中心地带，玛多县作为三江源国家公园的一个重要组成部分，其生态环境的重要性不言而喻。近几年来，果洛州的生态建设取得了明显的成绩，环境质量也在不断改善。扎陵湖扩大了74.6平方千米，而鄂陵湖扩大了117.4平方千米，湿地面积扩大了104平方千米，湖泊总数达到了5849个，三江源地区重现了"千湖美景"。

三江源生态保护与建设项目一期计划区域包括青海省黄河、长江以及澜沧江的源头地区，计划包括为三大类，总计22项工程，计划投资750744.12万元。其中最重要的生态保护与建设项目包括了其中的12项工程，计划投资492485.21万元，具体内容有：退牧还林643万公顷、退耕还林草6540万公顷、封山育林30万公顷、沙漠化土地防治4.41万公顷、湿地生态系统保护10.67万公顷、黑土滩综合治理36.83万公顷、森林草原防火（16个县草原及9大林区）、鼠害防治2091.8万公顷、水土保持500平方千米、保护区管理设备、野生动植物保护以及湖泊湿地禁渔工程（如表1-11）。

表 1-11   一期工程生态保护与建设项目

生态保护与建设项目（规划投资 492485.21 万元）					
工程类别	退牧还草	退耕还林草	封山育林	沙漠化土地防治	湿地生态系统保护	黑土滩综合治理
具体规划	644 万公顷	6540 公顷	30 万公顷	4.41 万公顷	10.67 万公顷	36.83 万公顷
工程类别	森林草原防火	鼠害防治	水土保持	保护区管理设施	野生动物保护	湖泊湿地禁渔工程
具体规划	16 个县草原及 9 大林区	20091.8 万公顷	500 平方千米	——	——	——

农牧民生产、生活的基本建设工程共分六个部分，规划投资 222320.71 万元，包括生态移民 10140 户 55773 人、小城镇建设 23 个、养畜配套建设 30421 户、能源建设 30421 户、灌溉饲草料基地建设 3333.3 公顷、人畜饮水工程解决 13.16 万人的饮水问题（如表 1-12）。

表 1-12 一期工程农牧民生产生活基础设施建设项目

农牧民生产生活基础设施建设项目（规划投资 222320.71 万元）					
工程类别	生态移民	小城镇建设	建设养畜配套	能源建设	灌溉饲草料基地建设	解决人畜饮水工程
具体规划	10140 户 55773 人	23 个	30421 户	30421 户	3333.3 公顷	13.16 万人

生态保护支撑项目有 4 项工程，规划投资 35938.2 万元，包括人工增雨 5 大体系、科研课题及推广 10 大方面、生态监测 5 大系统、农牧民培训工程 5.24 万人（如表 1-13）。

表1-13　一期工程生态保护支撑项目

生态保护支撑项目（规划投资 35938.2 万元）				
工程类别	人工增雨	科研课题及推广	生态监测	农牧民培训工程
具体规划	5 大体系	10 大方面	5 大系统	5.24 万人

（4）三江源生态保护与建设工程实施效果

青海三江源自然保护区第一期生态保护与建设工作成效显著，环境恶化趋势得到了初步遏制，生态功能开始显现，农牧民生产和生活水平显著提高。截至 2012 年底，累计投资 76.9 亿元（其中：国家投资 555200.6 万元，地方配套 70823.53 万元，群众自筹 53269 万元，2012 省财政预安排 89536 万元），完成了 69.7 亿元，为投资的 92.5%。在三大类 22 个计划中，包括能源建设、森林草原防火、鼠害防治、退耕还林草、沙漠化土地防治、人工增雨、小城镇建设、生态移民在内的 8 个工程项目已全部完成建设目标。共完成退牧还草 378 万公顷、黑土滩治理 22.56 万公顷、地面鼠害防治 541.4 万公顷、地下鼠害防治 44.96 万公顷、退耕还林草 6540 公顷、封山育林 24.34 万公顷、沙化土地防治 4.41 万公顷、湿地保护 7.2 万公顷、水土保持 440 平方千米、灌溉饲草料基地建设 3333.3 公顷、建设养畜 30421 户，解决了 13.3 万人饮水困难，已经开展的 14 项科研课题中，12 项通过了省级验收，2 项成果达到了国际领先水平，6287 人（次）进行了科技培训，对农牧民进行了 46641 人（次）的培训，创建并培育了 1638 户示范户，于 2013 年全面完成《总体规划》的任务。

经过八年的不懈努力，三江源地区的总体生态结构得到了较大的改善，草原的退化势头得到了有效的控制，草畜的矛盾得到了缓解，湿地的生态功能得到了进一步的提高，湖泊的面积得到了显著的扩展，流域的给水能力得到了显著的提高，同时也得到了较好的治理效果。一是水资源的涵养能力得到了全面的改善，水资源的增容作用得到了显著的改善。从 2005 年到 2011 年，长江、黄河和澜沧江流域的年平均径流量为 498.4 亿立方米，相较于 2004 年增加了 92.6 亿立方米；多年平均出境水量 564.35 亿立方米，比 2004 年增加了 87.3 亿立方米，6 年间共增加出境水量 530 亿立方米；主要湖泊净增加 245 平方千米，黄河源头"千湖"湿地开始整体恢复。二是草原退化的势头得到了初步的控制，草场建设的成效明显。从 2002—2011 年，三江源地区中等覆盖度草地面积持续呈稳定趋势，高覆盖度草地以每年 2387 平方千米的速度增加，黑土滩治理区植被覆盖度由治理前的 20% 增加到 80% 以上。2005—2011 年的草地平均产草量（干重）每亩 45 千克，比 1988—2004 年的平均产量增加了 9.5 千克。三是森林资源得到封护管理，生态功能恢复。2011 年同 2005 年相比，森林面积净增加 150 平方千米，达到 2317 平方千米，郁闭度年均增长 0.007，乔木蓄积量年均增长 1.37%，乔木林检测地平均郁闭度为 0.38，乔木标准木蓄积量平均为 0.2933 立方米。四是生态系统结构改善，荒漠化面积减少。2011 年各河流控制站年均含沙量每立方米在 0.046 千克到 4.3 千克之间，与多年平均值相比，直门达站、新寨站、同仁站分别减少了 11.4%、60.3%、16.3%。荒漠化面积净减 95 平方千米，项目区沙化防治点植被覆盖度由治理前的不到 15% 增加到 38.2%。五是生态环境得到有效治理，生物多样性逐步恢复。据监测，三江源水域生态环境总体状况良好，水生生物资源保存相对完整。野生动物物种群明显增多，栖息活动范围呈扩大趋势，植物种群得到有效保护。六是农牧民生产生活条件改善，增收渠道不断拓宽。8 年来，共增加灌溉饲草料基地 3333.3 公顷，增加养畜户 3.04 万户，建立生态移民社区 86 个，省财政共投入 6 亿元改善了三江源地区 23 个小城镇的基础设施条件，出资 3000 万元建立了生态移民创业扶持基金，自 2009 年起每年下达 4000 万元的生态移民困难群众生活补助。2004~2011 年农牧民纯收入年均增长 10% 左右。七是发展方式发生了变化，人们的环保意识得到了提高。通过科技培训、能源建设、生态移民、兴办畜牧业等项目，使广大农民和农民的思想发生了很大的变化。牧民们已经从传统的游牧方式转向了定居或半定居，由单纯的靠天养畜转向了建设养畜，由粗放的粗牧业生产转向了生态畜牧业，在保护中发展、在发展中保护的观念已经逐渐深入人心。

三江源生态保护与建设工程，经过各级领导与各族人民的共同努力，整体上进行得很好，已经有了初步的成果，但是仍然存在着一些困难与问题：一是对生态移民的后续产业发展提出了新的要求。尽管通过各种渠道和方式，加大了对移民后续产业的支持，为其提供了更多的就业机会，但是，三江源地区产业结构单一，经济发展相对落后，劳动力质量偏低，给当地的后续产业发展带来了一定的困难。二是迫切需要强化草场的管理。在实施退牧还草和生态移民之后，草场管理机制尚未建立起来，加之缺乏经费，草场管护任务十分繁重。同时，搞好非禁牧草场的科学利用，大力发展草地生态畜牧业等工作有待进一步加强。三是三江源生态系统检测体系尚待进一步提升和完善。青海省在整个部门现有检测资源的基础上，初步建成了较完善的三江源生态检测数据库系统，但更加科学和完善的三江源一体化监测与评估体系、生态系统遥感监测体系及生态系统评估与国家安全预警系统建设仍需进一步提升和完善。四是由于劳动力工资和建材价格上涨幅度较大，生态工程建设成本大幅提高，工程实施难度加大。

三江源生态保护和建设一期工程的实施达到了项目预期的目的，项目的实施对于三江源地区的生态保护和生态功能的恢复具有重要意义。

1.5 生态安全屏障

青海是我国黄河、长江和澜沧江三条大河的源头，是我国生态安全的重要屏障，也是我国北方气候敏感区、全球生态系统调控稳定器和高原植物的天然资源库，其生态地位十分特殊，生态使命也十分艰巨，肩负着构建我国生态安全基础、持续改善生态环境、推动高质量发展的重要使命。青海在新的历史条件下，在新的发展阶段、新的发展理念、新的格局下，继续走好生态保护与高质量发展的道路，将是一项艰巨的任务。青藏高原是自然界赋予中国乃至整个世界的宝贵财富，构建青藏高原的生态文明高地，对于促进中国乃至世界的可持续发展，促进我国乃至世界的生态环境保护具有重大意义。中国共产党和中国政府坚持把青藏高原的生态环境建设放在首位，这是一个关乎整个民族生存与发展的重大问题。当前，青藏高原生态保护效果显著，资源保护程度较高，环境质量较好，已形成了一套较为完整的生态文明体系，具有重要的现实意义。

1.5.1 重任在肩——尊重自然、顺应自然、保护自然，高开高走打造全国乃至国际生态文明新高地

青海肩负着国家生态安全和可持续发展的重任，必须承担好维护生态安全、保护三江源和"中华水塔"的重大使命，对国家、对民族、对子孙后代负责；保护好青海生态环境，是"国之大者"。

习近平总书记于 2016 年 8 月赴青海考察时，到青海省生态环境监测中心，利用"青海生态之窗"，对黄河源头、昂赛大峡谷、昆仑山和五道梁的生态环境进行了远程监控，并与两个监测站点的基层干部和生态管理员进行了视频通话。如今，放眼"青海生态窗口"，已经可以用"一张网"将青海的美丽风光尽收眼底，监测点位由原来的 6 个增至 76 个，对水生态、草地生态和野生动物的动态进行了远程实时监控，并进行了数据共享，这既显示出青海对生态环境的重视，也显示出了省委省政府对生态保护工作的重视，更显示出青海人民坚定维护国家生态安全的决心。"青海生态窗口"在技术支持下，可对青海代表性生物群落和环境进行数字化监测。黑颈鹤翩翩起舞、藏羚羊结队迁徙、藏野驴悠闲觅食、野牦牛肆意奔跑……特别是对黑颈鹤、藏羚羊、普氏原羚、雪豹、藏野驴、野牦牛、欧亚水獭等重点珍稀濒危野生动物的数量、活动区域进行实时数量统计和跟踪观测，为物种调查、生物多样性保护提供了视频观测和分析的手段。

青海作为"三江之源"，被誉为"中华水塔"，其生态安全、国土安全和资源能源安全更是举足轻重，必须切实维护好"地球第三极"的生态安全，确保青海的生态安全。青海人民尊重自然、顺应自然、保护自然，为维护国家的生态安全做出了贡献。藏羚羊的数量已经从最低的 20000 只上升到 70000 只以上；已在全省 8 个市州发现高原特色动物雪豹共计 1200 余只；作为指示性动物的欧亚水獭在玉树州通天河流域被频繁发现，这些也证明三江源生态环境是健康完整的。作为青海湖特有的珍稀物种，青海湖裸鲤数量增至 10.85 万吨，比保护初期增长了 42 倍，特别是每年 5 月底至 8 月，数以百万计的裸鲤开始长途跋涉的生命洄游，呈现出"半河清水半河鱼"的自然奇观。

而今，打造全国乃至国际生态文明新高地在青海高开高走，《关于加快把青藏高原打造成为全国乃至国际生态文明高地的行动方案》印发，正以打造习近平生态文明思想实践新高地为统领，全面推开"七个新高地"建设。以"三步走"战略聚焦聚力打造生态文明高地，到 2025 年，青海特色生态文明体系进一步完善，生态文明高地建设取得系统性、突破性、标志性成果；到 2035 年，青海特色生态文明体系全面建立，人与自然和谐共生现代化基本实现，生态文明高地基本建成；到本世纪中叶，青海特色生态文明体系融合深化，全面建成更加完备、更高水平、更具影响、更美形态的生态文明高地。放眼未来，绿水青山将永远成为青海的优势和骄傲，造福人民、泽被子孙。

1.5.2 保护优先——胸怀"国之大者",搭建"四梁八柱",生态环境实现了由量到质的变化

全省环境空气优良天数比例持续走高,西宁空气质量连续6年领跑西北省会城市,实施工业企业污染治理项目,燃煤锅炉和老旧车辆淘汰、散乱污企业整治有序推进;长江、黄河干流、澜沧江和黑河出省境断面水质保持在Ⅱ类及以上,湟水河出省境断面水质达到Ⅲ类,青海湖、龙羊峡等重点湖库水体保持优良,青海成为全国唯一河流国家考核断面Ⅰ至Ⅲ类水质比例达100%的省份;西宁市"无废城市"试点任务圆满完成并形成了"西宁模式",在全国推广。

大手笔、大力度推动生态文明建设,从湟水河畔到三江源头,从青海湖畔到祁连山深处,青海儿女源于优美生态环境的幸福感、获得感满满,天蓝地绿水清已是最具魅力的生态标识。全省重要江河湖泊水功能区水质达标率100%,青海湖水体面积比10年前增加约220平方千米,湿地面积稳居全国首位,蓝绿空间占比超过70%。这是青海十年来部分生态指标的变化,这背后承载了太多的努力和付出,在保护与发展的矛盾中"破题",牢固树立生态保护优先理念,以生态保护定量做大发展增量,并继续做好生态优量,把保护生态统筹到发展始末,贯穿到工作始终,青海生态环境实现了由量到质的变化,绿水青山就是金山银山理念被不断深化。碧波荡漾的青海湖是中国最大的内陆咸水湖,也是最具影响力和代表性的鱼鸟共生系统,是青海湖裸鲤的唯一栖息地,其生态系统、生物物种和自然景观的代表性都独具特色。数据显示:2021年,青海湖水体面积达到4625.6平方千米,较2020年增加36.79平方千米,水位增高0.07米;全年统计水鸟总量约57.1万只,较2020年增长了23.3%,达到2007年监测以来的最大值。地处黄河岸边的海南藏族自治州贵德县,在生态保护、经济发展、民生改善的三维空间中擦亮底色,以生态旅游为主带动农牧业、服务业、餐饮业等多元发展。黄南藏族自治州河南蒙古族自治县,在全省率先实施"禁塑令",形成了极具河南特色的生态文化理念。2021年,贵德县、河南县入选国家"绿水青山就是金山银山"实践创新基地,这也是我省首次荣膺此项"国字号"殊荣。

今天,环保垂管改革持续深化,"三线一单"生态分区管控全面推进,综合行政执法、排污许可管理、环境信用评价等改革稳步推进,青海生态文明建设和生态环境保护已搭建起制度建设的"四梁八柱",治理体系和治理能力现代化水平不断提升,青海生态环境保护是"国之大者"已成为全省上下的高度共识和自觉行动。

1.5.3 挖掘潜力——生态赋能，推动高质量发展，让生态资源释放财富价值，让绿水青山变成金山银山

在彰显生态价值、履行生态责任、挖掘生态潜力的辩证统一中，做大生态"公约数"，"生态"的广度和深度也被不断延展。立足新发展阶段，贯彻新发展理念，构建新发展格局，推动高质量发展。瞄准产业绿色化转型方向不动摇，发挥比较优势，锻造产业长板，从源头到末端，产业正在质效升级中向绿、向轻、向优转型，三大产业不断拓展绿色潜能，生态经济、循环经济、数字经济、平台经济齐头并进，盐湖、清洁能源、高原特色农牧、生态旅游等产业正在向优发展中强链补链，加快建设世界级盐湖产业基地，打造国家清洁能源产业高地、国际生态旅游目的地、绿色有机农畜产品输出地，绿色发展的春潮扑面而来。

盐湖是青海最重要的资源，也是国家的战略资源。以加快建设世界级盐湖产业基地为目标，挖掘盐湖资源优势的"最大值"，盐湖资源产业链不断壮大。目前，已基本建成"钾、钠、镁、锂、氯"五大产业集群，高纯氧化镁晶体材料生产技术填补国内空白，成功研发新型镁基超稳矿化土壤修复材料并建成国内首条生产线。值得一提的是，全国三分之一的锂电池出自青海，青海生产的钾肥为保障国家粮食安全作出了积极贡献。

清洁能源产业可谓是"风生水起""风光无限"。青海着力推动清洁能源开发、新型电力系统构建、储能多元打造，已建成两个千万千瓦级可再生能源基地，目前清洁能源装机占全省电力总装机的91%，占全国清洁能源装机的18%，持续保持全国领先。值得一提的是，全国首个100%利用清洁能源运营的大数据产业示范基地、全国首个100%清洁能源可溯源绿色大数据中心等一批项目相继建成，世界首条以输送新能源为主的输电大通道建成运行，北京大兴机场用的就是"青海绿电"。当前，青海正式迈入打造国家清洁能源产业高地的轨道，将以系统集成思维构建新型电力系统，加快推动清洁能源高比例、高质量、市场化、基地化、集约化发展。

青藏高原作为地球第三极，在造山运动中形成了别具一格的山川地貌，也造就了奇特罕见、雄浑壮丽的自然景观。青海瞄准打造国际生态旅游目的地目标，基本建立了以生态旅游为核心的目的地体系，推出精品线路200条，7条入选全国"十大黄河旅游带"精品线路。中国最美湖泊青海湖成为热门打卡地，茶卡盐湖凭借盐湖资源走出了"工业＋旅游"的有益探索之路；从油嘴湾到青海"小三亚"，"花海经济"、乡村旅游也成为人们休闲游憩的目的地；藏毯、唐卡、青绣等民族传统文化产品远销

海内外；连续 21 年举办的环湖赛，每年带动 10 万名游客来青海湖骑行，青海已经成为世人向往的"诗与远方"①。生态不仅为青海造就了独特而大美的旅游资源，还为农牧产业做优做强提供了独有的资源禀赋和冷热适宜的气候环境。要充分发挥青藏高原"超净区"的地理生态优势，着力做好绿色有机农牧业这篇大文章。十年间，青海牛肉、枸杞产量分别增长 1.2 倍和 2.4 倍，油菜杂交育种水平国内领先，"青杂"系列 16 个油菜品种在全国 80% 以上春油菜产区种植，"青薯"系列马铃薯品种每年在全国推广种植 67 万公顷以上，青稞、蚕豆等品种选育达到国内先进水平，全省地理标志证明商标同比增长 140%，驰名商标同比增长 100%。如今，草地生态畜牧业"拉格日模式"，生态、生产、生活"三生"共赢的"梅陇模式"，修复、保护、发展并重的"甘德经验"等成为借鉴学习的典型，打造绿色有机农畜产品输出地为青海创造了更多发展机遇和更广空间。

在最严格的生态保护制度约束中，江源大地上珍贵的生态资源得到了严格保护，生态保护、经济发展、民生改善共生共赢，画出了高质量发展的最大"同心圆"，青山永驻、绿水常清也必将成为青海大地上最绚丽的画卷。

---

① 何勇，刘雨瑞.青海坚定推进生态保护和高质量发展 [N].人民日报，2022-09-01(004).

2 产业"四地"的提出

2.1 习近平总书记与青海

习近平总书记历来对青海工作给予高度关注，党的十八大以来，他两次考察青海，两次参加全国人大青海代表团审议，两次作重要指示批示，对青海的发展作了规划，把了脉，为我们做好青海的工作奠定了基础。

习近平总书记于 2016 年 3 月在参加全国人大青海代表团审议时首次明确"青海最大的价值在生态、最大的责任在生态、最大的潜力也在生态"的"三个最大"的省情定位。

习近平总书记在 2016 年 8 月对青海进行了考察，并对青海提出了"四个扎扎实实"的重大要求，即："扎扎实实推进经济持续健康发展，扎扎实实推进生态环境保护，扎扎实实保障和改善民生、加强社会治理，扎扎实实加强和规范党内政治生活。"

习近平总书记于 2021 年 3 月参加全国人大青海代表团审议时，第一次提出要在青海建设产业"四地"，也就是："加快建设世界级盐湖产业基地，打造国家清洁能源产业高地、国际生态旅游目的地、绿色有机农牧产品输出地。"

习近平总书记在 2021 年 6 月对青海进行了深入考察，进一步明确指出"进入新发展阶段、贯彻新发展理念、构建新发展格局，青海生态安全地位、国土安全地位、资源能源安全地位显得更加重要"，再一次强调产业"四地"建设，并对青海提出要"在推进青藏高原生态保护与高质量发展上不断取得新成就，奋力谱写全面建设社会主义现代化国家青海篇章"的新要求。

2.2 习近平总书记两次到青海考察

2.2.1 2016 年习近平总书记在青海考察调研足迹

习近平总书记于 2016 年 8 月 22 日至 24 日对青海进行了考察。在青海省海西蒙古族藏族自治州格尔木市唐古拉山镇的长江源村看望了藏族村民，并与他们亲切交谈。在青海盐湖工业股份有限公司盐湖码头听取盐湖资源综合利用和循环经济情况介绍。

在海东市互助土族自治县五十镇班彦村新村建设工地上，视察了当地的易地扶贫搬迁情况。考察青海省生态监测中心和国家电投黄河水电太阳能电力有限公司西宁分公司太阳能电池生产车线。

2016 年 8 月 22 日至 24 日，习近平总书记深入青海海西蒙古族藏族自治州、海东市、西宁市等地调研考察，就贯彻落实"十三五"规划纲要、推进脱贫攻坚工作、推动生态文明建设走访了农村牧区、企业、环保科研单位。

总结：2016 年 8 月，习近平总书记考察青海，对青海提出了"四个扎扎实实"的重大要求，即扎扎实实推进经济持续健康发展，扎扎实实推进生态环境保护，扎扎实实保障和改善民生，扎扎实实加强规范党内政治生活。

2.2.2 2021 年习近平总书记在青海考察调研足迹

习近平总书记于 2021 年 6 月 7 日至 9 日，在海北藏族自治州刚察县青海湖仙女湾，考察了青海省对祁连山、青海湖等重点区域的保护工作。

总结：习近平总书记在 2021 年 6 月对青海进行了深入的考察，并在此基础上提出了"进入新发展阶段，贯彻新发展理念，构建新发展格局，青海的生态安全地位、国土安全地位、资源能源安全地位显得更加重要。"又一次提出了产业"四地"建设的新思路，对青海提出要继续推动青藏高原的生态保护与高质量发展，努力谱写青海的新篇章，并强调要"保护好青海生态环境，是'国之大者'"。

2.2.3 习近平总书记两次参加全国人大青海代表团审议

2016 年 3 月 7 日下午，青海代表团在人民大会堂东厅参加会议，代表孔庆菊向习近平总书记展示了他的照片。其中一幅，是荒漠猫在草地上散步；另一幅是一只雪豹正在树林里穿行。孔庆菊说道："以前很少见的珍惜物种，现在频频现身了"，这说明生态保护见效了。"生态即是经济，保护生态就是发展生产力。只有在"生态即是经济"的理念下，我们才能始终坚持科学的生态观，科学的发展观。

2016 年 3 月，习近平总书记在参加全国人大青海代表团审议时，提出要把中国三江源国家公园的试点工作做好，统筹推进生态工程、节能减排、环境整治和美丽城乡建设，筑牢国家生态安全屏障，把青海打造成美丽中国的一张亮丽名片，并在此基础上，首次明确了"青海最大的价值在生态、最大的责任在生态、最大的潜力也在生态"的"三个最大"的省情定位。

2021 年 3 月，习近平总书记在参加全国人大青海代表团审议时提到：青海对国家生态安全、民族永续发展负有重大责任，必须承担好维护生态安全、保护三江源、保护"中华水塔"的重要使命，对国家、对民族、对子孙后代负责。同时，还第一次提出青海要建设产业"四地"，也就是："加快建设世界级盐湖产业基地，打造国家清洁能源产业高地、国际生态旅游目的地、绿色有机农畜产品输出地"。

习近平总书记亲手描绘了青海高质量发展的宏伟蓝图，将产业"四地"作为青海高质量发展的总目标和行动路径，将加快建设世界级盐湖产业基地，打造国家清洁能源产业高地、国际生态旅游目的地、绿色有机农牧产品输出地。产业"四地"的建设，为青海的发展指明了前进方向，为青海的发展提供了基本的指导，使我们在推动经济社会发展中，不断取得新的成绩，奋力谱写全面建设社会主义现代化国家的青海篇章。

2.2.4 产业"四地"建设具体内容

加快建设世界盐湖工业基地，充分发挥其资源优势，不断扩大生产规模，提高科技服务水平，不断扩大盐湖产业的规模，实现盐湖产业的新突破。实施金昆仑公司二期实施 1000 吨金属锂、中信国安 20000 吨电池组碳酸锂等 23 个重大工程的实施，形成了一条盐湖产业链。全省盐湖工业在 2021 年实现了 331 亿元的产值，较上年同期增长了 46.2%。

加快建设国家清洁能源产业高地——在新发展理念的引导下，加速推进清洁能源的高比重、高质量、基地化、集约化发展，使清洁能源的发展有了新的进展。黄河上游水力发电基地建设不断深入，羊曲和玛尔挡两个百万千瓦以上的大型水电站同时开工，海南藏族自治州和海西蒙古族藏族自治州首批1090万千瓦的国家特大型风力、光伏发电基地已经落户，海南和海西两个千万千瓦的可再生能源基地已初步建成，新能源装机容量已达1985万千瓦和1128万千瓦。

加快建设国际生态旅游目的地的步伐，以生态文化旅游资源为依托，对基础设施进行了改进，对产业布局进行了优化，对产品体系进行了丰富，对服务水平进行了提高，使生态旅游有了新的发展。红色游、乡村游、冰雪游、研学游、沉浸式体验等新业态不断涌现，已经初步形成了生态旅游产品多元化格局。西宁市和黄南藏族自治州被确定为全国文化和旅游消费试点城市，"唐道·637"商业综合体、"文旅步行街"入选首批国家级夜间文化和旅游消费集聚区、旅游休闲街区。

加快建设绿色有机农畜产品的输出地——加速农业和畜牧业发展方式的转变，使农业和畜牧业的生产得到更大的发展。创建了3个国家级现代产业园，30个省级现代农业产业园，40个省级农牧业产业化联合体，925个绿色、有机和地理标志农产品认证。"玉树牦牛""祁连藏羊""龙羊峡三文鱼""柴达木枸杞"被确定为"特色农产品优势区"。

2.3 产业"四地"提出的客观性和必然性

产业"四地"的建设，为青海的高质量发展指明了新的战略路径和新的使命，将推动供给侧的转型升级，带动需求侧的稳定提升，开启青海生态友好、青海特色的绿色低碳发展的新篇章。十年来，我们坚定地遵循习近平总书记的指引，脚踏实地，一步一个脚印，把习近平总书记的重要讲话和指示批示精神落到实处，使得青海各项工作都有了新的发展和新的突破。在过去的十年里，青海开展了大规模的生态文明建设，在生态环境和生物多样性保护方面发生了历史性、转折性和全局性的变化，在高质量发展方面取得了显著成效，取得了精准脱贫的全面胜利，人民生活水平不断提高，全面建成小康社会的目标任务已经完成，在这十年里，青海在各方面都取得了巨大成就。习近平总书记考察青海时指出，"青海最大的价值在生态、最大的责任在生态、最大的潜力也在生态"，从"三个最大"的角度出发，结合青海的资源禀赋、发展优势和地域特点，习近平总书记为青海高质量发展描绘了一幅宏伟的蓝图，在此基础上，提出以产业"四地"建设为主线，以加快建设世界级盐湖产业基地，打造国家清洁能源产业高地、国际生态旅游目的地、绿色有机农牧产品输出地为目标，为青海经济社会发展提供了新思路。产业"四地"的建设，为青海的发展指明了前进方向，提供了基本的指导，使我们在推动经济社会发展中，不断取得新的成绩，努力在全面建设社会主义现代化国家中，书写青海的新篇章。

2.3.1 产业"四地"体现生态优先绿色发展理念

"坚持绿色发展是发展观的深刻革命"，是落实新发展理念的一个重要内容，也是推动经济社会实现全面绿色转型的必由之路。我们必须牢记"绿水青山就是金山银山"的理念，严格控制经济和人为活动，使其不超过资源与生态的限度，将"绿色发展"融入社会主义现代化建设的宏伟目标中，使生态文明建设真正融入经济、政治、文化、社会建设之中，以经济与社会的全面绿色转型，推动美丽中国的实现，努力探索生态文明与经济发展、民生改善相互促进、相互促进的"绿色崛起"道路。

青海位于"地球第三极"，虽然生态环境十分脆弱，但是气候寒冷，自然风光秀丽，资源丰富，自然条件优越，阳光充足，为青海在"四地"中建立产业基地提供了得天独厚的条件。青海有一百多个大小不一的盐湖，有些盐湖里的盐分甚至可以供应世界各地几十年甚至上百年的使用，所以青海的盐湖是最重要的资源。青海地处内陆高原，生态优势显著，但交通不便，长期以来都在为怎样发展经济而苦恼。习近平总书记在 2021 年为青海描绘了"绿色有机农产品输出地"的发展蓝图，让青海的贫困地区重新找回了发展的信心以及方向。青海是一个无污染、纯生态的地区，在农业、畜牧业等方面有着独特的发展优势。地处青藏高原东部的果洛藏族自治州久治县，是一个牧业县，海拔在 4000 米以上，却水草丰茂，盛产优质的牦牛。久治县继 2019 年"久治牦牛"和"久治藏羊"获得国家有机认证之后，于 2022 年顺利入围全省打造绿色有机农畜产品输出地先行示范县行列。如今，"久治牦牛"已成功打入西藏、陕西、山东、四川等地，并取得了良好的销售业绩。久治县正在大力发展农业和畜牧业，今后，将进一步加强绿色发展、优质发展、品牌建设，以"青、甘、川"三省为重点，建立动物贸易陆港基地，冷链物流中心，以及万头牦牛良种繁育基地，继续推进"久治牦牛"国家畜禽遗传资源品种名录申报等工作，使"久治牦牛"的优质生产进入快速发展的轨道，从而达到畜牧业可持续发展，牧民可持续收入可增加，生态可持续保护的"三赢"局面。

青海属于世界四大无公害超净区和全国五大牧区之一，其特殊的地理气候条件、多样的高原生态环境、重要而特殊的生态位置，决定了青海省在农业、畜牧业中的优势地位。到目前为止，青海已完成化肥和农药的减施增效 1.3 万公顷，农作物的绿色防控覆盖率达到 45%，建成面积 66 公顷多的新型油菜籽有机栽培基地，超过 400 多万头（只）的牦牛和藏羊具有可追溯性，超过 925 个绿色食品、有机农产品和地理标志农产品得到了认证。

2.3.2 产业"四地"符合青海发展优势

青海拥有大量的清洁能源资源，尤其是太阳能、水力等资源，其中太阳能资源在全国排名第二，水力资源在全国排名第五。从 2017 年开始，先后举办了"绿电 7 日""绿电 9 日""绿电 15 日""绿电三江源百日系列活动""绿电七月在青海"等一系列绿色电力供应活动，连续刷新了全球新能源电力供应的新纪录。

从青海到河南的 800 千伏特高压直流输电工程，是全球第一个以新能源为主要资源的特高压外送通道；海南藏族自治州和海西蒙古族藏族自治州的可再生能源基地产量均超过了千万千瓦。清洁能源装机比例、非水可再生能源消纳比重以及非化石能源消费占一次能源消费比重这三个指标领先于国家其他地区；"四项技术"：百兆瓦级光伏发电实证基地技术、光伏电池效率转换技术、大规模水光互补关键技术、塔式光热发电技术实现了从无到有的重大突破。青海以其丰富的资源和优越的环境条件，在清洁能源开发方面走在了全国的前列，并形成了"1234"的发展模式，呈现出良好的发展势头。

然而，不仅仅是清洁能源这一方面使得青海建设"四地"具有独特的资源禀赋。青海省在生态环境中所处地位的重要性以及优势性是其他地区没有的，矿产资源储量巨大且种类丰富，旅游价值无限、前景广阔，绿色、有机、市场广阔的农畜产品，这些都是青海在建设产业"四地"过程中的重要优势。通过聚焦产业"四地"的打造，青海省要充分利用其丰富的自然资源和独特的自身优势，正确定位，理清思路，以打造"高地"建设"四地"为依托，建立具有青海特点的绿色低碳可持续发展的经济体系，将其独特的自然资源转化为新的发展优势。主动融入、服务于新发展格局，构建统筹协调联动机制，全力推进"四地"建设，打响青海特色产业品牌，着力挖掘清洁能源、盐湖开发、生态旅游、有机农牧业等产业，不断挖掘潜力，不断创新，走出一条独具特色的高质量发展之路。

2.3.3 产业 "四地" 符合青海区域特征

优化产业协同布局，推动协调发展，有选择地承接东中部产业转移，积极融入双循环新发展结构和 "一带一路"，把青海打造成 "一带一路" 和双循环的重要支点和中转枢纽。首先，青藏高原是 "地球第三极"，也是世界生态环境系统的调节器，并且有三江源国家生态区，有国际非遗项目可可西里。虽然存在地势复杂、生态脆弱、基础建设薄弱、人口市场规模小等劣势，但是青海地质矿产、能源资源、动植物资源丰富，具备多种资源优势，给青海发展以 "四地" 为主体的特色产业提供了得天独厚的优势条件。其次，被誉为 "中华水塔" 的青海，每年向下游输送的水量超过600亿立方米，不仅惠及了20个省份，还惠及了缅甸和其他5个湄公河流域国家。目前，全省现有林地总面积占全省国土面积的15.3%，可利用天然草场3333万多公顷，湿地面积领先于全国其他地区。

在这样的条件下，青海省可以根据自身的成本优势和地域优势，把握好接受国内国际产业转移的有利时机，通过产业的转型升级来激发市场的活力，从而给传统的优势产业带来新的发展动力。经济逆全球化抬头造成了国际原料运输受阻和产业链的断裂，却给青海带来了一次产业转移的机会。青海地处青藏高原重要位置，既是我国巨大的矿产资源地，又是制造现代化工业所必需的原料产地，具有很大的成本优势；而青海地处亚欧大陆腹地，背靠内陆经济发达区域，陆路交通对中西亚、东欧等国家具有天然的 "经济洼地" 特征，具有得天独厚的区位优势。所以，在 "一带一路" 背景下，青海可与中西亚、欧洲等国家进行经济、贸易、文化往来。

2.3.4 产业 "四地" 体现出青海最大价值在于生态

"青海最大的价值在生态、最大的责任在生态、最大的潜力也在生态。"人与自然是密不可分的共同体，"绿水青山就是金山银山" 的理念已在全省人民心中根深蒂固，我们要根据全省的实际情况，坚定地承担起生态保护的重任，坚持生态环境质量只能变好、不能变坏的理念，把生态文明建设进一步向前推进。青海省的生态问题，既关系到改革，又关系到发展，必须牢固树立不抓生态就是失职，抓不好生态就是不称职的理念，在各项工作中，必须始终把生态保护放在第一位，以促进人与自然协调发展为目标，构建人与自然协调发展的现代化建设新格局。

"四地" 产业体现了青海生态产品特征。青海省被誉为 "中华水塔"，是全球至关重要的生态资源宝库，拥有丰富的生态产品，具有提供优质绿色有机产品的潜力。"四地" 产业充分彰显了青海的生态底色和生态产品特征。

生态产品指的是良好、健康的生态系统，以可持续的方式，直接或间接地满足人类生产和生活的物质产品和服务产品的集合。主要包括：健康的生态环境系统直接产出的农畜产品、清洁淡水资源、清洁能源电力等的生态物质产品；能够吸收二氧化碳、培育土壤、水源涵养、污染净化、维持生物丰富性等的生态调节产品；能够满足人们精神文化需要，包含观光、旅游、休闲、娱乐等产品在内的生态文化产品。需要强调的是，生态产品是生态系统基于可持续发展的产出方式提供的产品，因此，不可再生的化石能源和矿产资源、大量使用化肥和农药的产品不属于生态产品。以产业 "四地" 为主体的绿色低碳循环发展经济体系涵盖了青海主要的生态资源和生态产品，如提供由农业生态环境系统中所需要直接加工转化或产化出来的各种生态农畜产品、清洁有效的绿色能源电力、清洁优质的有机淡水资源、盐湖等多种生态物质产品。这些生态产品能够极大程度满足人们精神文化需要，实现旅游价值、宗教文化价值、科学研究价值、审美精神价值，这些生态文化产品为打造国际生态旅游目的地提供生态价值，提供一定的物质基础和环境条件。

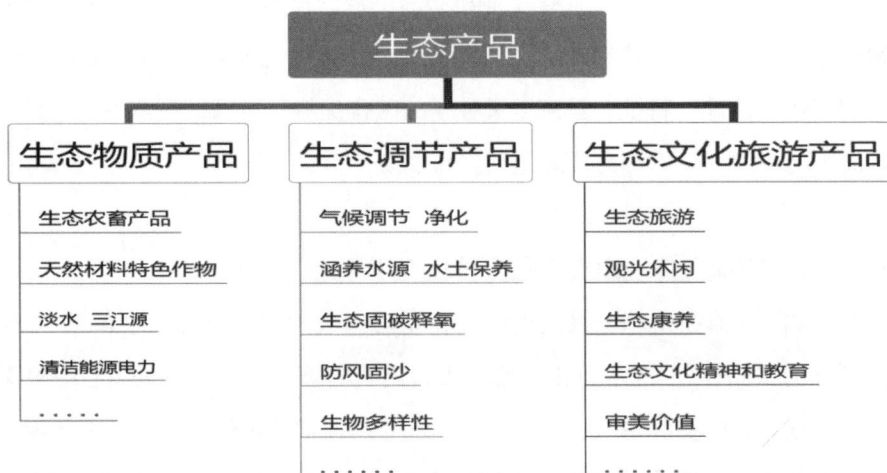

图 2.1　青海生态产品分类

中国科学院生态环境研究中心测算，2015 年，青海省生态系统生产总值为 17148.27 亿元，约为青海省 2015 年国内生产总值的 7.09 倍，约为全国生态系统生产总值的 2.5%，具有 80% 的外溢性。北京师范大学高原科学与可持续发展研究院的研究成果表明，从 2000 年到 2018 年，青海省的生态系统服务价值达到了 3.8 万亿元，其中包括土壤水、冻土水、地表水和地下水等水资源，这些水资源每年流量将近 1 万亿立方米，价值达到了 2.2 万亿元。青海省水资源相关的生态系统服务价值在 2018 年达到 3.2 万亿元，约为全部生态系统服务价值的 76.3%。从 2000 年到 2018 年，青海省生态系统区每年外溢了超过 670 亿立方米的水资源，价值达 0.2 万亿元。从最新的统计资料来看，青海省实际生态系统服务价值是已知测算结果的 3.05 至 12.09 倍，为 4.1 万亿元；全球气候变化背景下，包括冻土的土壤碳库以及生物碳库等在内的储量价值已达到 32.2 万亿元，生态系统生产总值合计达到 36.2 万亿元。从这一点可以看出，生态就是青海最有价值的条件，青海也是中国生态服务价值最大的省份之一。

生态产品的资本化实践路径是以中央加快构建生态文明体系总目标为指导，聚焦顶层设计，坚持规划引领，明确实现路径，加速建立具有青海省特色的生态文化体系、生态经济体系、目标责任体系、生态文明制度体系以及生态安全体系，利用政策或市场化的方式，实现生态价值的转化，将生态资源转变成经济资源，将潜在资源转变成现实资源。"绿水青山就是金山银山"就是要把潜在生态价值通过政策或市场化手段进行转化的资本化实践路径。

3 产业"四地"发展现状
及高质量发展面临的挑战

3.1 盐湖产业

我国盐湖资源丰富，是世界上盐湖最多的国家之一。据不完全统计，全国已发现各类盐湖 1500 多个，主要分布在青藏高原一带。盐湖资源同时是青海的一大特色资源，也是全国战略性资源。

青海拥有众多大小不一的盐湖，其中茶卡盐湖、察尔汗盐湖和柯柯盐湖是青海最著名的三个盐湖，它们的盐储存量足以满足全球几十年甚至上百年的需求，因此，盐湖资源被誉为青海第一大资源。

茶卡盐湖地处茶卡镇南部，是茶卡盆地的中心地带。在蒙古语中，"茶卡"的意思是"盐海"。茶卡盐湖的面积超过了 100 平方千米。茶卡盐晶结晶大，品质纯净，盐的味道浓郁。所产的盐，销往全国各地。盐的形状多样，有珍珠盐、玻璃盐、珊瑚盐、水晶盐、雪花盐、粉条盐、蘑菇盐等。只需要掀开一层 10 厘米左右厚的盐层，就可以从下面捞取天然的结晶盐。开采过的卤水，经过数年的沉淀，再次变成盐晶，如此循环。位于柴达木盆地中南部的察尔汗盐湖，海拔为 2670 米，南北宽度达 40 多千米，东西长度达 140 多千米，总面积达 5800 多平方千米，距格尔木市约 60 多千米，北距大柴旦 110 多千米，是青海省最大的盐矿资源，以钾盐、食盐为主，同时也蕴藏着镁、锂、硼、碘等多种矿产。盐湖表面被一层薄薄的沙土所覆盖，而在这一层之下则是盐。盐的形态千奇百怪，有些似珠玉，有些似宝塔，有些似星辰，以白色为主，有些则是红色，绿色，蓝色，黑色。当风和日丽的时候，有时"海市蜃楼"就会出现在盐湖上，当地还修建了一条以盐铺而成的盐桥公路，让这片土地更加美丽。万丈盐桥，这条 32 千米长的盐公路，是由察尔汗盐湖湖面上的盐铺就而成的，它打破了"盐含量超过 40% 的地区不能修筑公路"的传说，其路面平整光滑，完全不亚于柏油马路。如果路面出现凹陷，只需要用卤水浇灌，就能够迅速填补。它害怕雨水，因为它能溶解盐。然而，这个地方几乎都不会下雨。

　　盐湖资源是青海第一大资源，也是国家战略性资源。它富含多种元素，如钾、钠、镁、锂、硼、溴、碘、铷、铯、氯等，其中钾盐、镁盐和锂盐储量居全国首位，经济价值可达数百亿元。通过综合开发利用盐湖资源，不仅可以保障我国的粮食安全，还可以为国家未来的资源接替、新材料、新能源等重要产业提升全球战略竞争力提供支撑，同时也有助于实现碳达峰、碳中和的目标，从而促进稳藏固疆，推动经济社会的高质量发展。2021 年 3 月 7 日，习近平总书记参加十三届全国人大四次会议青海代表团审议时强调："要结合青海优势和资源，贯彻创新驱动发展战略，加快建设世界级盐湖产业基地。"青海坚持以习近平新时代中国特色社会主义思想为指导，深入贯彻落实习近平总书记关于加快建设世界级盐湖产业基地的重大要求，立足新发展阶段，贯彻新发展理念，构建新发展格局，着力打造"四地"，推动"五个示范省"建设，培育"四种经济形态"，努力实现盐湖产业的可持续发展，为实现青海经济社会发展的美好愿景提供强有力的支撑，加快绿色低碳循环发展，提升资源能源安全保障能力。基于生态保护的原则，以技术创新为动力，以循环利用为途径，以市场需求为导向，深入贯彻盐湖资源综合利用的顶层设计，加快构建盐湖产业协同发展的新体系，激发内在活力，加快抢占价值链高地，积极融入国内外双循环，不断提升盐湖产业的国际竞争力和影响力，促进其绿色可持续、高质量的发展，为实现全面建设社会主义现代化国家的宏伟目标而努力奋斗。为奋力谱写全面建设社会主义现代化国家的青海篇章贡献力量。力争到 2025 年，盐湖资源配置将进一步优化，产业发展政策将更加完善，"强链、延链、补链"将取得新的成果，10 万吨金属镁一体化等重大项目的产能将得到充分释放，无机盐化工产品、盐湖轻金属及合金产品、功能新材料产品的种类将更加丰富，重点产品的国内外市场影响力和盐湖产业的竞争力将进一步提升，经过有序的开发利用，盐湖资源的有价组分得到了有效的利用，资源的综合利用率取得了新的突破，国家级的盐湖产业创新载体的建设也取得了新的成果，掌握了制约盐湖产业发展的如无水氯化镁脱水等关键核心技术，盐湖提锂、高纯镁砂等技术也达到了国际领先水平，"政产学研用"科技协同创新体系也基本建立，省内重点院校的学科设置也得到了优化，人才培养的数量增多，质量也有了显著的提升，为盐湖产业的发展提供了有力的支撑。盐湖优势产业聚集地、重要产品生产地、循环经济示范地、技术创新策源地、产业人才培养地建设稳步推进，盐湖产业产值突破 340 亿元，世界级盐湖产业基地建设初见成效。

2030 年，努力打造一支拥有丰富经验和专业知识的人才团队，推动科技创新，以期在转型发展中获得实质性的成果，并在关键技术上取得突破，使高技术企业的比例大幅攀升，同时，大幅度改善盐湖产业的结构，使轻金属合金、高端专用化学品等高附加值产品的比重大幅度提高，并且培育出 2～3 家销售收入超百亿元的龙头企业，最终使盐湖产业的总产值达到 700 亿元，世界级盐湖产业基地建设初具规模。

到 2030 年，世界领先水平的现代盐湖产业体系基本建成，其资源利用率、产业规模、技术水平、绿色低碳、产品质量、人才队伍、企业发展、国际合作等方面均处于世界领先地位，盐湖产业产值将达到 1200 亿元，世界级盐湖产业基地基本建成。

3.2 清洁能源产业

气候变化是当今人类面临的重大全球性挑战。2020 年 9 月以来，国家主席习近平分别在联合国大会、金砖国家领导人会晤、气候雄心峰会等重要会议上提出，"中国愿承担与自身发展水平相称的国际责任，继续为应对气候变化付出艰苦努力""中国将提高国家自主贡献力度，采取更加有力的政策和措施，二氧化碳排放力争于 2030 年前达到峰值，努力争取 2060 年前实现碳中和"。为了达到此目标，清洁能源的快速有序发展将起到举足轻重的作用。到 2030 年，中国新增能源需求，也将主要依靠清洁能源满足。

青海位于青藏高原东北部，拥有丰富的清洁能源资源，其中水能资源理论蕴藏量高达 2187 万千瓦，位居全国第五，黄河上游是全国十三大水电基地之一，水电调节性能十分优越；光伏资源理论可开发量达到 35 亿千瓦，位居全国第二，且光伏发电成本全国最低；风能技术可开发量超过 7500 万千瓦，位居全国前列，尤其是低风速风电开发潜力巨大；青海还拥有 10 万平方千米以上的广袤荒漠化土地，为当地提供了丰富的可再生能源，为当地经济发展提供了强大的支撑，新能源开发优势显著。

2016 年，习近平总书记在青海考察时提出 "使青海成为国家重要的新型能源产业基地"，2021 年考察青海时进一步明确 "打造国家清洁能源产业高地" 的更高目标。全省上下着力推动清洁能源开发、新型电力系统构建、储能多元打造。到 2021 年底，青海省电力装机容量达到 4286 万千瓦，其中清洁能源装机占比达到 90.83%，新能源装机占比达到 61.36%，两项指标均位居全国第一。以 2022 年上半年为例，青海省清洁能源发电量达到 426.7 亿千瓦时，占全省总发电量的比重达到了 84.8%。新能源发电量达到 212.6 亿千瓦时，占比高达 42.3%，每天新能源发电量超过 1 亿千瓦时的天数达到了 138 天，超过水电的天数则达到了 96 天。

2022 年 6 月 25 日至 7 月 29 日，青海省积极推行 "绿电 5 周" 活动，以可再生能源如风、光、水等，为生产生活提供电力，实现了 "零排放" 的目标。这一活动已经连续开展六年，不断创造全球清洁能源供电的新纪录，这也是青海省基于优良的能源结构、着力推进清洁低碳消费转型的一个缩影。

近十年来，青海 750 千伏、330 千伏的骨干网络经过不断的优化完善，使其成为农牧区经济社会发展的重要支撑。青豫直流特高压外送通道，更是中国新能源应用的重要基础设施。2021 年，为了推动农牧区群众的高效清洁用能，政府大力推进了清洁供暖示范县的建设，并且不断优化能源结构，使得非水可再生能源的消纳比重提升至 29.3%，在全国排名第一。

2022 年 6 月 26 日，青海省海南藏族自治州光伏发电园区和龙羊峡水光互补发电站荣获吉尼斯世界纪录认证，它们的发电能力达到了历史新高，成为世界上最大的光伏发电园区和水光互补发电站，引发了国际社会的广泛关注。海南州是青海省重点发展的两大新能源产业基地之一，目前已经建成 2794 万千瓦的清洁能源装机容量，形成了以水、风、光、储、地热 "五位一体" 为主的清洁能源发展模式。"好风光" 的出现，让人们惊叹不已，而 "光伏羊" 则以其深蓝色的光伏板，悠闲吃草、追逐奔跑的场景，引起了广泛的关注。海南州的发展已经从增速迈向了提质阶段。

2022 年 9 月，中车海西州新能源装备制造零碳产业园开工建设。建成后，这将成为青海省规模最大、产业链最齐全的风电光伏装备产业集群基地。

海西蒙古族藏族自治州位于柴达木盆地，拥有丰富的太阳能、风能等优势资源，吸引了一批具有代表性的清洁能源企业前来发展。如今，格尔木东出口、乌图美仁、德令哈西出口 3 个清洁能源基地已经初具规模,海西还利用自身的钠盐产业基础优势,大力发展大规模熔盐储能项目,不断提高储能时长,突破发展瓶颈,打造多元协同高效的储能体系,为当地经济发展提供了强有力的支撑。通过积极开展抽水蓄能电站、规模运输电网等建设,构建了以长时储能、多能互补为支撑点的清洁能源供给体系。

过去十年,青海积极投入能源资源"金色名片"的开发,黄河上游水电基地的规模不断扩大,集约化、基地化地开发水风光资源取得了显著成效,国家大型风电光伏基地的建设也取得了长足的进展,海南和海西两个可再生能源基地的发展也达到了千万千瓦级。青海还建成了每年 400 万吨的鱼卡矿区,高原油气基地的生产当量也达到了千万吨级,为青海的能源供应提供了坚实的基础。

3.2.1 清洁能源基础条件与电网构成

青海省水电理论蕴藏量 2187 万千瓦,是全国十三大水电基地之一;青海省光照时间长,辐射强,太阳能用于发电的可开发量为 30 亿千瓦,风能用于发电的可开发量为 7500 万千瓦。凭借资源优势,截至 2020 年底,青海电网总装机规模达到 4030 万千瓦,当地清洁能源装机总量达到 3638 万千瓦,同时占电网装机总量达 90.27%,是中国清洁能源装机占电网总装机量比例最高的省份;清洁能源装机中,新能源装机 2445 万千瓦,占电网总装机比例达 60.67%;新能源装机中,光伏装机 1580 万千瓦,装机量超过水电成为省内第一大电源。青海电网电源构成情况见图 3.1。

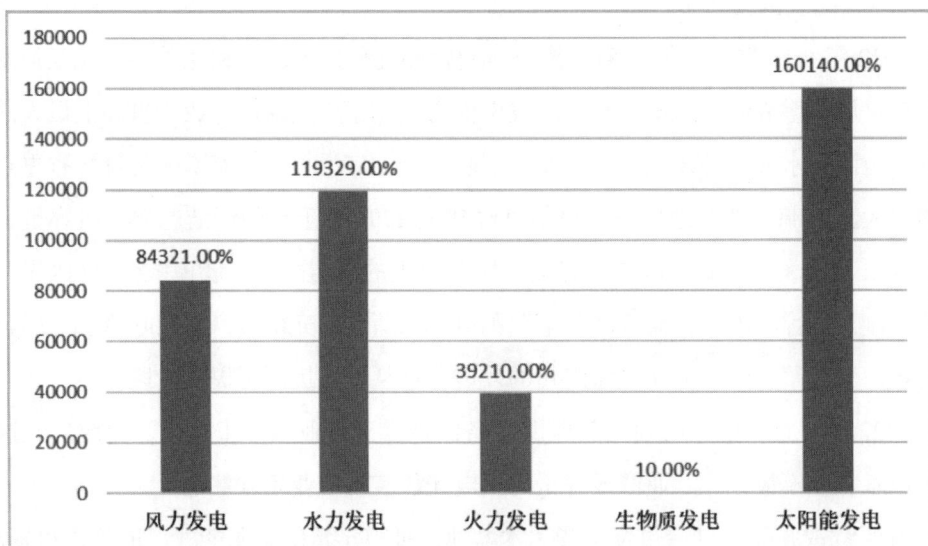

图 3.1 青海省电网构成

3 产业"四地"发展现状及高质量发展面临的挑战 　63

2022 年的全国两会上，"加快清洁能源外送通道建设""将青海列为国家储能先行示范区"，代表委员们提出了一系列有助于青海实现高质量发展的建议。其中，国网青海省电力公司尤其重视新能源资源的开发利用，采取了多种措施，努力推动"双碳"目标的落地，以期实现青海清洁能源产业的高质量发展。

（1）建设坚强电网支撑绿电外送

2022 年 2 月 28 日，青海高原迎来了复工复产，在郭隆至武胜第三回 750 千伏输电线路工程 1 号铁塔组立现场，施工人员紧密配合，将一块块塔材吊装升空，现场一派繁忙景象。郭隆至武胜第三回 750 千伏输电线路工程是国家电网有限公司为落实"双碳"目标，在青海实施建设的"十四五"时期首个 750 千伏电网项目，也是青海电网与西北主网联网的第七条电力大通道。工程建成投运后，将进一步提升青海新能源汇集、省间电力互补互济能力。2018 年，青海省政府大力发展新能源发电，充分利用太阳能和风能资源，"十三五"时期，国网青海电力和新能源发电企业加强合作，新能源发电装机容量首次超过水电装机容量，成为省内第一大电源，为青海省经济发展做出了重要贡献。青海电力坚持以科学规划为基础，积极推进新能源的有序发展。在"十三五"时期，国网青海电力不断加大投资力度，110 千伏及以上输电线路和变电容量的增长率达到 33% 和 62%，2020 年，世界首条以输送新能源为主的特高压输电通道——青海—河南 ±800 千伏特高压直流输电工程全面建成投运，标志着青海电网正式进入特高压时代，电网资源配置、安全保障和智能化水平都得到了显著提升。

借助强大的智能电网，青海省"十三五"时期新能源发电并网 2019 万千瓦，规模扩大 4.3 倍，年均增速 32%，为海西和海南两个千万千瓦级清洁能源基地的建设提供了有力支撑，使青海清洁能源在全国范围内得到了优化配置。到 2022 年 2 月底，青海电网发电总装机达到 4290 万千瓦，其中光伏发电装机占比达到 39.1%，新能源发电占比达到 61.5%，清洁能源发电占比达到 90.8%，新能源成为省内第一大电源，新能源发电占比达 61.5%，清洁能源发电占比达 90.8%，均保持全国第一。2022 年政府工作报告提出，推进大型风光电基地及其配套调节性电源规划建设，加强抽水蓄能电站建设，提升电网对可再生能源发电的消纳能力。作为清洁能源大省，"十四五"时期，青海省的新能源发电装机将爆发式增长，预计 2025 年达到 5900 万千瓦，占比达总量的 72%。

随着新能源的大规模开发和高比例并网，青海电网发展也面临着更高的要求。

为此，青海省正在积极推进 12 项重点工程建设，这些工程的建设将有效提升青海 750 千伏电网的网架结构，为青海新能源的集约化开发和大规模外送提供有力的支撑。青海电力公司致力于为"双碳"目标提供支持，并致力于实现国家清洁能源示范区的建设目标。通过构建新型电力系统的省级示范区，我们将在电网规划、储能发展、系统调节能力和可调节负荷方面进行深入研究，以加速建立更加强大和灵活的电网。预计到 2025 年，青海电网的跨省外送能力将大幅提升，达到 2000 万千瓦，这将为青海新能源电源的开发提供更大的支持，同时也将满足 1131 亿千瓦的用电需求，为青海打造国家清洁能源产业高地提供强有力支撑。

（2）创新探索服务新能源并网消纳

2022 年 3 月 23 日，由国网青海电力牵头开展的"多能源电力系统互补协调调度与控制"项目顺利通过国家工业和信息化产业发展促进中心综合绩效评价，这标志着该项技术研究取得重要成果。

"多能源电力系统互补协调调度与控制"项目是国家重点研发计划项目，经过 5 年的不懈努力，"新能源发电年、月电量优化调度软件""多能源电力系统互补协调调度系统"等取得了显著的成效，实现了多重因素下风、光、水、火、储等多种类型电源的优化布局，不仅可以最大限度地利用新能源，还能提高调度决策的安全性和可靠性。

新能源的高质量发展，不仅需要坚强电网，还需要更加强大的技术支撑。2018 年 1 月 8 日，国网青海电力率先建成国内首个集数据汇集、存储、服务、运营于一体的新能源大数据创新平台。2019 年，平台升级成为青海省能源大数据中心和工业互联网示范平台。2021 年年底，平台服务对象超过 280 家，其中，新能源场站接入 287 座，装机占比达全省的 40%，电站管理效率提升了 20% 以上，发电量提升 11%。

国网青海电力致力于将创新作为推动清洁能源发展的关键力量，结合当地实际情况，推出一系列有力的政策措施。5 年来，成功实施绿电 7 日、9 日、15 日、31 日"绿电七月在青海"全清洁能源供电实践，不断创造世界纪录，构筑"金色名片"清洁转型发展的框架；同时，利用数字化技术，提高新能源发电企业的运营管理水平；建立省内碳排放监测分析平台，以期达到更好的环境保护效果，实现碳排放"全景看、一网控"；加强了多能互补协调控制系统的应用，并且大力推进了大规模储能技术的研究，以填补国内的空白，使得新能源大发时段送出通道利用率达到 99.5%，比上一年提高了 1.5 个百分点。

国网青海电力调度控制中心通过使用最新一代的调度技术支持系统，可以实时查看全省的新能源资源和出力情况。这项技术的应用，是该公司推动清洁能源发展的重要举措。在"十四五"时期，国网青海电力将大力推进电网数字化转型，充分利用人工智能、5G、云计算等新技术，实现清洁能源的灵活并网、电网的稳定控制、负荷侧的智慧用能，为传统电网的转型升级提供技术支撑，促进绿色发电的大规模发展。

（3）助推多行业节能降碳

2022年3月16日，海东供电公司客户服务中心工作人员走进位于海东市乐都区的烁华铁合金有限公司，为了确保生产车间的安全用电，他们仔细检查了余热发电机组的运行情况，并且积极推动企业实施节能减排措施，以期达到节能减排的目的。

烁华铁合金有限公司是海东市的一家高耗能企业，年产硅铁5万余吨，海东供电公司在做好日常电力保障的同时，积极指导该企业利用余热发电，每月可实现400万千瓦时的发电量，从而有效降低生产成本，节约了近1500万元。海东供电公司将余热发电技术推广到全市12家铁合金企业和3家水泥厂，这些企业的余热发电装机容量达到了10.5万千伏安，每年可以节约近1.5亿元，为当地经济发展带来了积极的影响。

自2018年起，国网青海电力精心组织，为电解铝企业与新能源发电企业直接交易搭建平台，使电解铝企业能够更有效地利用绿色能源，从而降低生产成本，提升经营效益。此外，国网青海电力还积极推动工业、建筑、交通等重点领域的清洁低碳用能，以实现能源清洁低碳转型。

2022年政府工作报告提出，推进绿色低碳技术研发和推广应用，建设绿色制造和服务体系，推进钢铁、有色、石化、化工、建材等行业节能降碳，强化交通和建筑节能。2月25日，青海盐湖海纳化工有限公司水泥能源智能管理"企业上云"项目正式启动。青海互助金圆水泥通过由国网青海电力控股的青海绿能数据有限公司提供的水泥生产线能管云服务降低生产综合能耗1.05%，减排二氧化碳约5100吨。

清洁能源是青海的优势资源，国网青海电力以光伏发电的规模化和低成本的优势，推动电制氢及其储运技术的应用，以期实现氢能在重卡运输、钢铁冶金、盐湖化工等行业的广泛应用，为构建绿色低碳循环发展经济体系提供有力支撑，为青海发展提供强有力的保障。

3.2.2 清洁能源发电量与应用

根据国家电网青海省电力公司公布的数据，截至 2020 年底，青海省全年发电量为 948.4 亿千瓦时，同比增长 7.4%；用电总量为 742 亿千瓦时，同比增长 3.6%。发电总量中清洁能源发电量为 847 亿千瓦时，占发电总量的 89.31%，相当于替代原煤 3811 万吨，促进区域减排二氧化碳 6268 万吨。2022 "一带一路"清洁能源发展论坛开幕式现场，国网青海省电力公司发布了"绿电 5 周"活动的成果，6 月 25 日至 7 月 29 日，"绿电 5 周"活动在青海取得了圆满成功，期间清洁电源总出力始终高于用电负荷，全清洁能源供电周期延长至 35 天，清洁能源发电量 99.8 亿千瓦时，占全省用电量的 110.7%，相当于减少燃煤 453.4 万吨、减排二氧化碳 816.1 万吨，青海省清洁能源应用项目主要在以下方面：

①青海省始终贯彻新发展理念，推进国家清洁能源示范省的建设，全清洁能源供电刷新世界纪录：2017—2019 年青海连续开启"绿电 7 日""绿电 9 日"和"绿电 15 日"，打破了葡萄牙电网于 2016 年创造的清洁能源供电纪录；2020 年 7 月完成连续 31 日全省清洁能源供电的新纪录；2020 年 5 月 9 日—8 月 16 日，完成"绿电三江源"百日活动，青海电网实现对三江源 16 个县 1 个乡镇供给清洁能源电力 100 天的纪录。

②世界首个专门为输送清洁能源而建设的特高压工程被称为"青豫直流"工程，也被称作"青电入豫"工程，该工程线路西起青海省海南藏族自治州的海南换流站，东到河南省驻马店市上蔡县的特高压豫南换流变电站，途经青海、甘肃、陕西、河南 4 省，全长 1563 千米，总投资 226 亿元，输送量 800 万千瓦，是世界首条专为清洁能源外送而建设的特高压通道。该项目于 2020 年 7 月双极低端先行启动送电，并于 2020 年 12 月 30 日正式投运，按照计划，青海未来每年能够为河南输送清洁电力 400 亿千瓦时，分别减少 1800 万吨的煤炭消耗，减排 2960 万吨的二氧化碳，并有效地提升中国中东部地区清洁能源消费比重。截至目前，青海省已通过此线路输送超过 30 亿千瓦时"绿电"至河南省。

③通过深入研究和开发多种协调调控技术，实现了不同时段的优化调度和实时控制，从而大幅提高了增发新能源量，达到了 9000 万千瓦时以上。此外，还采用了最新的调度控制技术，建立了一个滚动优化消纳调度技术支撑体系，使新能源预测精度平均提升 2.1 个百分点。推广应用源网荷储互动技术，通过优化储能电站充放电模式、完善源网荷储协调平衡策略等技术手段，提升全网新能源利用率 1.2 个百分点。探索

应用线路动态增容技术，提升新能源送出和重负荷地区供电能力。创新应用碳排放监测技术，构建全省规上企业专属电－碳模型，为企业节能减排提供测碳服务，青海114 家规上企业可节约一次性投资超过 1.5 亿元。

④通过"青绿之约"绿色电力交易机制，新能源电站和电力客户之间的电力交易额已经超过 6000 万千瓦时，23 家新能源电站和 42 家电力客户之间的电力交易额也超过 62.7 亿千瓦时，为可持续发展提供了有效支持。开展中长期分时段交易，组织具备灵活调节能力的电力客户与新能源电站开展中长期分时段电力交易，成交电量达 3000 万千瓦时。

⑤用能方式低碳转型，现已实现了 3400 个充电桩的投入使用，使 4600 辆电动汽车实现了可持续的低碳出行，已经启动了 30 多座充电站的改扩建工程。开展绿电行动进校园活动，在青海大学建成省内首个清洁能源示范校园工程，屋顶光伏年发电量达到 135 万千瓦时。建设新型电力负荷管理系统，执行峰谷分时电价，引导园区电力客户在午间光伏大发期间满负荷生产，月增加光伏消纳 3600 万千瓦时。开展绿电保障进湖区活动，为环青海湖电动汽车挑战赛参赛车辆加充绿电，环湖地区电力客户开启绿电通勤时代。

3.3 国际生态旅游目的地

青海生态文化产品发挥着重要的游憩和美学功能，凭借得天独厚的自然风光和灿烂的民族文化吸引着全国乃至世界的目光。青海生态文化产品的价值主要包括旅游价值、宗教文化价值、科学研究价值、审美精神价值等，是青海生态产品的重要组成部分，有着巨大的生态产品价值和发展潜力。青海省打造国际生态旅游目的地旨在保护和提升当地生态环境的同时，也展示出这片土地的独特魅力。这不仅可以促进不同民族之间的交流与融合，还可以推动现代文明的交流。此外，打造国际生态旅游目的地还可以带动基础设施建设，提升民众的生活质量，为保护生态环境、促进民族团结、传播优秀文化、推动乡村振兴做出重要贡献，对于促进旅游业高质量发展和生态文明建设意义深远。因此，青海省打造国际生态旅游目的地对实现青海生态文化产品价值，对全社会共同关注青海生态旅游和文化、发挥重要作用。

3.3.1 生态旅游优势及资源

3.2.1.1 生态旅游优势

大美青海，这里独特的高原自然风光和人文景观对人们有着无尽的吸引力，对于久居城市的居民来说，青海是他们期待体验差异化的旅游目的地。文化是旅游的核心，它不仅仅是一种形式，更是一种深刻的内涵。因此，我们应该将文化作为旅游的基础，将旅游作为文化的重要载体，将优秀的人文资源融入旅游经济中，打造出独具特色的旅游产品。习近平总书记在考察青海时，赋予青海"打造国际生态旅游目的地"的重大任务和历史使命。为深入贯彻落实习近平总书记对青海工作的重大要求，认真落实国家旅游发展部署，青海立足"三个最大"（即"青海最大的价值在生态、最大的责任在生态、最大的潜力也在生态"）省情定位，坚持以文塑旅、以旅彰文，推动文化和旅游深度融合、创新发展，不断巩固优势叠加、双生共赢的良好局面。青海生态文化产品主要分为生态旅游资源和文化资源两类，这两类重要的生态文化产品承载着旅游、宗教、科研、美学等重要功能，了解青海地区生态文化产品分类明细为探索其价值实现路径奠定了良好基础。

青海旅游资源丰富，青藏高原重要的生态地位和生态价值造就了其得天独厚的旅游价值。青海地区以其"中华水塔"和"三江之源"的文旅资源而闻名，其独特的地质地貌，原生态多元的民俗文化，三江之源、昆仑之巅、丝路之冲的区位优势以及优美的自然资源和多元的民族文化，使青海不断朝着国际生态旅游目的地的方向前进。

首先，这里是三江流域的发源地。长江、黄河是中华民族的母亲河，两条江河流经大半中国汇入海洋，润泽万物生灵；被誉为"东方多瑙河"的澜沧江流经中国、缅甸、老挝等6国后注入全球水系，造福邻国人民。其次，这里是人类至关重要的生态安全屏障。青海地处世界第三极，是北半球气候的敏感区和启动区，是全球生态系统的调节器和稳定器，拥有世界最大面积的高原湿地、高寒草地、灌丛和森林生态系统，被联合国教科文组织誉为"世界四大超净区之一"；是高寒生物自然物种资源库，是高海拔地区生物多样性、物种多样性、基因多样性、遗传多样性最集中的地区。再次，三江源国家公园是中国第一个国家公园体制试点地，是中国建设国家公园的新纪元，是青海面向全国、走向世界的窗口，为打造青藏高原生态文明高地提供强大助力。最后，青海是能源富集地，拥有丰富的资源和能源。青海是全国清洁能源示范省，是国家清洁能源发展的接续地，清洁能源发电为青海打造国家清洁能源产业高地奠定坚实基础。

3.3.1.2 生态旅游资源

青海省内各类旅游资源丰富，目前具有世界级、国家级和省级旅游资源为基础的多层旅游资源体系，吸引着全国乃至世界不同类型、地域、需求和消费水平的游客。三江源地区是长江、黄河、澜沧江 3 条世界级河流的发源地，是全球湿地海拔最高、面积最大且分布最集中的地区，具有世界级的自然生态景观资源，目前形成了以三江源国家公园为核心，以可可西里、三江源头等自然风光为主要景观，将康巴文化、三江源文化和唐蕃古道文化融合为一体的旅游综合体系。截至 2019 年底，青海省全年接待国内外游客 5080.2 万人次，同比增长 20.83%，其中国内游客 5072.9 万人次，入境游客 7.3 万人次，分别增长 20.86% 和 5.8%。实现旅游总收入 561 亿元，同比增长 20.39%，国内旅游收入 559 亿元，旅游外汇收入 3336 万美元，分别增长 20.47% 和 −7.67%。2019 年进入青海省自驾车数量为 70.57 万辆，甘肃省自驾入青车辆最多，为 30.44%。

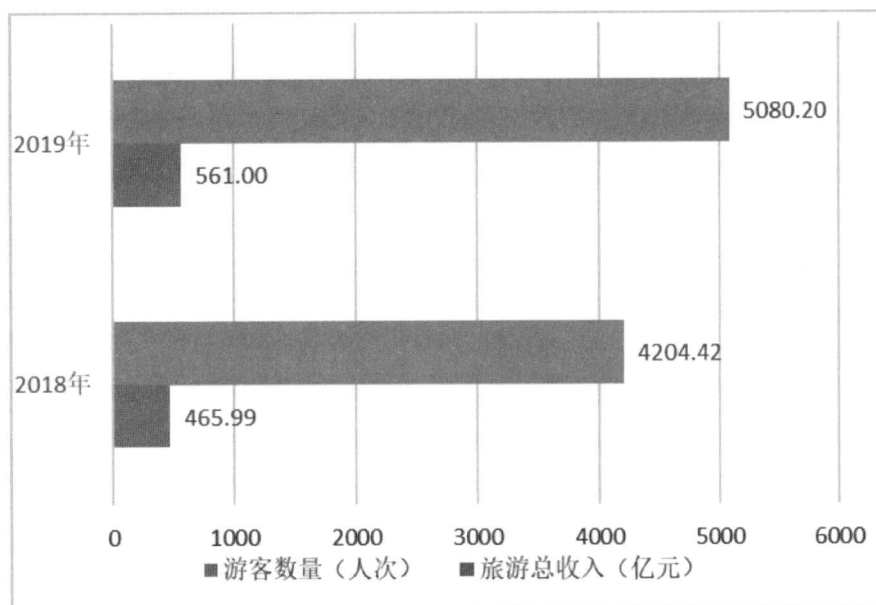

图 3.2　青海省 2018—2019 年的旅游收入及游客数量数据

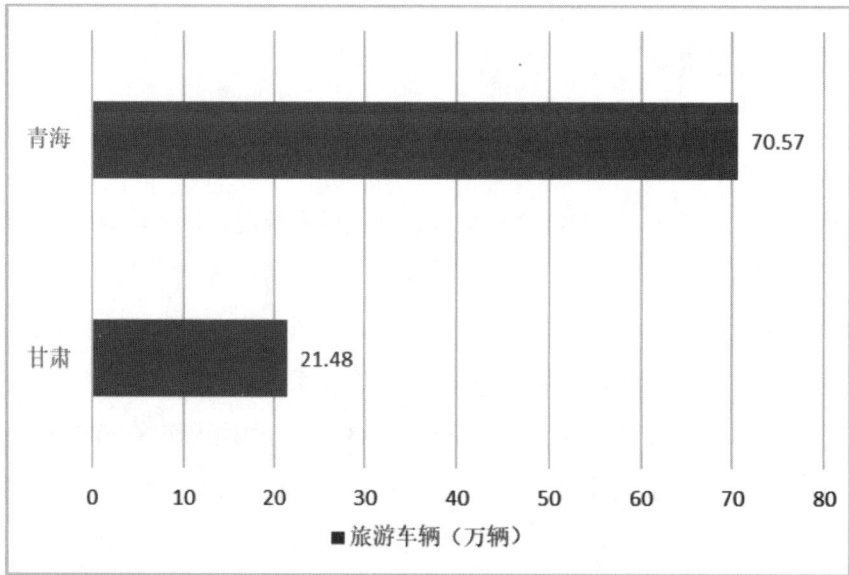

图 3.3　2019 年青海省及甘肃省自驾车入省数量

　　青海省景区景点建设逐步完善，截至 2019 年底，青海省境内共拥有国家 A 级景区 117 家,拥有世界自然遗产 1 处,国家级旅游资源景区 85 处,省级旅游资源景区 28 处,旅游新业态景点 175 处。

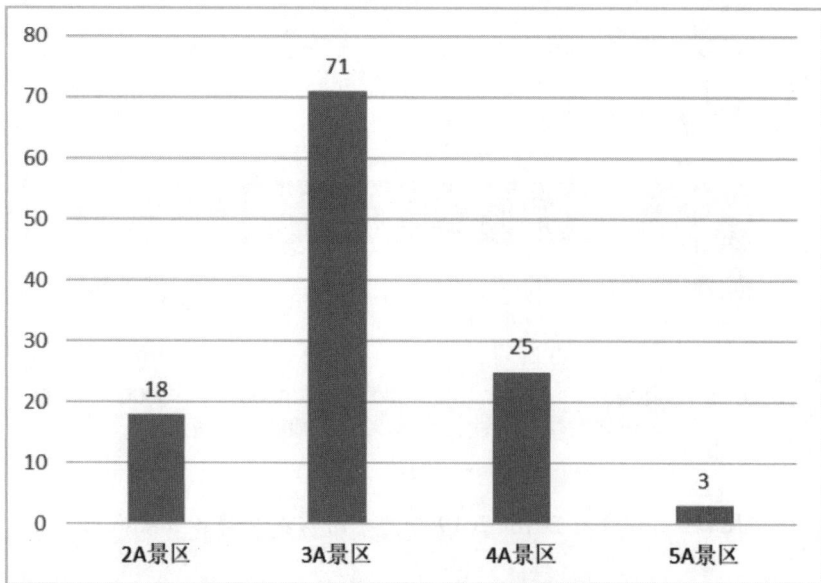

图 3.4　青海省 A 级景区分级数据

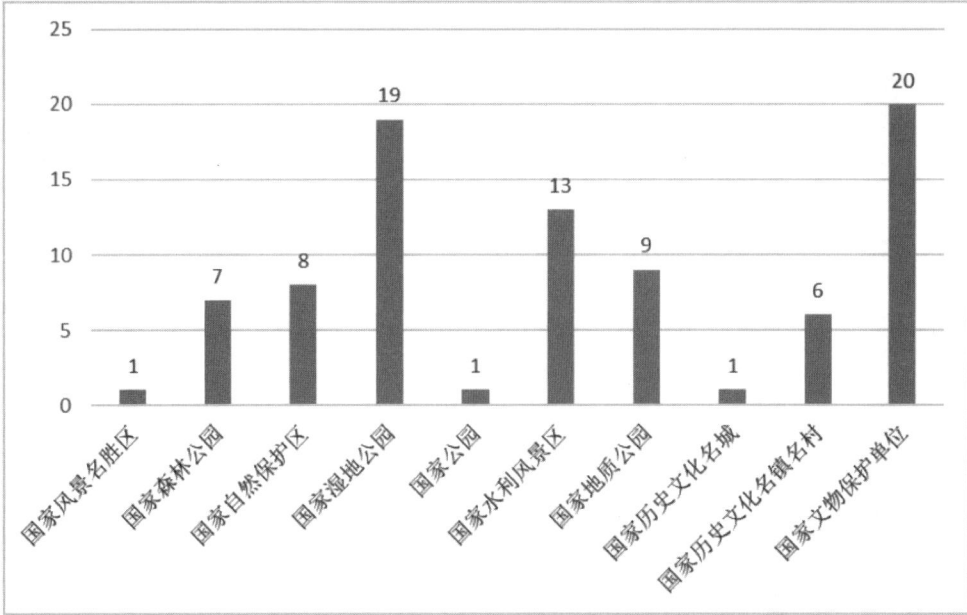

图 3.5 青海省国家级景区分级数据

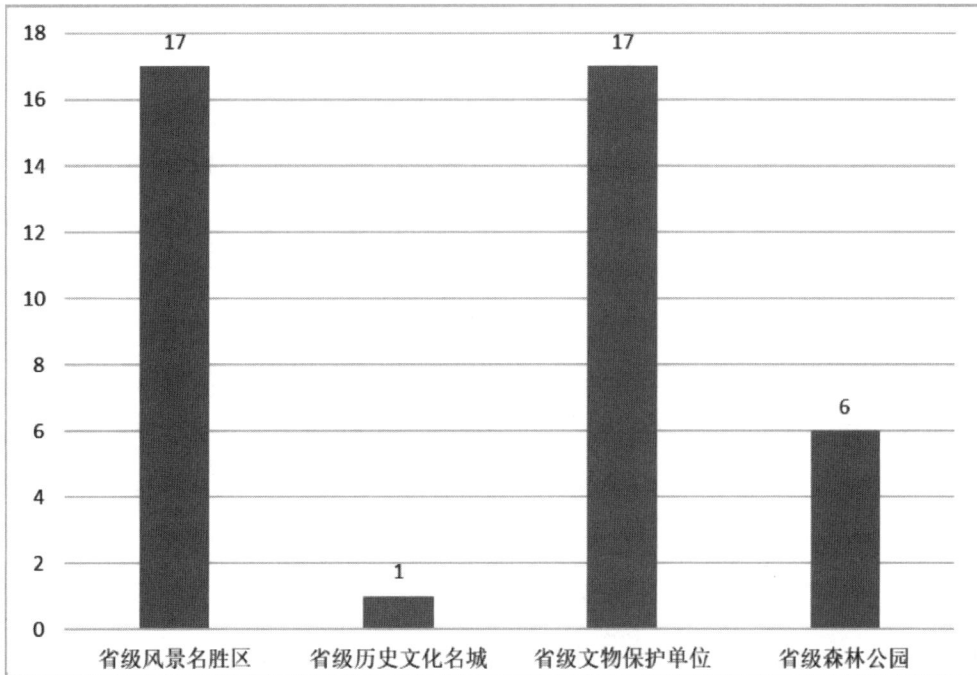

图 3.6 青海省省级景区分级数据

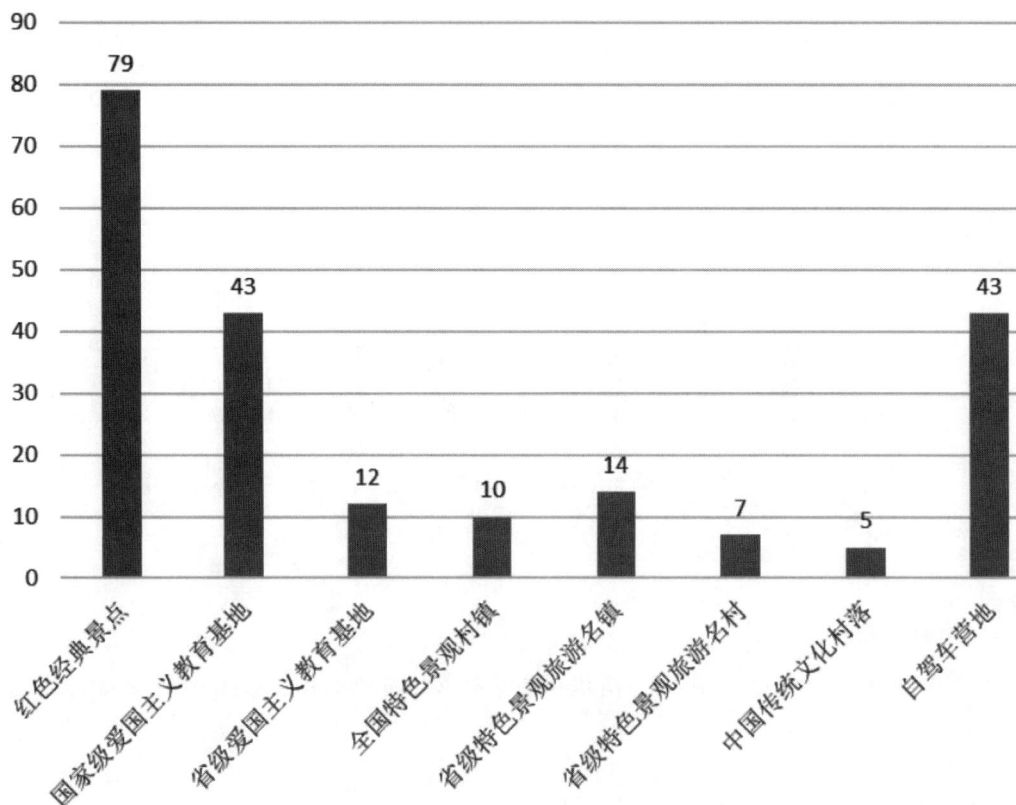

图 3.7　青海省旅游新业态景点分级数据

其中具有较高知名度的景区集中分布在西宁市，西宁市旅游资源开发较靠前，旅游景区开发较充分，其他地区需要加快景区开发和发展步伐，形成全域化分布格局，继续推进国家地质公园、国家湿地公园、国家森林公园、国家级自然保护区等国家公园的建设，打造国家公园示范省，创建国家级旅游度假区，助力生态旅游产业转型升级。

大美青海，美在三江源，仅在三江源就有多处国家级和世界级的旅游资源。三江源地区共有 7 处世界级旅游资源。除了两处世界级旅游景区（可可西里和三江并流自然景观）外，世界屋脊风光、隆宝滩、勒巴沟—新寨嘉那嘛呢石城都具有"世界之最"的特征，这些资源为三江源所独有，有着较高的品位，这些说明三江源的旅游资源赋存已经具备了发展国际旅游的条件，都是三江源生态文化产品价值实现的重要依托。目前三江源地区世界级旅游资源明细见表 3-1。

表 3-1　三江源世界级旅游资源

名称	分布
世界自然遗产	可可西里
潜在世界级旅游资源	世界屋脊风光、青海湖（鸟岛）、塔尔寺、昆仑山（昆仑六月雪、玉珠峰、玉虚峰、西天瑶池）、盐湖（万丈盐桥）、隆宝滩、勒巴沟—新寨嘉那嘛呢石城

三江源拥有国家级旅游景区 85 处，详见表 3-2。包括国家森林公园 7 处、国家自然保护区 8 处、国家湿地公园 19 处、国家公园 1 家、国家水利风景区 13 处、国家地质公园 9 处、国家历史文化名镇名村 6 处、国家文物保护单位 17 处，等等。构成了类型丰富、分布广泛的三江源旅游资源整体格局，对国内乃至世界都具有巨大的旅游吸引力。

表 3-2　三江源国家级旅游资源分布

类型	名称	行政区划单位
国家风景名胜区	青海湖	海南藏族自治州
国家森林公园	青海坎布拉国家森林公园 青海北山国家森林公园 青海哈里哈图国家森林公园 青海大通国家森林公园 青海群加国家森林公园 青海仙米国家森林公园 青海麦秀国家森林公园	黄南藏族自治州尖扎县 海东市互助土族自治县 海西蒙古族藏族自治州乌兰县 大通回族土族自治县 西宁市湟中区 海北藏族自治州 黄南藏族自治州

续表

国家自然保护区	青海三江源国家级自然保护区 青海可可西里国家级自然保护区 青海隆宝国家级自然保护区 青海孟达国家级自然保护区 隆宝滩黑颈鹤自然保护区 青海青海湖国家级自然保护区 青海柴达木梭梭林国家级 自然保护区 大通北川河源区国家级 自然保护区	玉树、果洛、海南、黄南、海西 玉树藏族自治州 玉树藏族自治州玉树市 海东市循化撒拉族自治县 玉树藏族自治州玉树市 海南藏族自治州 海西蒙古族藏族自治州 西宁市
国家湿地公园	黄河清湿地公园 达日黄河国家湿地公园 刚察沙柳河国家湿地公园 贵南茫曲国家湿地公园 甘德班玛仁托国家湿地公园 泽库泽曲国家湿地公园 班玛玛可河国家湿地公园 曲麻莱德曲源国家湿地公园 乐都大地湾国家湿地公园 湟水国家湿地公园 洮河源国家湿地公园 青海玛多冬格措纳湖 国家湿地公园 青海都兰阿拉克湖国家湿地公园 青海乌兰都兰湖国家湿地公园 青海德令哈尕海国家湿地公园 青海玉树巴塘河国家湿地公园 青海天峻布哈河国家湿地公园 青海祁连黑河源国家湿地公园 青海互助南门峡国家湿地公园	海南藏族自治州贵德县 果洛藏族自治州达日县 海北藏族自治州刚察县 海南藏族自治州贵南县 果洛藏族自治州甘德县 黄南藏族自治州泽库县 果洛藏族自治州班玛县 玉树藏族自治州曲麻莱县 海东市乐都区 西宁市 黄南藏族自治州河南蒙古族自治县 果洛藏族自治州玛多县 海西蒙古族藏族自治州都兰县 海西蒙古族藏族自治州乌兰县 海西蒙古族藏族自治州德令哈市 玉树藏族自治州玉树市 海西蒙古族藏族自治州天峻县 海北藏族自治州祁连县 海东市互助土族自治县
国家公园	三江源	玉树藏族自治州、果洛藏族自治州全境，海南藏族自治州、黄南藏族自治州的泽库县、河南蒙古族自治县、兴海县、同德县及海西蒙古族藏族自治州的唐古拉山乡

续表

国家水利风景区	互助土族自治县南门峡水库 水利风景区	海东市
	长岭沟水利风景区	西宁市
	黄南藏族自治州黄河走廊 水利风景区	黄南藏族自治州
	黑泉水库水利风景区	西宁市
	孟达天池水利风景区	海东市
	互助县北山水利风景区	海东市
	久治县年保玉则水利风景区	果洛藏族自治州
	民和县三川黄河水利风景区	海东市
	玛多县黄河源水利风景区	果洛藏族自治州
	囊谦县澜沧江水利风景区	玉树藏族自治州
	海西州巴音河水利风景区	海西蒙古族藏族自治州
	乌兰县金子海水利风景区	海西蒙古族藏族自治州
	通天河水利风景区	玉树藏族自治州
国家地质公园	青海尖扎坎布拉国家地质公园	黄南藏族自治州
	青海贵德国家地质公园	海南藏族自治州贵德县
	青海互助嘉定国家地质公园	海东市
	青海久治年宝玉则国家地质公园	果洛藏族自治州
	青海昆仑山国家地质公园	海西蒙古族藏族自治州
	青海省青海湖地质公园	海南藏族自治州
	青海玛沁阿尼玛卿山地质公园	果洛藏族自治州
	青海格尔木察尔汗盐湖 国家矿山公园	海西蒙古族藏族自治州格尔木市
	互助北山国家森林地质公园	海东市互助土族自治县
国家历史文化名城	同仁	同仁市
国家历史文化名镇名村	青海省循化撒拉族自治县街子镇	海东市
	青海省同仁市年都乎乡郭麻日村	黄南藏族自治州
	青海省玉树市仲达乡电达村	玉树藏族自治州
	青海省班玛县灯塔乡班前村	果洛藏族自治州
	青海省循化撒拉族自治县清水乡 大庄村	海东市
	青海省玉树市安冲乡拉则村	玉树藏族自治州

续表

国家文物保护单位	塔尔寺	西宁湟中区
	瞿昙寺	海东市乐都区
	马场垣遗址	海东市民和回族土族自治县
	隆务寺	黄南藏族自治州同仁市
	喇家遗址	海东市民和回族土族县
	循化西路红军革命旧址	海东市循化撒拉族自治县
	贵德文庙及玉皇阁	海南藏族自治州贵德县
	沈那遗址	西宁市
	原子城（中国第一个核武器研制基地）	海北藏族自治州海晏县
	西海郡故城遗址	海北藏族自治州海晏县
	藏娘佛塔及桑周寺	玉树藏族自治州玉树市
	贝大日如来佛石窟寺	玉树藏族自治州玉树市
	和勒巴沟摩崖	
	新寨嘉那嘛呢	玉树藏族自治州玉树市
	文成公主庙	玉树藏族自治州玉树市
	格萨尔三十大将军灵塔和达那寺	玉树藏族自治州囊谦县
	热水墓群	海西蒙古族藏族自治州都兰县
	塔温搭里哈遗址	海西蒙古族藏族自治州都兰县

3.3.1.3 文化产品资源

长江流域和黄河流域是中华文化的发源地，承载着中华民族的历史血脉，澜沧江流域在历史上也创造了灿烂的文化。青海多民族长期聚居，各民族一方面共同发展，另一方面又保持了各自的文化形态。虽然青海各民族均有独特的风俗习惯，但在各民族在不断融合、交流共处、互相依存的过程中，逐渐形成了青海当前多民族绚丽多彩的民族文化，体现了青海文化的魅力和吸引力。青海地区文化产品主要包括民族文化资源和宗教文化资源两类。青海多元文化并存共生、良性互动与包容共享的形态，为国家利益、区域利益、民族利益的和谐共生奠定了坚实的文化基础，同时也深深吸引着全国乃至世界的关注。与此同时，藏民族所信奉的藏传佛教是青海地区最重要的宗教文化资源之一，民族文化与宗教文化的结合极大地丰富了青海地区的生态文化产品，使人们认识到青海民族文化的多样性价值及宗教文化价值对于实现生态文化产品的价值具有重要意义。

①民族文化产品。藏族人民在三江源地区创造了丰富灿烂的精神文化资源，宗教经典、地方民族史志以及文学作品等丰富多彩，长篇英雄史诗《格萨尔王传》的流传具有代表性，在当地形成了独具特色的"嘎嘉洛文化"。青海藏传佛教寺院分布广泛，部分寺院初建年代久远，具有丰富的文化内涵和极高的文物价值。

青海以其独特的文化产业为旅游提供了丰富的资源，旅游产业也为文化产业提供了展示和发展的舞台。为了实现文旅融合发展，青海坚持"宜融则融、能融尽融"，以思想引领、理念融通、文旅交融为核心，整合文化、旅游资源、项目、资金等，全力推进文化传播和旅游推广，以提升青海的软实力和影响力，将文化传播、旅游推广一体推进，形成独具青海特色的文旅融合产品。

一是节日庆典。青海有着丰富的节庆资源，近年来，青海省除了具有民族特色的那达慕大会、热贡六月会、青苗会等节日外，还举办了环湖赛、青海湖国际诗歌节、三江源国际摄影节、青海民族文化旅游节、抢渡黄河极限挑战赛、国际攀岩赛、中国青海郁金香节、玉树康巴艺术节、黄南热贡艺术节、门源油菜花节、贵德黄河文化旅游节、海晏沙雕艺术节等一系列重大节庆文化活动。这些名目繁多、地点不一的活动充分展示了丰富灿烂的青海文化，丰富了各族群众的文化生活，扩大了青海及青海景区的知名度。其中有些节庆活动已开始成为青海的著名品牌，在省内外产生了较大的影响。

二是手工艺品。青海各民族在漫长的历史发展过程中，形成了独具特色的传统手工艺，这些手工艺品不仅是先民们历史和文化的见证，也是展示民族间和谐交流的重要载体，其中包括青绣、石艺画、唐卡、藏毯、土族荷包、剪纸、堆绣、编织品、牛角梳等，它们都是青海民族文化的宝贵财富。

三是展出演艺类产品。青海地区独特的多民族文化资源为展出演艺业的发展奠定了重要的基础，不断催生和展现出享誉国内外的展出演艺类作品，如青海省文旅厅创作的《绣河湟》《大河之源》《青海情》等100余部有温度的精品力作。2021年，青海省博物馆推出"1+3"主题展览，展出2405件文物，引发全国热议，"2022丝绸之路周""青海道大展"《山宗·水源·路之冲——"一带一路"中的青海》等展览，更是引发了全国各地的关注。青海的民族文化旅游产品丰富多样，为游客提供了多样的艺术体验，增强了旅游目的地的魅力和吸引力。

②青海的宗教文化产品。宗教自传入青海以来，伴随着社会不断发展，其形态、种类也不断丰富多样，其教义、精神也愈发博大精深。青海省的基本省情为多民族聚居和多宗教并存，青海目前佛教、伊斯兰教、基督教、天主教、道教 5 青海大宗教俱全。在三江源地区藏传佛教是影响最为深远的宗教之一。藏传佛教所蕴含的自然生态观念中往往反映出一定的生态理念，藏传佛教所宣扬的仁爱、慈悲理念成为生态保护的一种文化支持，其所宣扬的神山圣水学说，进一步强化青海居民的生态保护意识。藏传佛教宣扬"众生平等"，其慈悲伦理、不杀生和自然崇拜观念，对保护青海生态环境具有重要意义。

青海居民在宗教文化的影响下，尊重自然和生态，当地居民恪守宗教禁忌，避免在山川周围捕猎动物，一定程度上维持了当地的生物多样性；避免捕食水中鱼、蛙等生物，维持了水生态平衡；避免向泉水中丢弃垃圾，一定程度减少了水源的污染。在青海，因为上述文化观念的影响，避免了生态环境的人为破坏，草木茂盛、动植物繁多、生态系统保护较好。青海信教群众积极践行藏传佛教中所蕴含的生态观和生态理念，极大地减轻了人类活动对自然的压力，对保护青海脆弱的生态系统、维护地区生态平衡、缓解当地人地矛盾等具有重要作用。

3.3.2 "打造国际生态旅游目的地"推动进展情况

大美青海，青海最大潜力在于生态。青海高质量发展研究院作为省重点公共管理研究机构，贯彻执行习近平生态文明思想，从青海生态文化旅游产品是最普惠、最有潜力的公共产品切入，研究青海生态文化旅游产品向包括旅游价值、宗教文化价值、科学研究价值、审美精神价值等方面的生态价值转化。青海省打造国际生态旅游目的地既能实现保护生态环境的目的，又能实现公共产品生态价值，展示生态高地的大美；既能促进各民族交往交融，又能推动现代文明交流；既能带动基础设施建设，又能改善民生福祉，对于促进旅游业高质量发展和生态文明建设意义深远。当前应充分借鉴国内外发展生态旅游的典型经验，积极研究文化旅游公共产品生态价值转化路径和政策，借助特色产业产品带动青海区域经济发展。参与研究制定国际生态旅游目的地建设标准，制定青海省统一标准和规范，如《青海省生态旅游产品标准》《青海省生态旅游景区开发与经营管理规范》等标准及政策措施。

成绩及亮色

①通过经营和努力，青海生态旅游公共产品已逐步建成以生态观光、探险旅游、

民族文化和风情旅游等内容为主的国际生态旅游目的地。

②各类生态文化旅游产品的知名度、美誉度不断提升，随着基础交通、市政服务、通信基础、生态线路等基础设施的不断完善，青海的生态文化旅游产品价值逐步得到实现。青海除可可西里外的世界级旅游景区，环青海湖、祁连山公园、柴达木盆地、盐湖风景、世界屋脊风光、玉树歌舞、藏族史诗格萨尔王传、勒巴沟—新寨嘛呢石城等均具有"世界之最"的特征，品牌和影响力逐步得到提升。

③当前国家层面如大交通格局、"一带一路"、西部大开发、大力开发生态旅游、实现"绿水青山就是金山银山"一系列国策为青海生态旅游发展带来机遇。

④截至 2019 年底，青海省全年接待国内外游客 5080.2 万人次，同比增长 20.83%，其中国内游客 5072.9 万人次，入境游客 7.3 万人次，分别增长 20.86% 和 5.8%。实现旅游总收入 561 亿元，同比增长 20.39%，国内旅游收入 559 亿元，旅游外汇收入 3336 万美元，分别增长 20.47% 和 –7.67%。

3.3.3 青海生态旅游产品开发"SWOT"分析

在青海"生态立省"的发展前提下，青海生态文化产品价值当前主要依靠生态旅游实现，结合当地民族、宗教、自然风光、风土人情等元素，在努力维持生态环境质量的前提下，拓展生态旅游业的运营范畴。但是由于生态旅游产品具有生态产品的外部性和公共物品属性，青海提供的生态旅游产品长期被无偿享用，生态产品价值未能充分实现，影响到青海人民的生产生活质量以及生态环境保护和生态产品供给的积极性。首先是由于生态产品具有公共物品的非竞争性、非排他性和外部性，使得生态产品在被消费的过程中不可避免地产生"搭便车"和"无偿消费"的现象，由于产品生态价值不被认可和重视，仅仅依靠市场化手段难以实现青海生态产品价值；其次是国家纵向补偿和省际横向补偿存在对青海生态补偿政策滞后、补偿标准过低、资金来源过窄、方式单一等问题，无论是财政转移支付，还是政府购买，均面临生态产品价值转化力度不够的困难；最后是青海部分生态产品存在产权不清及外部性问题，导致生态产品产权归属不清、权责不明、监管不到位。所以目前青海生态旅游产品价值的实现主要依靠发展生态旅游。但是由于生态文化产品开发和传播水平有待提升，生态文化产业配套基础设施建设不足，生态文化产业专业人才匮乏、服务质量不高，自然条件制约性明显，发展与保护矛盾依旧突出，上述历史遗留问题和新问题共同影响着青海生态文化产业的推进和发展，影响着青海生态文化产品的价值实现。

（1）发展优势

青海省基于地理空间、生态环境、优质资源等方面的优势已然具备成为国内一流旅游强省、国内旅游首选目的地的条件，同时具备打造国际生态旅游目的地的基础条件。

①地理位置优势。从国内看，青海位于"一带一路"地理中心，历史上一直是丝绸之路的重要节点。青海南临川藏，西临新疆，东临甘肃，是中国西部地区的重要交通枢纽，也是连接东部海岸线、西部地区和西亚地区的重要通道。青海在国际上处于重要地位，它是中国丝绸之路上重要的贸易枢纽，也是文化交流的重要枢纽。青海正在努力参与"丝绸之路经济带"建设，并且正在加强与南亚、中亚国家之间的合作，积极拓宽国际国内两个市场，充分发挥创造创新和对外开放的活力，推动青海国际生态旅游目的地的打造。青海地处不同文化圈交汇地带的中国西部腹地，全省面积72万多平方千米，平均海拔3000米，其中54%的地域在4000米以上，这些地域占中国陆地总面积的13%。其地理构成壮观多样，以高原为主体，草原、山脉、盆地、峡谷、戈壁、沙漠、江河、湖泊均有分布，因此青海常被称为山宗水源之地。青海省拥有270多条大河流，水量充沛，水能储量在全国排名第五，居西北之首。长江、黄河、澜沧江和黑河都发源于青海省，加上青海雪山环绕，冰川遍布，湖泊众多，湿地多样，犹如无数颗璀璨的宝石点缀在青藏高原，给高原增添无穷的魅力。

②环境资源优势。青海拥有广袤的土地，丰富的资源，壮观的山川，纯朴的民风，悠久的民族文化，使它成为中国独一无二、令人惊叹的"大美"之地。青海拥有1处世界自然遗产，3个国家级生态旅游示范区，7处自然保护区，1处风景名胜区，13处水利风景区，16个森林公园，20个湿地公园，8处地质公园，12处沙漠公园，这些都为青海的生态旅游发展提供了强大的支撑，已基本形成了以生态旅游为统领，以自然保护区、风景名胜区、森林公园、湿地公园、地质公园和水利风景区等为载体的生态旅游目的地体系。青海伴随独特的地貌格局形成了独具特色的多元景观结构，高海拔山脉终年积雪、茫茫草原起伏绵延、盆地浩瀚无垠、河流纵横、湖泊棋布，吸引着众多国内外游客慕名前往参观。青海属于大陆性气候，冬季严寒而漫长，冰雪资源丰富，夏季温凉清爽，具备独有的开辟避暑度假旅游市场的优势条件。青海拥有作为"中华水塔"的三江源，水量充沛、河流湖泊遍布；青海省多样的自然环境为各种动植物的生存和繁衍提供了独特的自然条件，是无数珍禽异兽、奇花异草的天然乐园。但青海省的旅游资源尚未完全开发，很多资源处于待开发阶段，具有广阔的开发前景。

③优质资源优势

青海地理特征、自然资源和传统民族文化具有鲜明的地域特性。青海拥有世界上独一无二的大面积生态系统,有着丰富的高寒生物自然物种资源,是全世界高海拔地区中多样性生物、物种、基因最集中的地区之一。青海湿地面积全国第一。动植物种类多,数量大,全省有鸟类432种,兽类103种,两栖爬行动物17种。属于国家重点保护的野生动物有86种,省级保护动物36种。维管植物约2483种,分属114科、577属。其中蕨类植物8科,16属、30种;裸子植物5科,9属,41种;被子植物101科,552属,2412种。青海是一个汇聚多元文化的地方,拥有丰富的文化遗产。这里的历史悠久,民俗风情独特。青海在中华文明史上独树一帜,具有独特的魅力。可可西里是一个拥有丰富自然资源的世界级旅游胜地,其中包括世界屋脊之旅、高原湖泊之旅等一系列独具特色的旅游品牌,深受国内外游客的青睐,三江源、青海湖、昆仑山、祁连山等一批具有国际知名度的品牌享誉中外,在打造国际生态旅游目的地中具有巨大的资源优势。各类优质景观资源在全省各个地区都有广泛分布,为生态旅游者提供了多样化的选择空间,既可以满足他们的观光、休闲和度假需求,也可以满足他们的个性化定制需求。这使得青海有条件建设一个全域、全季节、全天候的国际生态旅游目的地。

(2)发展劣势

青海虽然具有潜力巨大的生态优势和价值,但因自身存在的发展劣势影响到当地生态旅游业的发展,使得旅游资源挖掘和传播有待提升,旅游核心产品、旅游品牌和重点景区建设滞后,龙头旅游目的地、核心旅游区少,缺乏标志性、引领性的品牌景区和线路,同时缺乏对旅游优势资源的整合,对青海生态旅游的宣传、推介不到位,没有形成大型活动旅游品牌,对 "大美青海旅游" 的宣传优势和品牌效应尚未充分利用,基础设施建设薄弱,生态旅游配套设施有待提升。另外,青海交通通达度有待提升,营运车辆较少,停车场和公共厕所配套较少,自驾车服务体系建设处于初级阶段,酒店、餐饮数量和质量亟待增强。生态旅游服务的人才匮乏影响了旅游产业发展,服务质量有待提升,旅游配套服务行业、导游等方面质量有待提升。

①国际生态旅游目的地形象定位模糊。青海 "大美青海·旅游净地" 旅游宣传口号的出台,为国际生态旅游目的地的形象定位提供了一个清晰的框架,从而有效地吸引游客,并影响他们的行为决策。此外,青海还通过打造民族节庆、体育赛事、旅游商品等多种品牌,为游客提供了更多的选择。尽管国际生态旅游目的地的形象定位

尚未明确，特色也不够突出，但以国家公园为核心的生态旅游景区形象体系正在不断探索，以期建立一个具有吸引力的形象定位，以此来影响国内外生态旅游者的认知和决策行为。

②旅游公共服务体系的生态性有待增强。近年来，青海旅游业迅猛发展，游客数量激增，特别是在旅游旺季，更是一房难求、一票难求，给当地旅游带来了巨大挑战。尽管当地旅游基础设施已经逐步改善，但仍有许多空白，旅游建设也没有按照游客的期望来进行，导致了生态兼容性的欠佳，特别是景区环境保护设施的配备也相当落后。尽管大多数景区的道路已经进行了精心设计，以满足景观的和谐需求，但仍存在着许多棘手的挑战，如动物通道的占用、建筑的布局不合理、生态材料的使用效果较差等。以环青海湖沿线为例，旅游厕所、标识标牌、停车港湾、接待住宿、自驾营地等各类基础设施投入不足，存在环境污染、草场破坏严重问题，环境保护压力大。

③生态旅游景区环境教育功能有待提升。生态旅游景区的重要功能之一是对旅游者、社区居民及景区管理人员进行生态知识与环境保护意识的培训。然而，目前青海已建成和正在建设的生态旅游景区中，存在着一些问题：首先，大多数核心区域的环境解说系统已经被拆除；其次，景区管理者和经营者的生态环保知识普遍不足，社区居民的环境教育也没有得到充分的落实；再次，参与性体验项目较少，无法有效激发游客的环境意识，也无法起到积极的环境教育作用；最后，与国际组织和民间组织的联系也不够紧密，使得青海的环境教育工作受到了很大的影响，环境教育的学习方式和交流渠道仍然有待改进。

④缺乏高素质的国际化旅游专业人才。青海生态旅游发展面临着严峻挑战，其中最主要的是缺乏专业技术人才。一方面，缺乏生态旅游规划和环境教育规划等专业技术支撑，使得青海生态旅游发展无法满足新形势下的需求；另一方面，保护管理部门的专业背景和经营管理水平也不足以满足生态旅游发展对开发经营人员的多样化需求，这也限制了青海生态旅游发展的步伐。多数生态旅游经营管理人员对生态的概念缺乏深刻理解，他们在开发生态旅游项目和景区维护管理过程中，往往无法摆脱传统的开发模式，从而导致游客无法体验到自然的美好，也无法增强环保意识。许多景区的讲解人员缺乏系统的生态环境知识，无法准确地向游客介绍景点的地质构造、动植物分布规律以及保护区的生态价值。总而言之，当前缺乏既具备生态学和旅游学知识，又能够准确理解生态旅游概念的专业人才和经营管理者。

（3）发展机遇

实现青海生态文化旅游产品价值的关键在于生态旅游，发展青海生态旅游离不开国家和区域政策、经济、社会等外部机遇的支持和助力，青海以习近平总书记在青海代表团审议时的重要讲话精神为指导，大力推动文化旅游业的高质量发展，努力建设一个具有国际影响力的旅游胜地，充分利用优越的自然资源，不断完善基础设施，努力提升文旅业的整体水平，全力以赴，把青海文旅业带向更高水平。为了更好地发挥"一带一路"的优势，将建立西北协作区、长江、黄河、澜沧江等旅游联系机制，打造"东出、西进、南下、北上"的全方位开放格局，努力构建大区域、大流域循环的生态旅游联动体系。

①政策扶持机遇。2014 年 8 月，《国务院关于促进旅游业改革发展的若干意见》提出编制全国生态旅游发展规划，加强对国家重点旅游区域的指导，抓好集中连片特困区域旅游资源整体开发，引导生态旅游健康发展，为生态旅游快速发展注入强有力的"助推剂"。2016 年 3 月，国家"十三五"规划纲要发布，明确提出支持生态旅游发展。2021 年，青海省出台了《青海省"十四五"文化和旅游业发展规划纲要》，明确提出将全面激活和提升青海生态旅游价值与活力。在国家宏观把控以及青海省政策支持下，青海生态旅游将迎来前所未有的发展机遇，为青海打造国际生态旅游目的地提供了良好的政策支撑。

②"一带一路"倡议机遇。青海把融入"一带一路"倡议作为可持续发展的重大战略取向，充分发挥区位、资源、人文等优势，打开大通道、构建大枢纽，加快交通基础设施和公共服务保障体系建设，提升旅游业服务质量，加强合作交流，努力提高自身的重要地位。在"一带一路"建设中，青海积极拓展与外界的交流与沟通，大力推进对外开放，充分发挥门户作用；积极探索南线丝绸之路与中线丝绸之路的有效连接，与张掖、敦煌等地积极合作，打造甘青旅游大环线品牌，吸引国内外游客前来参观；采用"搭便车"方法，将兰州、西安、郑州等城市的部分国际航线延伸至西宁，提升青海国际生态旅游目的地的可进入性和便捷性，以更加全面、高效的方式推动青海旅游业发展。

③生态文明建设的战略机遇。党的十九大报告中，把坚持人与自然和谐共生作为新时代坚持和发展中国特色社会主义的基本方略之一。进一步为生态文明建设和绿色发展指明了方向，规划了路线。青海最大的价值在生态、最大的责任在生态、最大的潜力也在生态。国家对青海生态保护与建设的新要求，为青海生态保护与绿色发展

擘画了宏伟的蓝图。根据测算，旅游业的单位产值能耗仅为全国国内生产总值能耗的1/6和单位工业增加值能耗的 1/11，因此，旅游业被公认为是一种绿色低碳环保的产业。为了实现青海生态旅游业的可持续发展，"绿水青山"和"金山银山"的有机结合是必不可少的，同时，青海可以紧紧抓住国家公园建设的机遇，释放生态环境红利，积极打造国际生态旅游目的地。

（4）发展风险

青海生态旅游产业发展虽然具备先天优势和外部机遇等诸多有利条件，但是在发展过程中仍旧面临诸多问题：旅游业的发展对生态环境会造成恶劣影响，比如人类旅游活动产生的垃圾、废水等，会打破生态平衡；基础设施建设会对自然环境产生负面影响；大量游客的涌入超出自然环境承载力，游客生态保护意识的欠缺威胁着生态环境，游客生态保护意识欠缺产生的垃圾会对环境造成破坏，影响到生态产品的持续供给；旅游产品同质化较严重，旅游产品竞争性不强，自然风光、生态美景等旅游卖点在西藏、新疆、甘肃、四川等地广泛存在。

①生态环境保护与旅游业发展矛盾突出青海有各级各类自然保护地达到 7 类 87 处，随着环保政策趋紧，旅游产业发展与生态保护的矛盾日益突出，开发利用限制较多。《青海省生态保护红线划定方案》将青海省 46 家旅游景区（其中 A 级旅游景区 28 家）、60 余项旅游发展项目划入生态保护红线范围内。中央环保督查将青海湖鸟岛、沙岛、黄河源、年保玉则景区等重点旅游景区列入禁止开发区域。

②区域竞争激烈的挑战。青海旅游发展面临着激烈的竞争。青海与四川、新疆、甘肃、西藏等省份的地理位置、文化习俗相近，这些地区对客源市场的竞争，令青海的旅游业发展受到一定程度的限制。青海的旅游受到周边省份的影响很大，例如，青海的旅行被宣传为青藏高原之旅，但是当人们提起这个地方时，他们通常会想到西藏；而谈到藏族文化，人们也很容易被周围西藏和甘肃的藏族文化所吸引。

③旅游发展季节性强的制约。青海的四季变换十分明显，其旅游资源的季节性特征更是突出。由于海拔偏高、气候干燥、缺氧、昼夜温度悬殊，使得游客必须具备良好的身心健康状况，同时也面临着安全和医疗保障方面的严峻考验。青海正在打造国际生态旅游目的地以吸引更多游客，提高旅游收益。能否有效利用当地的自然资源，也是一个不小的挑战。

（5）"SWOT"分析结果

对上述青海生态旅游在产品价值转化过程中出现的优势、劣势、机遇和风险进行分析和整合后结果如表3-3所示:青海应充分利用自身资源、环境和地理位置优势,紧紧抓住政府扶持以及我国生态文明建设的战略机遇,积极完成青海国际生态旅游目的地的建设。同时,要努力弥补生态旅游建设中出现的不足,规避风险,实现青海生态旅游强省目标,推动青海国际生态旅游品牌享誉全国、走向世界。

表3-3 青海省生态旅游产品开发 SWOT 分析

外部因素　　内部因素	优势	劣势
	1. 资源优势：丰富的自然资源和鲜明的民族文化； 2. 区位优势：位于"一带一路"核心区域,是我国西部地区的重要战略交通枢纽； 3. 环境优势：具有丰富、高品质的高原旅游资源。	1. 国际生态旅游目的地形象定位模糊； 2. 旅游公共服务体系的生态性有待增强； 3. 生态旅游景区环境教育功能有待提升； 4. 缺乏高素质的国际化旅游专业人才。
机会	优势—机会	劣势—机会
1. 政策扶持的机会； 2. "一带一路"建设机遇； 3. 生态文明建设的战略机会。	1. 积极融入"丝绸之路经济带"建设； 2. 深化青海与南亚、中亚等国家的合作交流； 3. 充分发挥创造创新和对外开发的活力。	1. 积极打造品牌形象,提升旅游核心产品； 2. 促进旅游优势资源的整合,完善基础设施建设； 3. 加快旅游人次培养和生态旅游的宣传、推介。
风险	优势—风险	劣势—风险
1. 生态环境保护与旅游业发展矛盾突出； 2. 区域竞争激烈的挑战； 3. 旅游发展季节性强的制约。	1. 加快优化生态旅游业发展空间布局和生态环境保护的"界线"； 2. 全面推进公共场所服务规范化、标准化建设； 3. 深入挖掘青海生态资源潜力,构建生态旅游线路产品体系。	1. 强化设施建设,健全生态旅游服务功能； 2. 大力推动生态旅游产业融合发展； 3. 提高生态旅游资源的配置水平。

3.3.4 实现国际生态旅游目的地的困境

当前青海生态文化旅游产品拥有较大的发展潜力,且发展势头较好,将青海的"绿水青山"转化为"金山银山"的主要路径是发展生态旅游,不过需要认真处理好生态环境保护与生态旅游发展的平衡关系。

（1）生态文化旅游产品开发和传播有待提升

青海作为中国海拔最高、民族文化最典型、宗教文化最具吸引力、自然风光最壮阔的地区之一,却在生态文化产品开发和传播方面存在以下问题:第一,青海生态文化产品开发程度有待提升。一方面,当前未形成青海区域的公共品牌,影响到了旅游品牌建设工作的开展,旅游核心产品和重点景区建设严重滞后,影响了青海生态旅游与青海其他生态产品品牌的联动;另一方面,当前青海龙头旅游目的地、核心旅游区少,缺少标志性、引领性的品牌景区和旅游线路,不仅如此,由于青海生态系统的极度脆弱性和生态资源的难以再生性,可可西里、年保玉则等著名区域为限制开放区域,影响了旅游品牌的建设。第二,青海作为国家重要的生态安全屏障,为全国乃至世界供给高质量的生态产品,理应被国内外广大群众知晓和了解,但据分析,表示对青海没什么了解和完全都不了解的被调查者占比达到54.4%,这说明青海仍需提升自身认知度。青海生态文化产品的宣传和推广目前多是"单兵作战",很少以青海公共品牌的身份共同对外进行广告和宣传,面对分散在青海多个地区的旅游资源,各级政府、各企业缺乏对资源的整合能力,一定程度上分散了青海生态文化产品的影响力和号召力。

（2）生态文化产业配套基础设施建设不足

根据目前发展来看三江源地区基础设施瓶颈问题依旧突出,具体体现在以下几个方面:旅游交通方面,公路交通因地域面积广阔和地理环境复杂等原因,存在区域内交通线路密度低、公路等级低、公路状况有待提升等问题,加上各生态文化资源间分布相对距离较远,存在旅行线路过长、空间跨度过大、可进入参与性差等问题;航空交通因开发航线较少,机场布局尚不完善,且航线价格较贵,使得航空交通的综合水平仍待提升。公共服务方面,通信服务因三江源地区地广人稀,其运行和维护成本过高,暂无法做到通信信号全覆盖,服务质量有待提升;交通服务方面,各地旅游营运车辆、停车场、公共厕所、自驾车营地等服务质量和数量均不能满足需求;旅游配套服务因当地第三产业发展滞后,导致当地在"吃、住、行、游、购、娱"等环节存在"小、散、弱、差"的现象,服务业产业基础制约着生态旅游业的发展。基于上述情况，三江源目前面临着"一流资源，二流知名度，三流开发，四流交通，五流经营"的尴尬局面，影响到当地生态文化产品的价值实现。

（3）生态文化产业专业人才匮乏、服务质量不高

由于青海省社会经济发展程度不高，一定程度上限制了人才的引进和发展，这进一步导致青海生态文化产业发展的各个环节缺乏专业人才，同时还影响到了生态旅游的服务质量。其主要表现在以下几个方面：首先，缺少生态旅游产业的经营管理人才。生态旅游产业的管理和运营不仅涉及专业旅游管理知识，还需要具备强烈的生态环境保护意识，既要考虑最大程度地实现青海生态文化产业价值，又要保证适应生态环境承载力，保护当地的生态环境。其次，缺少生态旅游产业的专业服务人才。其中包括导游、景区服务人员和接待人员等，一方面由于当地居民没有受到专业培训和教育，且思想观念未转变到贴心服务的状态，出现服务质量不高、用户体验不好的问题；另一方面，受过相关培训的人员因不了解青海历史、宗教、民族文化等，影响到了游客体验。最后，部分商家服务意识不强，存在欺骗顾客的行为，对青海生态旅游产业的发展造成负面影响。商家为顾客提供高质量的服务和产品是对青海旅游最好的宣传和广告，部分商家只图眼前利益，做出损害"大美青海"品牌的行为，不利于当地生态旅游的长远发展，影响到了青海生态文化产品的价值实现。

（4）青海自然条件制约性明显

青海地处青藏高原腹地，受典型高原大陆性气候影响，加上区域内大部分地区属高海拔地区，从以下几个方面影响到了生态文化产品的价值实现：首先，由于受到高海拔的自然环境气候影响，青海的四季变化明显，加上干燥、缺氧、昼夜温差大等自然条件，阻碍了青海旅游业的持续发展。青海旅游旺季集中于每年6月中旬至9月中旬，当地的生态旅游活动以及整个生态文化产业均受到季节性的影响，这是当前青海地区生态文化产品价值实现最难以解决的问题之一。其次，青海地区高海拔、干燥、缺氧、昼夜温差大等自然条件对游客的身体素质提出较高的要求，一方面限制了部分身体素质较差的游客前往当地参与旅游活动，减少了前往青海地区旅游的人数，降低了旅游收入，另一方面使得游客需要克服自然条件障碍进行旅游，影响了旅游的整体体验。最后，当地特殊的地理环境和自然气候对青海生态旅游产业发展的配套服务提出了更高标准的要求，当前青海医疗水平、应急救援、酒店服务、物流交通等服务较其他旅游区存在成本更高、难度更大、效率更低的问题。

（5）地区发展与保护矛盾依旧突出

青海地区因社会经济发展水平落后，当地居民对于提高社会经济水平、提升生活质量有强烈的意愿和需求，但脆弱的生态环境同样制约着当地的社会经济发展。由于地方财政和各项补偿手段对于提升区域内经济社会发展质量的效果有限，青海各级政府试图通过生态旅游手段提升当地的经济和社会发展水平，从而实现"绿水青山"向"金山银山"的转化。然而，生态环境保护与区域发展的矛盾依旧存在，全面放开生态旅游产业发展则必须面对相应的环境治理问题和潜在生态破坏风险；全面禁止生态旅游产业发展则会在很大程度上影响到当地经济社会发展和居民生活质量。在青海自然保护区建立初期，部分乡镇、村社被划入国家级自然保护区，甚至是当部分前青海核心区和缓冲区，致使区域内水电、道路等基础设施、民生工程开展受到影响；为了进一步保护年保玉则公园，保护水源和草场地，年保玉则国家公园从2018年4月10日起开始停止对外接待，用以生态环境修复和保护。上述历史遗留问题和新问题共同阻碍着当地生态文化产业的推进和发展，影响着青海生态文化产品的价值实现。

3.4 绿色有机农畜产品

青海作为全国五大牧区之一，天然草场面积达4186万公顷，有中国藏羊之府、世界牦牛之都称号，牦牛、藏系羊等"青字号"产品享誉全国。2021年6月习近平总书记在青海考察时指出，要立足高原特有资源禀赋，积极培育新兴产业，明确将建设"绿色有机农畜产品输出地"作为推动青海高质量发展的主攻方向和行动路径。青海凭借着良好的生态环境，拥有丰富、种类多样的农畜产品资源，其中生态农畜产品主要包括粮食作物、经济作物、其他作物、肉产品、奶产品以及以珍稀野生药材为主的植物药用产品，如牦牛、藏羊、青稞、冬虫夏草等在内的典型生态物质产品及其延伸产品。

青海为打造绿色有机农畜产品输出地，近年更加关注牦牛、藏羊、青稞、饲草、中藏药材等特色产业，坚持"宜牛则牛、宜羊则羊、以草养畜"的原则，打造产业布局，大力发展绿色优质农畜产品生产，推进农牧业由增产向提质转变；推进建设奶牛、白藏羊养殖基地建设；整合生产资源要素，开展集约化、规模化、标准化生产，进而实现产业经济效益和区域生态效益增长。如青海 5369 牦牛品牌，凭借青海省果洛州纯净的自然环境培育绿色、健康、有机的牦牛种群，由于牦牛的各项营养指标均很高，该品牌尝试不断提升牦牛的生态产品价值，助力生态产品价值转化。

党的十八大以来青海省结合生态保护和建设工程、草原生态保护奖励机制等手段，使生态农畜产业得到发展，一方面青海牧区采用禁牧、减畜、休牧等手段，使得青海牧区的天然草场的产草量提升，草场生态环境质量得到恢复；另一方面，借助对集约化草地生态畜牧业发展模式的探索，对青海省 1633 万公顷中度以上退化草场进行禁牧，对 1526 万公顷草原实施草畜平衡制度，对草原退化、沙化严重，粗放型畜牧业等问题进行了控制和解决。为了达到提高牲畜个体生产性能和群体品质、改善畜种品质和畜群结构、改良畜种基因、提升母畜占比等目的，青海在各州县纷纷进行畜种改良尝试。如在久治县大力开展生态畜牧业，当地引入野血牦牛改善当地畜种基因，野血牦牛是家养牦牛与野牦牛的混血品种，能够提升牦牛种群的体质，并且野血牦牛较同类牦牛有更高的售价。2020 年久治县普通牦牛出栏价格区间为 5000~6000 元，但野血牦牛出栏价格区间为 9000~12000 元，出栏价格提升 80%~100%。

青海省正在大幅度提高其绿色优质农畜产品的生产能力，并且正在努力改善当地的生态环境。现代化的农牧业产业体系正在逐步完善，并且正在不断增强其质量、效益和品牌影响力。青海省定下的又一个"十四五"目标为：预计到 2025 年，基本建成生态环保、特色鲜明、国内外知名的绿色有机农畜产品输出地。

为了打造青海省绿色有机农畜产品输出地，青海省将以"七大体系建设"为重点任务，突出生态优先，加快提档升级，构建基础稳固的绿色发展支撑体系，推动农业生产"三品一标"发展，强化科技引领，提升智慧高效的科技创新服务体系，强化主体培育，推动新型农牧业经营体系的发展，延伸产业链，提升农畜产品加工体系的质量和效率，以推动绿色有机农畜产品输出地的建设。加强平台支撑，构建高效便捷的物流输出体系，推动"青货出海"的发展，构建开放协同的市场营销体系，以实现更大的发展。

"我们将以'提质、稳量、补链、扩输'为路径，紧紧围绕品种培优、品质提升、品牌打造和标准化生产加快转变农牧业发展方式，做优做强绿色有机农牧产业，增加绿色有机地理标志农畜产品有效供给。"据青海省农业农村厅相关负责人透露，到2025 年，青海省将累计认证有机监测草原超过 1000 万公顷，建成高标准农田超过 32

万公顷，建设千头牦牛标准化生产基地超过 200 个，千只藏羊标准化规模养殖场超过 200 个，草畜配套生态牧场超过 200 个，绿色食品原料标准化生产基地超过 8 个，并且认证绿色食品、有机农产品和地理标志农产品超过 1000 个，以此来推动青海省农业农村发展，实现可持续发展。"青字号"品牌的影响力不断扩大，青海省的农产品质量安全监测达到 98% 以上，并且在省内外的市场都取得了长足的发展，农牧民的人均可支配收入也超过 1.7 万元，培养高素质农牧民 5 万人。

3.4.1 农产品

农产品是农业中生产的物品，包括大米、高粱、花生、玉米、小麦以及各个地区土特产等。根据国家的规定，初级农产品仅限于从农业活动中获取的植物、动物及其他产品，而不包括经过加工的产品。许多传统的农产品依靠自己生产和销售，没有品牌，没有包装，没有商业化的营销渠道及方式。现在随着人们的生活水平不断提高，农产品生产商也开始建立自己的品牌，并通过精心设计的包装，将其打造成高品质、绿色、物美价廉的产品。

3.4.1.1 农产品生产量

青海省 2021 年粮食作物播种面积 302.41 千公顷，比上年增加 12.38 千公顷。其中，小麦种植面积 98.82 千公顷，增加 4.03 千公顷；青稞种植面积 90.68 千公顷，增加 7.95 千公顷；玉米种植面积 22.54 千公顷，增加 1.17 千公顷；豆类种植面积 15.10 千公顷，增加 0.19 千公顷；薯类种植面积 70.49 千公顷，减少 2.99 千公顷。经济作物中，油料播种面积 143.50 千公顷，减少 0.07 千公顷；药材 35.97 千公顷，减少 7.13 千公顷（其中枸杞 30.51 千公顷，减少 1.90 千公顷）；蔬菜 42.30 千公顷，减少 1.25 千公顷；青饲料 50.50 千公顷，增加 4.31 千公顷。全年粮食产量 109.09 万吨，比上年增产 1.67 万吨；单位面积产量 3607 公斤 / 公顷。

表 3-4　2021 年青海省主要农产品产量及其增长速度

指标名称	产量（万吨）	比上年增长（%）
粮食	109.09	1.6
小麦	38.73	3.1

指标名称	产量（万吨）	比上年增长（%）
玉米	15.26	3.2
青稞	20.48	6.8
豆类	3.52	-0.6
马铃薯	30.18	-5.2
油料	31.88	5.5
蔬菜及食用菌	150.14	-0.8
枸杞	8.89	-3.4
瓜果类	1.46	—
园林水果	1.50	3.3
水产品	1.90	3.8

表3-5　2010—2020年青海省主要年份主要农产品产量（单位：万吨）

年份	粮食	小麦	杂粮	薯类
2010	102.22	41.51	24.98	35.72
2011	103.44	40.45	27.15	35.84
2012	101.71	41.36	28.95	31.40
2013	103.55	43.4	25.65	34.49
2014	105.80	43.22	28.24	34.34
2015	104.04	43.46	27.57	33.01

续表

2016	104.78	43.25	27.21	34.32
2017	102.55	42.33	25.41	34.81
2018	103.06	42.64	24.20	36.22
2019	105.54	40.29	32.22	33.03
2020	107.42	37.57	38.03	31.82

3.4.1.2 特色农产品

青海地处青藏高原,独特的生态环境和产品资源,宽广的农产品种植、养殖面积,使得此地的农产品具有优良品质且有着较高的附加值,一些农产品在有机、无公害、生态、绿色方面具有绝对的比较优势。

农产品主要分为粮食作物、经济作物和其他作物,借助网络电商平台基础数据可以发现青海生态农畜产品大多还处于低端产业链,如"青稞"产品形式包括有青稞面粉、青稞奶茶、青稞麦片、青稞醋、青稞酒、酸奶和青稞面条等;"藜麦"产品形式包括零食、麦片、酸奶、代餐粉等;"黑枸杞"产品形式包括:黑枸杞饮料、酸奶、代餐粉、泡腾片等。青海省牧畜产品生产和供应主要以牦牛与藏羊的肉类制品、乳制品为主,如牦牛产品包括牦牛肉、牦牛骨、牦牛奶、牦牛奶粉、酸奶、牦牛肉干、零食、调味料等;藏羊产品包括藏羊肉,羊奶、羊奶粉、酸奶、藏羊肉卷等。分别选取一类农产品代表上述作物分类,借助淘宝网基础数据,介绍生态农产品的产品分类和销售规模。将"青稞"作为粮食作物搜索关键词,选取销售地区为青海省,合并同款产品后,共搜索出926款产品,产品包括:青稞面粉、青稞米、青稞奶茶、青稞麦片、青稞零食、青稞醋、青稞酒、酸奶和青稞面条等。

3.4.2 农畜产品

3.4.2.1 农畜产品生产量

2021年末牛存栏642.40万头,比上年末下降1.5%;羊存栏1385.95万只,增长3.2%;生猪存栏77.20万头,增长7.1%;家禽存栏149.27万只,下降15.0%。全年牛出栏 200.29 万头，比上年增长 6.0%；羊出栏 672.72 万只，下降 13.0%；生猪出栏 72.38 万头，增长 61.1%；家禽出栏 162.19 万只，下降 26.0%。全年猪牛羊禽肉产量 39.85 万吨，比上年增长 8.6%。

表 3-6　2021 年主要畜产品产量及其增长速度

指标名称	产量（万吨）	比上年增长（%）
猪牛羊禽肉	39.85	8.60
猪肉	5.96	59.40
牛肉	21.25	10.50
羊肉	12.32	−7.50
禽肉	0.32	−22.00
奶类	35.39	−3.30
禽蛋	1.37	−2.10

表 3-7　青海主要年份畜产品产量（单位：吨）

年份	肉类总产量	奶类	羊毛	禽蛋	蜂蜜
2010	273011	251914	17749	15600	1059
2011	277783	273528	19411	17553	1044
2012	292465	282358	19149	20054	1029
2013	302926	276252	19308	22622	1531
2014	313601	300203	18438	21800	1533
2015	324533	314324	18675	22600	1536

2016	341228	328834	18813	23900	1526
2017	353037	331908	19089	24600	1529
2018	365300	335024	18655	23317	1640
2019	374075	354512	19441	23400	153
2020	370414	369400	15440	14020	128

3.4.2.2 特色畜产品

"大力发展及建设青海牦牛公用品牌,打造成国家级大品牌,全面参与全国及全球竞争,是顺应发展新趋势,培育发展新动能,提高市场竞争力的重大举措,对推进畜牧业供给侧结构性改革、促进三产融合发展、带动传统产业提档升级具有重大意义。"青海省农业农村厅有关负责人在青海牦牛公用品牌发布会上表示。

作为全国牦牛存栏量最大的地区,全省已有 12 个县 1 个场通过有机畜牧业认证,牦牛存栏量达到近 500 万头,占世界牦牛总量的 38%,全省还大力发展生态畜牧业,认证草原面积达到 488.5 万公顷,并且扶持建设了 63 家有机生态畜牧业生产基地,认证牦牛 127.6 万头,藏羊 290 万只,使青海成为全国规模最大的有机畜牧业生产基地,为打造世界牦牛之都奠定了坚实的基础。

青海以牧业生产为主的地区,是青海省主要的畜产品生产和供应基地,主要以牦牛与藏羊的肉类制品、乳制品为主,将"牦牛"作为淘宝网搜索关键词,选取销售地区为青海省,合并同款产品后,共搜索出 1495 款产品,产品包括:牦牛肉、牦牛骨、牦牛奶、牦牛奶粉、酸奶、牦牛肉干、零食、调味料等;将"藏羊"作为关键词,搜索结果均为藏羊肉,产品数量较少。

3.4.3 生态植物药用产品
3.4.3.1 药用植物资源

三江源中草药资源种类丰富,包括有冬虫夏草、大黄、黄芪、秦艽、雪莲花、藏茵陈、党参、羌活、柴胡和车前草等名贵植物药材。尤其冬虫夏草是我国名贵中药之一,与人参、鹿茸并称为中国"补品三宝"。冬虫夏草在玉树州和果洛州均有分布,主要分布于玉树市和杂多县。冬虫夏草是尤为名贵的植物药材，三江源地区冬虫夏草年蕴藏量和收购量分别为 80 吨和 15 吨。三江源药用植物年蕴藏量和收购量如表 3-8 所示。

表 3-8　三江源药用植物年蕴藏量和收购量（单位：吨）

名称	分布	年蕴藏量	年收购量
冬虫夏草	主要分布在玉树市和杂多县	80	15
黄芪	多生长在海拔 4300 米以下的灌丛、林间、山坡地带	1000	60
羌活	生长在海拔 380 米左右的高山阴坡、灌丛、草甸和林缘	300	30
大黄	生长在海拔 3800~4200 米的阴坡草地、灌丛、草甸和山地林缘	2000	100
川贝母	生长在海拔 4000~4700 米的山坡、灌丛、草甸和高山流石坡地带	100	10
柴胡	—	800	—
秦艽	—	200	30
水木雪莲花	—	10	—
藏茵陈	一般生长在海拔 3800 米左右的山坡草地、林缘和河谷阶地	50	1
沙棘	生长在海拔 3800~4200 米的河滩、山沟	500	—
杜鹃	—	10000	—

3.4.3.2 冬虫夏草

青海省的冬虫夏草是区域特色优势资源之一，资源的储量和质量均居全国之首，三江源地区冬虫夏草的价值主要体现在其能够作为商品在市场中进行交换，由于资源的稀缺性和高昂的市场售价,冬虫夏草成为其产区及周边地区居民的重要经济收入来源。由于近年来人民群众生活质量和健康意识的提升,冬虫夏草的需求和供给出现了较大的缺口,直接导致冬虫夏草的价格持续上涨以及相关交易市场的火爆。但是,人们对冬虫夏草巨大需求的背后,带来的不仅仅是价格的上升,伴随而来还有人们盲目逐利忽视其恢复和供给能力的问题。人们对冬虫夏草大规模无限制地采挖,一方面会直接造成青藏高原上的这一特殊物种濒危甚至枯竭,扰乱区域的生态平衡;另一方面,过度采挖冬虫夏草会对三江源地区脆弱的生态环境造成破坏,使得人地矛盾加剧,使区域生态环境恢复和可持续发展受到影响。根据《中国生物多样性红色名录——真菌卷》的数据,冬虫夏草已经被列为"易危"级别。然而,研究表明,由于资源的过度开发、环境污染、气候变化、生态系统的破坏以及全球气候变暖,青藏高原及其周围地区的药用菌冬虫夏草的数量急剧减少,导致其分布范围日益缩小。

3.4.4 畜牧业发展现状

由于前期牧民的放牧生产方式粗放,没有考虑到生态承载力,过度放牧造成了草原持续退化,青海省尝试以生态畜牧业合作社的方式发展草地生态畜牧业,推行"以草定畜"的发展模式,截至 2015 年底,青海牧区已经累计完成 570 万羊单位的减畜任务,初步遏制草场持续退化的趋势。通过实施退牧还草、三江源生态保护建设二期、祁连山生态综合治理等工程,累计封育草原 1113 万公顷,划定禁牧区 1633 万公顷,改良退化草地 2527 万公顷,治理黑土型退化草原 75.2 万公顷,建设划区轮牧和围栏轮牧 302.7 万公顷,防控草原有害生物 171 万公顷,草原综合植被盖度提高到了 57.4%,比 2015 年提高了 1 个百分点,初步遏制了草原恶化的趋势,天然草地产草量平均亩产 178 千克,比 2010 年提高了 10%。青海省农牧厅结合三江源生态保护和建设工程、草原生态保护奖励机制等手段,一方面在青海牧区推行禁牧、减畜、休牧等手段,使得青海牧区的天然草场的产草量提升,草场生态环境质量得到恢复;另一方面,借助了集约化草地生态畜牧业发展模式的探索,对青海省 1633 万公顷中度以上退化草场进行禁牧、对 1526.7 万公顷草原实施草畜平衡,对草原退化、沙化严重,粗放型畜牧业等问题进行了控制和解决。2014 年 8 月,青海省被国家农业部列为"草地生态畜牧业试验区",截至 2015 年底,青海省共组建生态畜牧业合作社 961 个,累计整合牲畜 1015 万只(头),实现草场流转 1706.7 万公顷。2022 年全省生态畜牧业合作社达到 961 个,实现牧区和半农半牧区全覆盖,入社牧户达到 11.5 万户,整合牲畜 122.47 万头（只），整合草场 1100 万公顷，探索出了适宜牧区生产发展的"股份制""联户制""代牧制"等畜牧业建设模式。培育了 5 个牦牛产业园、2 个藏羊产业园，完成股份制改造的合作社有 180 个。全省畜禽规模养殖场达到 2800 多家，其中省级认定的 1413 家，农区规模养殖比重达到 53%，比 2015 年提高 9 个百分点，为畜牧业进一步转型升级奠定了良好基础。三江源地区开展禁牧减畜的生态保护手段，重点在于平衡生态环境和经济发展的关系，在保护草原质量的基础上，维持和促进牧区经济社会的稳定发展。政府为实现"禁牧不禁养、减畜不减产"的目标，通过构建和推广"循环农牧业""生态畜牧业""草原生态奖补政策"和"游牧民定居工程"的"四位一体"的综合举措，在改进三江源地区生产方式的基础上，保护和改善当地的生态环境。

3.4.5 生态畜牧业发展受限

三江源地区发展生态畜牧业的同时，为实现草畜平衡和生态畜牧业的可持续发展做了大量的尝试，但由于三江源生态环境脆弱、区域人口大量增加、农牧民生产方式粗放等因素，实现生态畜牧业和区域可持续发展依旧存在一些难题。首先，畜草需求与草场退化趋势矛盾依旧突出。虽然三江源生态保护与建设各项工程的实施对于恢复区域生态环境有一定积极作用，但脆弱的生态环境和缓慢的自我修复能力使得因畜草矛盾破坏的环境没有得到有效恢复，生态畜牧业的发展对畜草的依赖这一矛盾仍旧没有缓解；其次，暖季和冷季草场草料不平衡问题突出。生态畜牧业在兼顾放牧与生态环境恢复需要的基础上，分别于冷季和暖季开展轮牧。但由于三江源高寒气候导致牧草在冬季供应不足，使得牲畜越冬期间体重损失过大，甚至导致牲畜死亡，形成"夏壮—秋肥—冬瘦—春死"的恶性循环，影响到生态畜牧业的发展；再次，组织化转型与产业化发展进程有待提升。生态畜牧业合作社的建立和发展对于优化当地产业结构、经济结构和就业结构，实现牧民的多元化收入起到了推动作用。但实行草场承包制后，原有自然状态下的草场被分户分割零碎，到目前依旧有大量牧户自行放牧，对轮牧方式和草场恢复造成一定影响的同时，也制约了向现代畜牧业组织化、产业化的转型，生态农畜产品产量进而受到影响；最后，生态补偿机制与监管体制机制仍需优化完善。生态畜牧业的发展需要生态补偿激励机制与监管机制的配合，在鼓励牧户科学放牧保护环境的同时，加大生态农畜产品的供给。借助补偿激励机制和监管机制在增强牧民获得感和成就感的同时，杜绝草地超载放牧现象，实现区域人地协调与可持续发展。

3.5 青海高质量发展面临的总体挑战和问题

3.5.1 生态环境治理存在明显短板

"青海最大的价值在生态、最大的责任在生态、最大的潜力也在生态。"习近平总书记作出的重要指示饱含深意、用心良苦。其一，青海作为青藏高原重要核心区域，是黄河、长江、澜沧江的发源地；三江源作为"中华水塔"是国家的生命之源，其丰沛的水量保障着诸多国家的水资源安全，对众多河流的水源涵养和水文调节发挥着重大作用。其二，青海不仅肩负着守护源头和筑牢国家生态安全屏障的政治责任，还需有高度的生态自觉，以守土有责、守土负责、守土尽责的政治使命感，守护好"中华水塔"，保护好高原的生灵草木。其三，对于青海而言，生态是宝贵的资源禀赋，更是实现可持续发展的坚实基础，优良的生态环境将极大地促进一系列极具特色的新兴产业的发展。青海生态环境治理需要全国一盘棋，水资源和资源的外溢、得不到生态补偿等问题如何解决仍需进一步探索。20 世纪 80 年代中期，我国实行区域分权行政体制改革，中央政府将一部分权力下放至地方政府，青藏高原治理的重担也随之由地方政府承担起来。在实际治理过程中，由于各地往往根据自身发展需求自主决定对青藏高原资源的利用程度，极易引发流域内不同地区对青藏高原资源的无序开发甚至争夺，而由于没有强制执行权，地方政府常常对此束手无策，另一方面，条块分割的治理方式也存在于涉及青藏高原治理的各个相关职能部门，并引发重复治理等治理效能不足的问题。以水资源治理为例，黄委会侧重于水资源、水安全、水文化等方面的管理监督工作，黄河流域生态环境监督管理局侧重于水资源、水环境、水生态等方面的生态环境监管工作。

3.5.2 高质量发展面临生态制约

（1）水生态脆弱问题

青海三江源拥有全球海拔最高、面积最大、分布最广泛的高原湿地，它不仅是我国最重要的水源保护区，还是长江、黄河、澜沧江等河流的主要淡水源，因此被誉为"中华水塔"。随着人口的持续增加，经济、社会和城市的迅猛发展，人们对水生态产品的需求也在迅猛攀升，但是，由于三江流域的生态环境被严重破坏，水量大幅度减少，水质急剧下降，水环境日益恶劣，从而导致流域水生态产品的供应大幅度减少，从而使三江流域的水生态产品变得极其珍贵。

（2）气候变化对冰川影响

青藏高原的自然环境和生态系统非常独特，它们为高原地区的社会经济发展提供了坚实的支撑，并且在中国乃至亚洲的生态和环境安全方面起到了不可或缺的作用。但是，随着近30年来全球气候变暖的加剧，青藏高原的冰冻圈受到了严峻的挑战，其影响力日益凸显。随着气候变暖，山地冰川的消融退缩变得更快，从而导致了一系列的山地灾害，如冰湖溃决、泥石流、滑坡，其发生的频率和破坏力也在不断增强，一些湖泊的水位甚至会被淹没。随着温度的不断上升，青藏高原的多年冻土融化程度也在不断加深，这给大型道路和工程建设带来了严重的影响，并且可能会对当地的生态环境造成潜在或直接的破坏。作为中低纬度最大的冰川冻土区，青藏高原的冰川冻土加速退缩，不仅将给当地的发展带来了极大的挑战，还会影响到更大范围的大气环流运动和区域水循环。

（3）生物多样性脆弱性

三江源地区是我国长江、黄河、澜沧江的发源地，是高寒草原的典型代表，是高原生物多样性最集中的地区，是亚洲、北半球乃至全球气候变化的敏感区和重要启动区之一。三江源区的地理环境十分优越，拥有丰富的生物多样性、物种多样性、基因多样性、遗传多样性和自然景观多样性。但不可忽视的是，青藏高原的物种多样性遭到了严重的破坏，面临着生态环境破碎化、岛屿化和多样性丧失等问题。三江源地区的物种多样性正处在一个危险的境地，尤其是藏羚羊、野牦牛、白唇鹿等高原特有的珍稀动物。而云豹、雪豹等也处在濒临消亡的边缘。随着藏茵陈、雪莲、大黄、麻黄草等植物资源日益枯竭，它们的分布范围也越来越窄，种群数量也不断减少。这些植物在自然界中占据着重要的地位，但是，由于生态环境的持续恶化，它们的第一性生产能力也被削弱，导致了植物的多样性和种群结构的巨大变化。三江平原上的高寒生物拥有极其强大的耐旱能力独特的品种，但由于它们的数量日益减少，它们在恶劣环境中的遗传多样性这一优势正面临着挑战。

3.5.3 高质量发展面临产业短板

（1）产业结构仍需优化

从三次产业产值结构来看，青海省经济发展过分依赖第二产业，而农业和第三产业发展缓慢。第二产业的竞争力主要是由一些具有区位优势的产业带动的，如有色金属采选、有色金属冶炼及压延加工、石油和天然气开采、电力等产业。这几个产业具有相对优势。但由于总体经济规模较小，重工业在第二产业中占的比重非常大，并且呈现出很强的资源依赖性。

过多地依赖资源开采和初加工工业，如石油和天然气开采业、水力发电业、有色金属业、盐化工业等资源型重工业影响了产业的发展。重工业当中低附加值、低技术含量的产业的比重较高，而高技术含量的加工工业比重过低，这就使产业的持续发展受到严重制约。

以第一产业为例，2020 年青海农村居民可支配收入仅占城镇居民的 34.7%，因此，如何推动农村居民实现绿色经济的发展，增加可支配收入，是当前的一个重要问题。青海要大力开展绿色有机农畜产品输出地和国际生态旅游目的地建设，这是改善当地人民生活质量的关键一步。在青海的第二产业中，对高能耗、高污染行业的污染治理力度还很小。青海 2020 年工业污染防治工程投资总额为 2897 万元，只占到了全国总投资的 0.64%，同期甘肃投资 33844 万元，新疆投资 62729 万元。由此可见，青海的环境污染治理水平与西部地区相比还有很大的差距，亟待加强对环境治理的投入。在第三产业方面，青海第三产业的增加值在 2020 年达到 50.8%，低于全国 3.7% 的平均水平，在推动 "四地" 产业发展过程中，生态旅游服务行业的发展面临着很大的压力。同时，结合产业 "四地" 发展的需要，青海省致力于打造世界一流的盐湖工业基地。《青海建设世界级盐湖产业基地行动方案（2021—2035）》出台是青海盐湖产业转型升级、创新深化的重要举措。

（2）产业初级阶段，产业附加值低

青海的产业发展处于初级化发展阶段，资源依赖性强、产品加工度低，在高附加值产业产业链上却非常薄弱，甚至缺失。主导产业的产业链条比较短，不能明显拉动本地经济的发展。青海省第一产业整体水平低，农副产品品种单一，附加值低，产品结构有待升级。由于拥有丰富的资源，因此青海省第二产业的增长速度比全国平均水平高；第二产业形成了以资源依托为优势，以重工业为主、轻工业为辅的门类齐全的工业体系。但是轻重工业失衡，贡献突出的主要行业大多为资源型及高耗能工业；

第三产业的增长速度与全国基本相同。但青海的第三产业中商业、交通运输业发展较好，而房地产、金融保险、信息、咨询、科技等生产服务型产业发展滞后。因此，青海省的三大产业结构并不是非常完善的，产业发展水平和层次还比较低，资源优势还没有转化为经济优势。

（3）产业关联性弱，缺乏产业集群

产业集群目前已经成为我国许多地方发展区域经济的重要途径。近年来，青海加大产业关联，形成一定程度的产业集群，如盐湖资源综合利用产业已成为全国有影响力的循环经济产业集群，锂电、新材料、盐湖化工、光伏光热四大产业集群加快构建，循环经济工业增加值占比超过 60%。

青海的产业集群在促进区域经济发展和提升竞争力方面取得了巨大的成就，但同时也暴露出一些问题，例如产品质量和附加值较低，缺乏自主品牌，技术创新能力不足，分工和协作水平低下，市场秩序混乱，公共产品供应不足，社会化的中介服务体系尚未形成，外部约束日益严重，园区建设过热等。因此，青海必须认真思考，采取有效措施，解决这些问题，才能真正推动青海的产业集群的发展。健全集群的运行机制，采取有效的政策和技术，以确保集群经济可持续、健康、稳定地发展。

当前青海产业集群发展面临的主要问题：

①由于产品档次和附加值较低，大多数产业集群仍处于初级阶段，主要集中在与居民日常生活用品相关的产业，而且由于缺乏自主品牌，使得这些产业的进入壁垒较低，大多数产品的档次也不够高，因此，经营依然以"低质跑量"为主。

②由于集群技术创新能力的严重欠缺，"大而不强"的隐患已经显现出来。目前，我国的大多数产业集群仍然停留在对常规技术的应用上，而且我国大部分产业集群是以适用、简单技术的应用为主，且模仿多于创新，技术含量低。

③青海的产业结构存在着严重的缺陷，分工和协作水平较低。大多数产业链条较短，企业的生产主要集中在某些环节，特别是在终端产品的生产方面，而同类产品的市场细分程度较低，系列化产品的数量也较少。企业在各地的产业集群中都有着"小而全"的倾向。一些企业经营者不愿意只做配角，他们希望在生产和经营中都能获得利润。因此，"小而全"企业的出现不仅影响了有潜力的大企业的发展，也削弱了小企业的盈利能力和发展空间，阻碍了产业链的延伸，从而危及集群的自我发展和竞争力的提升。

④随着同类企业的简单"扎堆"，市场竞争秩序变得越来越混乱，企业之间的合

作和交流变得越来越少，企业间纷纷模仿，缺乏技术创新和低价格竞争，导致产品同质化，市场秩序混乱，恶性竞争不断发生，最终使得企业的利润水平大幅度下降。

⑤由于公共产品供应的短缺以及社会化的中介服务体系的欠缺，一些集群的基础设施并不完善，如水、电、网络和通信等，这些问题严重阻碍了企业的发展。此外，许多集群缺乏相互依存的产业，也没有能够提供有效的社会化服务的机构。完善的中介机构为促进市场经济的健康发展提供了重要支撑。集群企业必须拥有一个完善的劳动力市场以及一支经过严格培训的员工队伍，以确保产品的高质量；此外，还需要聘请专业的律师、会计师、资产评估师、咨询机构，通过商会、同业公会更好地协调企业的运作，并且能够更好地解决外部的冲突和纠纷。这些机构在我国的大部分集群内是严重缺乏的。

⑥随着外部约束的加剧，产业集群的发展受到了严峻的挑战。土地、资本、能源等要素的短缺已经成为一个严峻的问题。根据相关调查，目前电力和水资源依然紧缺。在这种情况下，集群的发展环境变得越来越糟糕，一些产业集群也开始转向其他行业。由于具有外部规模经济效应，劳动力低廉，生产成本低，出口价格优势明显，我国不少产业集群将面临反倾销的压力。

⑦集群（园区）建设过热。许多地方政府仍然坚持以铺摊子、上规模、以社区建设和行政支出聚集财源为发展思路，不顾条件是否具备，盲目地建设各种产业集群或工业园区，甚至出现"乡乡建区"，"镇镇办园"，大肆圈地，竞相降低地价招商现象，这种现象在全国各地普遍存在。随着地方政府"行政捏合"和"植入"的强制性实施，许多企业只能在空间上集聚，而缺乏关联、配套和协同效应，从而导致了相互削弱的过度竞争，使得市场机制无法发挥作用，从而无法形成良性循环。

4 高质量发展理论和内涵

　　党的二十大报告指出，高质量发展是全面建设社会主义现代化国家的首要任务。发展是党执政兴国的第一要务。建设社会主义现代化强国，必须要有坚实的社会基础。青藏高原在数千年的历史进程中，始终是中华大地政治、经济、文化的重要组成部分，是中华文明的发展源头之一，具有"世界屋脊""地球第三极""亚洲水塔"之称，是黄河、长江、澜沧江的发源地，是国家重要的生态安全屏障，也是北半球气候敏感启动区、全球生态系统调节稳定器和高寒生物自然物种资源库，生态地位特殊而重要。高质量发展的内涵是中国经济发展由高速增长阶段转向高质量发展阶段，推动高质量发展是当前和今后一个时期确定发展思路、制定经济政策、实施宏观调控的根本要求。然而，高质量发展的理论与内涵仍旧需要深入研究、深化认识。

4.1 高质量发展的本质与内涵

　　深入探究高质量发展的本质和内涵以及它的定义，必须要避免两种倾向：一种是把高质量发展的范围无限扩大，把它概括为一个普遍的问题；另一种是把高质量发展与实现高质量发展混淆在一起。高质量发展的概念不仅仅局限于提高产品质量，它还涉及到更多的内容，比如技术创新、社会责任感、人才培养、文化建设、社会治理等。它不仅仅是提高产品质量，而是要求企业把握好技术创新、社会责任感、人才培养、社会治理等方面的综合发展。党的十九大提出并强调了高质量发展，在党的二十大报告中再次提出："高质量发展是全面建设社会主义现代化国家的首要任务。"由此可见，"高质量发展"有着深刻而丰富的理论内涵、重大而深远的历史意义。

从本质上来看，高质量发展是一种全新的发展理念，它以提升质量和效益为核心，着力于实现可持续发展，以创新、协调、绿色、开放、共享为基础，以提高经济发展水平为目标，努力实现经济社会可持续发展。它是在新时代、新变化、新要求的背景下，对经济发展的价值取向、原则遵循、目标追求进行的重大调整，以创新为第一动力，协调为内生特点，绿色为普遍形态，开放为必由之路，共享为根本目的，推动我国经济社会发展取得更大成就。它要求以质量为中心，紧紧围绕"质量第一，效率优先"，精准把握发展方向，科学制定经济政策，有力推进经济调控，努力提升质量与效率。

高质量发展是一种崭新的发展方式，是对既有发展方式的再一次提升。现有的发展模式大致分为两种：一种是粗放式外延发展，另一种是集约化内涵发展。粗放式发展依赖高投入、高消耗实现高产出，不重视效率和产品质量。集约化内涵式发展，虽然注重效率，但本质上仍然忽视质量，没有超出生产函数的范畴，仍然是单位投入所能生产的产出多少的问题，是如何提高资源利用效率、用更少的投入或成本生产更多产出的问题。高质量发展不仅仅是一种发展方式，还是一种更加深入的发展理念，它不仅要求生产者按照规定的内涵、层次和结构去生产，还要求供给与需求之间能够达到匹配，从而体现出产出的质量属性，而不仅仅是简单的生产函数或投入产出问题。发展的质量不仅仅是产品的质量，它还包含了更多的内涵和意义。

随着时代的发展，高质量发展已成为一种新的发展战略，它不但改变了我国经济发展的方向、重点、目标，而且也为实现社会主要矛盾的解决提供了有效的途径。因此，高质量发展不仅是一种战略调整，更是一种适应当今时代、满足社会需求的有效策略。我国正在实施多种经济发展战略，如西部大开发战略、京津冀协调发展战略、长江经济带战略、建设粤港澳大湾区战略等，旨在改善空间发展格局、协调区域发展以及推动各种专项发展战略，其目标、方向和重点都是以数量、规模和速度为主要考量因素。相对而言，人们对质量元素的关注较少。而高质量发展战略，是我国经济发展的一种综合性新战略，是对现行各种经济发展战略的一个统领和提升，与其他各项战略一起，旨在推动中国经济从快速增长转向高质量发展，从制造业转向创新型发展，从产品质量转向品牌建设，从低端到高端，实现中国经济发展质量、水平和层次的全面跃升。

　　高质量发展是经济发展理论的重大创新，是习近平新时代中国特色社会主义经济思想的重要内容。20世纪90年代初期，邓小平同志提出"发展是硬道理"的思想，强调发展的重要性。21世纪初，中央提出科学发展观，强调发展必须以科学为基础，坚持全面、协调、可持续发展的原则，这是"发展是硬道理"的一次重大升级。党的十八大以来，特别是党的十九大，更加深入地把握发展趋势，顺应时代要求，提出高质量发展的理念，推动发展方式、发展战略的全面创新，进一步丰富了"发展是硬道理"的科学内涵。在党的二十大更是强调"没有坚实的物质技术基础，就不可能全面建成社会主义现代化强国"。表述中凸显了在现代化建设中高质量发展的支撑作用、广泛效应，阐明高质量发展是一个完整的体系，并不应当仅仅局限于经济范畴。高质量发展理论为经济增长和发展研究带来了新的视角，它不仅改变了传统的发展经济学理论，还为社会生产力的提升、资本和产品供给的增加提供了有力的支撑，从而使经济发展更加可持续、更加健康。随着新时代的到来，我国经济发展面临着前所未有的挑战，产能和供给过剩已经成为一种常态。如何在这种情况下推动经济发展，是一个新的历史课题。为此，我们需要进行理论创新，提出高质量发展的解决方案。

4.2 高质量发展的标志与特征

　　准确认知高质量发展的标志和特征，是准确把握高质量发展的基本要求，是科学设计和准确测量高质量发展指标体系、标准体系、统计体系以及促进引导高质量发展的绩效评价、政绩考核、体制机制、政策体系的前提和基础。

　　高质量发展应该具有如下特征：

　　高质量发展能够产生更大的福利效应。高质量发展不仅能够提供更多的私人产品和服务，满足人民日益增长的美好生活需求，还能够提供更多的公共产品和服务，包括教育、就业、医疗、卫生、社保等，从而让人们获得更大的满足感、幸福感和安全感。这不仅仅是国内生产总值数字的增长，还是一种更加全面的发展模式。公共物品或服务的多样性、数量、质量、层次和水准，是衡量一个国家人民生活水平、经济社会发展水平的重要指标。随着经济的发展，我国产能和供给过剩问题日益突出，特别是私人产品和服务方面。尽管公共产品和服务的数量和质量都有了显著提升，但仍然与发达国家存在较大差距,无法满足人们的需求。通过提供更多的公共物品和服务,提升其质量,让孩子们得到良好的教育,劳动者得到充分的报酬,病人得到有效的医疗保障,老年人得到充足的养护,居民得到安全的住所,弱势群体得到有效的帮助,是提高人们获得感和幸福感的重要途径,也是高质量发展的重要任务。

高质量发展令国内生产总值内涵更加丰富。国内生产总值是一个总产出的概念,其数值的高低,并不反映经济发展的质量、效益和水平。国内生产总值的内涵则与之不同,其为发展质量的重要标志。国内生产总值的内涵可以涉及国内生产总值的产品构成和产业构成、有效产出还是无效产出、有效投资还是无效投资、高端产业还是低端产业、较低资源消耗还是较高资源消耗、较低环境代价还是较高环境代价等。国内生产总值的内涵直接决定着国内生产总值的福利效应、产品层次、产业水平以及资源环境代价等。如果一个国家的国内生产总值主要由传统农业产出构成,则可以说明该国的经济发展水平相对落后。而当国内生产总值的增长主要由先进的高科技制造业驱动时,则可以说明该国的经济发展水平处于领先地位。当一个国家的国内生产总值消耗了大量的自然资源和环境,这意味着它的经济增长需要付出更高的代价。然而,当一个国家的国内生产总值供给量相对缺乏或者过剩时,它的经济增长可能会带来更低的福祉。

高质量发展的动力活力更强、效率更高。创新是经济增长的动力和活力,它不仅是经济发展的支撑,也是企业竞争力和成长力的体现。科技创新的发展可以提高企业的创新能力和水平,同时也可以降低资源消耗和环境代价,提升劳动生产率、资本产出率和全要素生产率,从而使单位国内生产总值资源消耗和废弃物排放更少,绿色国内生产总值总量也会更大。

高质量发展表现为更高的水平、层次及形态。随着产业发展的不断提升,产业体系变得更加完善,产业层次更加高端,生产技术更加先进,产品种类更加丰富,从无到有、从有到优,从制造到创造,从产品到品牌,从生产到技术,实现了持续的跃升。随着经济的发展,产品和服务的层次和质量也在不断提升,从根本上说,经济的发展不仅仅是国内生产总值的增长,还是社会生产、消费的物品和服务种类的增加,可以满足人们的需求,给人们带来的福利效应也会更加显著。随着经济的进步,新的产业、行业、模式不断出现,并迅速取得发展。此外,人们的生活水平和品质也有了明显的改善,消费能力、消费档次、消费结构以及消费方式都有了很大的改变;而且,公共服务体系也变得越来越完善,基本公共服务的均等化水平也有了明显提升。

高质量发展更加全面协调且可持续。经济结构更加合理，空间布局更加科学，产业分工更加精细。随着新型工业化、信息化、城镇化和农业现代化的不断推进，产业部门之间的协调性、联动性和均衡性得到了显著提升，发展的全面性也得到了极大的改善。城乡区域之间的融合、联动和均衡发展也取得了显著的成效，发展差距也在不断缩小，发展成果也更加公平共享，发展的整体性也在不断增强。在经济系统中，主要的平衡关系是物品和劳务的总供求、货币金融的总供求、实体经济本部与货币金融部门之间的平衡以及内外经济部门之间的平衡，这些平衡关系的协调可以使经济运行更加稳定，系统性风险也会更小。

4.3 新时代新阶段的发展必须是高质量发展

习近平总书记强调："新时代新阶段的发展必须贯彻新发展理念，必须是高质量发展""必须把发展质量问题摆在更为突出的位置，着力提升发展质量和效益"。在危机中育新机、于变局中开新局。习近平总书记强调："要坚持用全面、辩证、长远的眼光分析当前经济形势，努力在危机中育新机、于变局中开新局。"危与机总是同生并存，克服了危即是机。面对世界经济不确定性不稳定性，我们瞄准关键核心技术解决"卡脖子"问题，我们不断加大对基础研发的投入，努力推动科技自主发展；我们实施强化链条的行动，提升产业链的韧性，为实现中高端制造业的发展提供支撑；我们积极拓展多元化的外贸格局，与东盟、欧洲、非洲等地区的贸易往来更加紧密。在新时代新征程的道路上，我们要抓住机遇，应对变局，积极把握机遇，把危机转化为发展机遇，不断推动高质量发展，开创新局面。

把握住高质量发展的时与势。习近平总书记指出："当今世界正经历百年未有之大变局，但时与势在我们一边，这是我们定力和底气所在，也是我们的决心和信心所在。"中华民族伟大复兴进入了不可逆转的历史进程。当前及之后的一个时期，我国发展仍处于重要战略机遇期，结合新发展阶段、新发展理念、新发展格局，通过科学自我提升、区域综合性规划、重点项目深入推进、绿色可持续发展、增强战略的主动性，来提升国家的竞争力，从而实现高质量的发展。在这个充满挑战的新时代，我们要坚持正确的历史观、大局观以及角色观，精准抓住发展的机遇，积极抓住发展的主动权，以更加有效的方式实现高质量的发展，从而获得优势，走向更美好的未来。

按照经济发展的一般规律，实现高质量发展是必要的。随着中国特色社会主义进入新时代，我国社会主要矛盾已经转变为人民日益增长的美好生活需要和不平衡不充分的发展之间的矛盾，这是一次重大的历史性变革，也是推动我国经济发展的重要基础。随着经济发展的不断深入，我国正处在一个转变发展方式、优化经济结构、转换增长动力的关键时期，必须要以更高质量的发展来推动经济结构的优化，使其形态更加复杂、分工更加合理。高质量发展，必须建立在经济持续健康发展的基础上，而不是追求过快的增长速度。随着我国经济已由高速增长阶段转向高质量发展阶段，经济结构不断优化，新旧动能转换正在加快，新时代的中国经济，实现经济转型、结构调整、动力优化、风险可控、共同富裕及环境优化的目标要远重于国内生产总值增速的快慢，"质量第一、效益优先"将成为中国经济未来高质量发展的核心内涵和基本路径。

随着经济社会的飞速发展，我国已经摆脱了模仿型排浪式的消费模式，人民群众的消费需求也在不断提升，越来越多元化、个性化，因此，要想满足人们的多样化需求，就必须以更高的质量和更加精致的服务来实现。

随着时代的发展，中国的经济和社会的繁荣，以及人们的收入水平的不断攀升，中国的消费结构也在发生巨大的改变。从基本的消费来看，中国正在迈向一个更加富有活力的消费时代。其中最显著的特征就是：第一，食物的消费量已达到极限。在过去的十几年里，中国许多城市和农村家庭的饮食消费并没有随着收入的增长而增加。第二，人们对于耐用消费品的需求也在逐渐减少。例如，洗衣机、电冰箱、电视机、热水器、房间空调等产品的使用率都已经接近或超过一户一台，几乎达到了饱和状态。第三，随着对于各种基本需求的需求日益提升以及对于品质、档次和多样性的追求，使人们的消费水平已经远远超过了单一的基本需求。第四，居民的储蓄水平正在迅猛发展，它不仅仅是一笔无须投资的收入，还能够满足当前的消费需求。随着储蓄的持续增加，人们对基本生活必需品的需求已经接近极限。这种消费转型给社会造成了巨大的影响。一种是经济系统中总供求关系的改变，使经济发展走过短缺经济阶段进入过剩经济阶段；一种是人们的消费需求的改变，由"物质文化需要"转向"美好生活需要"，使社会主要矛盾由人民日益增长的物质文化需要同落后的社会生产之间的矛盾转变为人民日益增长的美好生活需要和不平衡不充分的发展之间的矛盾。发展总是围绕着解决矛盾展开的，不同时期、不同阶段，矛盾和问题不同，发展的任务和要求也就不同。在短缺经济时期，为了满足人民日益增长的物质文化需求，我们必须加快发展速度，以增加供给，克服短缺。而在过剩经济时期，为了满足人民日益增长的美好生活需求，我们必须更加注重质量，并努力实现发展的均衡性和充分性。高质量发展是解决当今社会矛盾的必要手段，是实现可持续发展的关键所在。新时代，高质量发展的需求和供给双重推动，使得我们有了更加明确的战略选择，更加有效地实现高质量发展，这也是当今发展的必然要求。随着改革开放的深入推进，我国经济发展取得了长足进步，人民生活水平也有了显著提高，"发展是硬道理"强调了发展速度的重要性，"速度"则更加强调了质量和效益的重要性，以期解决所有问题。随着时代的发展，人们对发展的要求已经不再仅仅是满足基本的生存或温饱需求，而是追求更高层次的美好生活。"发展是硬道理"的内涵不仅仅体现为规模和速度，更体现为质量和效益，只有通过高质量发展，才能满足人们日益增长的美好生活需求，才能解决一系列社会矛盾和问题。然而，尽管推动高质量发展有供给方面的因素，也有需求方面的因素，但最终还是需求方面的因素在起作用。因此，我们必须以更高的质量来推动发展，以满足社会主要矛盾变化的需求，而不是仅仅追求过去的高速度。随着时代的发展，上述社会主要矛盾的变化表现出了三个显著的特征：首先，居民的消费需求从传统的物质需求转变为追求更加美好的生活；其次，生产力水平也发生了巨大的变化，从短缺到过剩；最后，虽然社会的生产能力和供给能力都得到了显著的提升，但在某些领域的发展仍然存在着不均衡、不充分的问题，使得人们的需求得不到满足。为了满足人们不断增长的对高品质、高水准的需求，实现高质量发展，必须采取有效措施。

供给方面，经过几十年的高速发展，中国经济发展无论是要素条件还是市场环境都发生了翻天覆地的变化，已不能为高速度增长提供动力。突出表现是，近些年来，很多企业普遍都面临招工困难、用地紧张、成本上升、竞争加剧、价格下降、盈利减少的困境。资源和环境压力的加大，招工困难、用地紧张以及成本上升等问题日益突出，使得当前经济增长速度和规模已经无法满足需求。土地资源有限，无法再增加，而用地成本则取决于土地的稀缺程度。随着可用土地资源的日益减少以及对土地的需求不断增加，土地的稀缺性也在不断加剧，从而导致土地价格的持续上涨。劳动力资源虽然一定程度上可以变动，但单位劳动成本难以降低。工资是用 I 成本的主要部分，它取决于劳动生产率。技术不断进步，设备不断改进，劳动生产率不断提高，工资必须提高。此外，工资水平的提高是社会进步的体现，更是坚持劳动报酬提高和劳动生产率提高同步、提高国民收入中劳动报酬比重的必然要求。随着竞争的加剧、价格的下跌以及盈利的减少，显示出了供给的过剩和需求的不足，使得当前的经济增长无法维持。价格取决于供求关系，因此，价格的下跌意味着供大于求。根据总供给和总需求的关系，经济发展可以分成两个阶段，即短缺经济阶段和过剩经济阶段。随着时代的发展，我国经济正在从短缺阶段转向过剩阶段。竞争日益激烈，价格不断下跌，盈利能力逐渐减弱，这些都成为经济过剩阶段的主要特征和常见现象。面对这种情况，我们必须采取措施来改变发展模式，转变增长动力，走上集约化发展的道路，以求解决问题。除了解决资源约束、成本上升以及供给过剩、价格下降等问题，中国经济的转型升级已经成为当前和未来一段时间内的重要任务，这也是中国经济发展的核心主题。改革和创新是实现高质量发展的关键，而这正是实现高质量发展的基础所在。

从国际经验来看，20世纪60年代以来，在全球一百多个中等收入经济体中，只有十几个成为高收入经济体，这些取得成功的国家和地区，就是在经历高速增长阶段后实现了经济发展从量的扩张转向质的提高。我国要顺利建成社会主义现代化国家，也需要顺应并遵循这一经济规律。

推进可持续发展，必然要走高质量发展道路。高投入、高消耗、高排放的粗放型增长，必然会因为能源、资源、环境等约束条件日趋紧张而不可持续。习近平总书记指出："粗放型经济发展方式曾经在我国发挥了很大作用，大兵团作战加快了我国经济发展步伐，但现在再按照过去那种粗放型发展方式来做，不仅国内条件不支持，国际条件也不支持，是不可持续的，不抓紧转变，总有一天会走进死胡同。"改善民生，推动可持续发展，是当今时代的重要任务。要实现这一目标，就需要改善经济结构，加强对资源的有效利用，推动可持续发展，实现人民的幸福与安康。只有改善民生，才能实现真正的高质量发展。

高质量发展是创造高品质生活的必然要求。习近平总书记指出，"人民对美好生活的向往，就是我们的奋斗目标""我们的目标很宏伟，但也很朴素，归根结底就是让全体中国人都过上更好的日子"。随着我国迈向小康社会、开启全面建设社会主义现代化国家的新征程，人民群众的需求变得更加多元化、多层次，他们期望拥有更优质的教育、更稳定的就业机会、更高的收入水平、更可靠的社会保障、更高质量的医疗卫生服务、更舒适的居住环境、更美丽的自然风光、更丰富多彩的精神文化生活。"需要"不仅仅是一般需求，还是"美好生活需要"，它反映了经济发展带来的消费需求质的变化。为了实现高质量发展，我们必须重视解决发展不平衡和不充分的问题，努力使供给侧与需求侧相匹配，并将科技和文化元素融入产品和服务中，以满足人民日益增长的美好生活需求，提升人民生活品质。

高质量发展是中华民族实现伟大复兴的关键，它不仅要求我们拥有更加充足的物质资源，还要求我们在经济总量上取得突破性进展以及在经济质量上取得显著提升。只有在量上取得突破，才能使中华民族走向繁荣昌盛。现如今，中国经济发展、科技进步，综合实力不断提升，人民生活水平也得到了显著改善，但是在全面建设社会主义现代化强国的过程中，发展水平与目标存在着巨大的差距。因此，我们必须加快推进高质量发展，不断提升我国的科技、人才、生产资本等要素的水平，不断提高全要素的生产效率，攻克关键的核心技术难题，走在世界价值链的前沿，不断提升经济的质量和韧性，增强国家的综合实力，以便为实现中华民族的伟大复兴打下坚实的物质基础。

高质量发展是践行习近平经济思想、体现新发展理念的发展。

党的十八大以来，习近平总书记立足中华民族伟大复兴战略全局及世界百年未有之大变局，深刻洞察时代变迁、准确把握发展规律，在实践中形成并不断丰富发展习近平经济思想。习近平新时代中国特色社会主义思想是中国共产党不断探索社会主义经济发展道路的重要成果，它以马克思主义政治经济学基本原理为指导，为新时代我国经济工作提供了科学的行动指南，为我们指明了前进的方向，为我们的国家发展提供了强大的智慧和力量。这一重要思想具有鲜明的科学性、民主性、时代性、实用性和开放性。

4.4 在高质量发展中奋力推进中国式现代化

习近平总书记指出："'十四五'时期是我国实现新的更大发展的关键时期。我们要增强机遇意识、风险意识，准确识变、科学应变、主动求变，勇于开顶风船，善于化危为机，为全面建设社会主义现代化国家开好局、起好步。"习近平总书记的重要论述为我们提供了科学的认识论和方法论，为我们应对世界百年未有之大变局、开创中华民族伟大复兴新局面提供了强有力的指导，使我们能够准确把握历史大势，全力以赴推进高质量发展，实现新的辉煌，创造新的伟业。

党的二十大对中国式现代化作了全面阐述，即中国式现代化是"人多"的现代化——人口规模巨大的现代化；是"人富"的现代化——全体人民共同富裕的现代化；是"人强"的现代化——物质文明和精神文明相协调的现代化，人民同时享有高质量的物质文明和拥有高水平的精神文明；是"人天"合一的现代化——人与自然和谐共生的现代化；是"人和"的现代化——走和平发展道路的现代化。中国式现代化的核心理念是以创新、协调、绿色、开放、共享的方式推动发展，致力于为人民谋福祉，实现长远可持续发展，促进中国与世界的和谐共处。因此，实现高质量发展成为构建现代化中国的重要内涵。积极推进高质量发展，坚定不移地走上中国特色现代化之路，这已成为近代以来全球发展的必然趋势。实现现代化是近代以来世界历史发展的大趋势。党的十九大作出新时代"两步走"战略安排，到2035年基本实现社会主义现代化，到本世纪中叶把我国建成富强民主文明和谐美丽的社会主义现代化强国。为了实现宏伟目标，我们必须坚持新发展理念，构建新发展格局，不断推进高质量发展。我们要不断掌握新技术，满足人民的新需求，完善社会主义市场经济体制，解放和发展生产力，实现经济由大到强的跨越，以经济高质量发展推动各项事业高质量发展。我们要紧密团结在以习近平同志为核心的党中央周围，全面贯彻习近平新时代中国特色社会主义思想，把党的领导作为经济工作的核心，不断提升治理能力，坚定不移推进高质量发展，以中国特色现代化为动力，为实现中华民族伟大复兴而努力奋斗。

西方工业文明之所以会导致生态危机，是因为其受到征服自然的错误自然观和片面的发展观误导，陷入将经济发展与环境保护对立起来的形而上学思维陷阱当中，因此追求"先污染后治理"的发展模式。经济发展至关重要，我们要建设中国特色社会主义生态文明，不仅不反对经济发展，而且还要建立在坚实的经济发展基础之上。

如果说忽视生态环境保护搞经济发展是"涸泽而渔"，那么，离开经济发展讲生态环境保护则是"缘木求鱼"。2014年3月7日习近平总书记在参加十二届全国人大二次会议贵州代表团审议时发表讲话，指出绿水青山和金山银山绝不是对立的，关键在人，关键在思路。

我们强调，不能只关注国内生产总值的增长，更重要的是，应该摒弃仅仅追求经济增长而忽视其他领域的想法，避免因追求短期利益而牺牲长远利益的行为。应当以可持续发展为宗旨，积极推进生态文明建设，努力实现经济、社会和环境三者协调发展，让人民共享繁荣昌盛，共享自然之美。因此，关键在于坚持经济发展与生态环境相统一的发展观，提高经济水平不能以破坏生态环境为代价，我们要建设中国特色社会主义生态文明，也并不反对现代化，而只是反对错误的现代化发展模式，从而更好地实现绿水青山与金山银山相统一，实现人与自然和谐共生的新型中国式现代化。

5 实现青海高质量发展的总体思路与重大意义

5.1 青海生态保护和高质量发展及其两者互相作用的基本机理

立足"三个最大"省情定位，习近平总书记精准把脉青海资源禀赋、发展优势和区域特征，亲自为青海推动高质量发展擘画重大战略，明确建设产业"四地"作为推动青海高质量发展的主攻方向和行动路径。在以产业"四地"推动高质量发展的过程中，必须深刻理解高质量发展阶段加强生态保护的重大战略意义，处理好二者的关系，才能牢牢把握住打造"高地"、建设"四地"的根本要求，坚定不移地切实改善生态环境质量，为推动实现更高质量、更有效率、更加公平、更可持续的发展作出新的更大贡献。

5.1.1 青海生态保护的基本内涵

生态环境是关系党的使命宗旨的重大政治问题。面对生态退化、环境污染、资源紧缺的严峻形势，习近平总书记高度重视生态文明建设，形成习近平生态文明思想，赋予生态文明建设理论新的时代内涵，即"人与自然和谐共生""绿水青山就是金山银山"等，总而言之，新时代生态文明建设是为缓解人与自然之间的矛盾而采取的符合自然规律的一系列国家重大决策部署，也是在全国范围内落实到经济、政治、社会等领域的所有具体实践。深入学习贯彻习近平生态文明思想，是新时代我国生态文明建设的根本遵循和行动指南，是全面加强生态环境保护的根本保证与核心理念。作为我国三大地形阶梯中第一阶梯的主要地区，青藏高原是我国重要的生态安全屏障、战略资源储备基地和高寒生物种质资源宝库，具有重要的水源涵养、气候调节、水体净化和生物栖息等多重生态系统服务功能，在我国生态保护和修复工作中居于特殊地位。党的十八大以来，习近平总书记也多次就加强青藏高原生态保护和修复工作作出重要指示批示。青藏高原是国家重要的生态安全屏障，青藏高原生态保护是国家生态文明建设的重要部分。

青海作为青藏高原重要的核心区域，是黄河、长江、澜沧江的发源地，是国家重要的生态安全屏障，也是北半球气候敏感启动区、全球生态系统调节稳定器和高寒生物自然物种资源与高原基因库，是"中华水塔""地球之肾"。生态地位特殊而重要，生态责任重大而艰巨，肩负着全面筑牢国家生态安全根基、持续改善生态环境质量、推动高质量发展的重大任务。习近平总书记在青海考察时指出"保护好青海生态环境，是'国之大者'"，青海最大的价值在生态，最大的责任在生态，最大的潜力也在生态，保护好青海自然生态，对中国乃至世界实现长期可持续发展意义重大。立足新发展阶段、贯彻新发展理念、构建新发展格局，推进青海生态保护和高质量发展任重道远，要坚持生态保护优先，像保护眼睛一样保护生态环境，像对待生命一样对待生态环境。作为调节青藏高原内人与自然之间矛盾的根本举措，青海的生态保护需要立足青藏高原整体，以和谐、平等、可持续的生态伦理观为指导，针对青藏高原内不同区域特点展开不同类型和层次的生态保护和建设活动，以达到青藏高原内人、生态、社会和谐共生的目标。推动青海生态环境保护和可持续发展，对于加快推进生态文明建设、打造全国乃至国际生态文明高地、建设美丽中国、实现两个一百年目标、实现中华民族永续发展具有重要意义。

5.1.2 青海高质量发展的基本内涵

党的二十大报告提出，着力推动高质量发展。高质量发展是经济发展理论的重大创新，是习近平新时代中国特色社会主义经济思想的重要内容，是全面建设社会主义现代化国家的首要任务。高质量发展是一种新的发展理念，是以质量和效益为价值取向的发展；高质量发展是一种新的发展战略，是我国经济发展战略的重大调整；高质量发展是一种新的发展方式，是现有发展方式的又一次提升。高质量发展要坚持以创新、协调、绿色、开放、共享的新发展理念为指导。青海的高质量发展不仅要满足新时代社会发展、产业升级、生态良好和共同富裕等现实需要，还要在生态环境脆弱、气候极度敏感、发展相对落后、产业结构亟待优化等现实条件下实现绿色、持续、高效的经济社会发展。

与高速度增长相比，高质量发展要求平衡好数量与质量的关系，在充分发展 "量" 的同时，还要重视解决 "质" 的问题，在 "质" 的提升中才能实现 "量" 的有效增长。青海生态保护和高质量发展的战略不仅要追求高质量发展的时代主题，还要积极促进转变经济发展方式以实现质量变革，优化经济结构以实现效率变革，转换增长动力以实现动力变革。当前青藏高原生态保护和高质量发展面临生态保护、环境治理和产业发展等诸多问题和挑战，推进青藏高原生态保护和高质量发展，需要精准研究分析制约青藏高原高质量发展的困境和难点，需要深入研究分析推进生态保护和高质量发展的新路径，才能达到人与自然和谐共生新境界，使高质量发展实现全面突破。切实抓好高质量发展阶段的生态环境保护工作，要明确需要跨越的关口，青藏高原生态系统脆弱，水土流失问题显著，经济社会发展速度和水平都较低，高质量高效益的产业动力发展不足，支持产业高质量发展的人才资金外流严重，民生发展也呈现出动力不足的问题。

党的十九大报告明确提出，我国经济已由高速增长阶段转向高质量发展阶段，并进一步指出高质量发展是更高质量、更有效率、更加公平、更可持续的发展。高质量发展是能够很好满足人民日益增长的美好生活需要的发展，是体现新发展理念的发展，是创新成为第一动力、协调成为内生特点、绿色成为普遍形态、开放成为必由之路、共享成为根本目的的发展。概言之，高质量发展是在价值和效益的价值取向下，高度聚合新发展理念的一种新发展战略，其最终达到的理想状态是为人民群众提供更高质量的产品和服务，满足人民日益增长的美好生活需要，这一总体性、全局性、前瞻性的部署是当前和今后一个时期确定发展思路、制定经济政策、实施宏观调控的根本要求。青藏高原高质量发展特指以生态优先为发展理念，提升要素投入质量、优化经济结构、产业创新转型，在人与自然和谐发展基础上寻求创新、协调、绿色、开放、共享的发展，致力于满足人民群众对优质物质产品、精神产品和生态产品的需要的发展模式和结构体系。相比国家整体的高质量发展和其他地区的高质量发展，青藏高原高质量发展有其明显的资源、生态、区位特殊性。因此，推动青藏高原高质量发展应依据青藏高原的比较优势和发展阶段，将国家层面的高质量发展理念贯彻落实到青藏高原，从青藏高原的具体层面阐明高质量发展的内涵要义，使青藏高原高质量发展思路契合青藏高原区域使命定位和生态条件。具体而言，青藏高原高质量发展至少应包含以下三个方面的主要内容。

①推动数字化赋能青藏高原经济高质量发展，抓住"数字机遇"，推进转型升级，推进数字产业与实体经济的深度融合，做大做优青藏高原特色优势产业。

②推进供给侧结构性改革，贯彻落实创新、协调、绿色、开放、共享的新发展理念，助力解决青藏高原发展不平衡不充分的问题，进一步助推青藏高原经济高质量发展。

③提升公共产品和服务的供给效能，协同推进经济高质量发展和生态环境高水平保护，切实满足人民群众更高层次、更高质量的生活需要。

5.1.3 青海生态保护与高质量发展的作用机理

生态不是发展负担，绿水青山就是金山银山，生态保护与高质量发展是辩证统一的，不能简单割裂开来。只有在保护中发展，在发展中保护，青海才能确保一江清水向东流，才能融入国家战略，为建设美丽中国作出青海贡献。生态保护的完整性和资源配置的合理性是推动高质量发展的两个最关键的因素。绿色发展是高质量发展的重要组成部分，在绿色发展理念的引领下实现产业结构更好、供给品质更优、综合效益更高的发展，营造生产和生态平衡的青藏高原发展系统，实现人、生态、社会共存共荣的价值旨趣，是实现青藏高原高质量发展的根本目标。进而言之，青藏高原生态保护与高质量发展是辩证统一、相辅相成的，二者互为支撑、互为补充、缺一不可，共同构成青藏高原高质量发展的完整内容。其中，生态保护为高质量发展提供外在环境保障与生态产品供给，高质量发展为生态保护提供发展动力和物质基础，二者是新发展理念与生态文明理念交互结合的互促互进关系。良好的生态环境是高质量发展的生产要素，与土地、技术等要素一样，是影响高质量发展的内生变量。保护生态环境是新时代发展经济的内涵，是发展观的一场深刻革命。优美生态环境也是高质量发展的结果，是衡量经济发展转型成功的重要标准。将生态环境保护内生于经济发展，是落实"两山"理念、实现可持续发展的内在要求，也是推进现代化建设的重大原则。

首先，青藏高原生态保护是保障青藏高原高质量发展的基本前提条件。好的生态环境是推动高质量发展的生产要素之一，对其具有保障和供给作用。就保障作用而言，优质的生态环境是人们生产生活不可或缺的重要资源，一方面，生态资源是地区发展的重要资本，有效的生态保护有利于实现生态资源的有序利用，为高质量发展提供充足的自然生产要素支撑，另一方面，生态环境是人类生存最为基础的条件，健康的生态系统能为人们提供一个适宜生存和发展的生活环境。大力推进青藏高原生态保护，提供更多优质生态产品服务，不断满足人民群众日益增长的对优美生态环境的需要，是持续提升人民群众获得感和幸福感的必要举措。就供给作用而言，高水平的生态环境助推高质量发展。高水平的生态环境蕴含丰富的生态资源，依托优质丰富的生态资源，通过"价值化"过程将其转变为生态产品，并以生态运营、绿色生产等方式实现生态产品向生态资产的转化，将其转为经济发展的新动力，培育新的产业形态，进而实现财富增值，促进高质量发展。同时，以高水平生态环境保护和修复倒逼青藏高原高质量发展，有利于促进生产方式由"先污染后治理"向"保护中生产"转变，推动经济结构绿色转型，加快形成绿色生产方式和生活方式，助推高质量发展。

其次，青藏高原高质量发展为青藏高原生态保护和治理提供必不可少的经济基础和科技支撑，是建立健全青藏高原生态保护长效机制不可或缺的动力源泉。一方面，生态保护和治理需要充足的资金和技术支持，这就必须依靠经济实力的支撑。推动高质量发展的主线之一是质量变革，而技术是质量的保障，产业的高质量发展是实现宏观经济高质量发展的重要支撑。另一主线效率变革则要求提升劳动、土地、资本等生产要素的使用效率，进而不断提升科技进步贡献率和产业发展效益，走绿色低碳发展之路便是提升产业发展效益的重要途径，因此高质量发展是推动生态保护和治理的重要经济和技术支撑。另一方面，良好的生态环境只有在适宜的经济结构和经济秩序下才能达到，否则便会导致生态失衡、资源枯竭，而高质量发展意味着生产技术的进步和产业结构的优化，要求从生产源头减少资源损耗和生态污染，高质量发展过程中"物耗、能耗、三废排放"越少，生态质量越高，生态环境更加绿色，最终实现经济的可持续发展。

最后，满足青藏高原人民群众的美好生活需要是青藏高原生态保护和高质量发展的根本宗旨。正确认识新时代我国社会主要矛盾的转化过程，是理解物质文化需要向美好生活需要演进的重要前提，新时期的经济增长方式由高速增长进入中高速增长，从数量增长转向质量增长，只有不断提升质量才能节约资源、减少环境污染，才能提振消费信心、满足人民需要。以人民为中心是青藏高原生态保护和高质量发展必须坚持的基本价值导向，"改善人民群众生活"是高质量发展的基本目标之一，而人民群众对美好生活的追求不仅指物质层面，还涉及文化教育、社会保障、公平正义等精神层面。高质量发展要求既能够创造更多物质财富和精神财富满足人民日益增长的美好生活需要，也要提供更多优质生态产品以满足人民日益增长的对优美生态环境的需要。因此，青藏高原生态保护和高质量发展是着眼于青藏高原全局而不是局部的，需要从现实民生问题出发，促进经济发展、加强精神文明建设、完善社会保障、调节收入分配。人民群众的获得感和幸福感是检验生态保护成果，检验高质量发展工作能力和效果的试金石，要时刻把人民群众的环境诉求和对美好生活的需要作为各项工作的出发点和落脚点，才能有效地推进青藏高原生态保护和高质量发展。

从贯彻新发展理念的"创新、协调、绿色、开放、共享"的五个发展要素来说，在新发展理念中，绿色发展、"绿水青山就是金山银山"的理念已经深入人心，绿色发展是我国从速度经济转向高质量发展的重要标志。绿色发展核心要义要求必须统筹生态保护和高质量发展，而高质量发展的活力、创新力和竞争力都与绿色发展紧密相连，密不可分。习近平总书记强调绿色发展是构建高质量现代化经济体系的必然要求，要坚持人与自然和谐共生原则，坚持生态优先绿色发展为导向，积极探索构建高质量发展新路径。离开绿色发展，高质量发展便因丧失了活水源头而失去了活力；离开绿色发展，高质量发展的创新力和竞争力也就失去了根基和依托。因此要在大力推进生态保护的基础上，坚持绿色发展、高质量发展。

采用马克思主义唯物辩证方法深度分析生态保护和高质量发展的关系，可以发现二者相互影响、相互制约又相辅相成、互为支撑，即前者是基本前提，后者是根本目标，要构建生态保护完整和资源配置合理的青藏高原高质量发展体系，离不开生态保护和高质量发展的共同作用。推进青海生态保护和高质量发展必须认识到青海生态保护和高质量发展两者相互作用的基本机理，即青海生态保护是保障青海高质量发展的基本前提条件和环境基础；青海高质量发展为青海生态保护和治理提供必不可少的经济基础和科技支撑；满足青藏高原人民群众的美好生活需要是青藏高原生态保护和高质量发展的根本价值和总体目标。要坚定不移做"中华水塔"守护人，统筹江河流域生态保护和高质量发展。扛牢源头责任，展现干流担当，保护生态、涵养水源，创造更多生态产品，守护一江清水向东流，针对青藏高原所处的黄河流域上游地区的自然条件，推进实施一批重大生态保护修复和建设工程，维护上游产水区天然生态系统完整性，一体化保护高原高寒地区独有生态系统，有序实行休养生息制度。保护好黄河流域生态环境，促进沿黄地区经济高质量发展，对接长江经济带发展，提升长江源头区生态服务功能，扎实推进生态系统保护修复，实现青海生态价值转换和高质量发展。

青海生态文明建设在习近平生态文明思想的指引下不断迈上新台阶，青海也不断建设成为习近平生态文明思想实践新高地。党的十八大以来，习近平总书记曾分别于 2016 年和 2021 年两次来青海考察调研，两次参加全国人大青海代表团审议，总书记在有关青海工作的重要讲话、指示、批示中，涉及最多的内容就是生态。总书记强调保护好青海生态环境，是 "国之大者"，要牢固树立 "绿水青山就是金山银山、冰天雪地也是金山银山" 的理念，立足 "青海最大的价值在生态、最大的责任在生态、最大的潜力也在生态" 省情定位，保持战略定力，努力建设人与自然和谐共生的现代化，切实保护好 "地球第三极"。进入新时代，青海立足新发展阶段，贯彻新发展理念，构建新发展格局，青海的生态安全、国土安全、资源能源安全地位显得更加重要，生态环境保护理念还需进一步强化，政策落实机制还需进一步完善，生态环境治理体系和治理能力现代化水平还需进一步提高，绿色转型任重道远。推进青海生态保护和高质量发展，必须要全面理解准确把握习近平生态文明思想的核心要义、精神实质、丰富内涵、实践要求，充分彰显习近平生态文明思想在青藏高原取得的重大理论突破和实践创新。青海生态文明建设和高质量发展对推动整个青藏高原生态保护与高质量发展，促进我国生态文明建设乃至全球生态环境保护有着十分重要的影响和意义。

5.2 实现青海高质量发展的总体思路

5.2.1 高质量发展是践行习近平经济思想、体现新发展理念的发展

党的十八大以来，习近平总书记立足中华民族伟大复兴战略全局和世界百年未有之大变局，深刻洞察时代变迁、准确把握发展规律，在实践中形成并不断丰富发展习近平经济思想。这一重要思想是习近平新时代中国特色社会主义思想的重要组成部分，是中国共产党不懈探索社会主义经济发展道路形成的宝贵思想结晶，是运用马克思主义政治经济学基本原理指导新时代经济发展实践形成的重大理论成果，是新时代我国经济工作的科学行动指南。这一重要思想具有鲜明的科学性、人民性、时代性、实践性、开放性。推进高质量发展是做好经济工作的根本要求，是要实现经济发展从 "有没有" 转向 "好不好"。习近平总书记指出 ："高质量发展，就是能够很好满足人民日益增长的美好生活需要的发展，是体现新发展理念的发展，是创新成为第一动力、协调成为内生特点、绿色成为普遍形态、开放成为必由之路、共享成为根本目的的发展。"《习近平谈治国理政》第四卷中，习近平总书记关于坚定不移走高质量发展之路

的重要论述，进一步丰富和发展了习近平经济思想，是中国特色社会主义政治经济学的最新成果。习近平总书记强调："新时代新阶段的发展必须贯彻新发展理念，必须是高质量发展""必须把发展质量问题摆在更为突出的位置，着力提升发展质量和效益"。

5.2.2 必须坚持以人民为中心的发展思想

人民立场是我们党的根本政治立场。"国家之本在于人民"，密切联系群众是党的性质和宗旨的体现，正是由于我们党深深扎根于人民，紧紧地依靠人民，才取得了革命的伟大胜利。习近平总书记指出："只有坚持以人民为中心的发展思想，坚持发展为了人民、发展依靠人民、发展成果由人民共享，才会有正确的发展观、现代化观。"人民群众是发展的力量源泉，只有相信群众，依靠群众，组织群众，才能在新征程上克敌制胜，推进高质量发展。高质量发展必须瞄准满足人民对美好生活的需要而不断深化，必须聚焦人民群众的获得感、幸福感、安全感而持续升级，必须围绕实现全体人民共同富裕而谋篇布局，必须致力于促进人的全面发展而统筹发力。党的十八大以来，以习近平同志为核心的党中央团结带领全党全国各族人民实现了第一个百年奋斗目标，在中华大地上全面建成了小康社会，历史性地解决了绝对贫困问题，意气风发向着全面建成社会主义现代化强国的第二个百年奋斗目标迈进。十年来，我国近一亿农村贫困人口实现脱贫，居民年人均可支配收入超过 3.5 万元，建成世界上规模最大的社会保障体系，基本医疗保险覆盖 13.6 亿人，基本养老保险覆盖超过十亿人。实践证明，以人民为中心的发展是高质量发展的根本原则和必然要求，团结人民力量，汇集人民智慧，筑牢民心基础，是新时代推进高质量发展源源不竭的动力。

5.2.3 必须坚持生态优先绿色发展

保护环境，是生态课题，更是发展课题，实现高质量发展，必须树立正确的生态观。省第十四次党代会明确指出："坚持绿水青山就是金山银山、冰天雪地也是金山银山理念，坚持生态保护优先，坚持一切产业、经济活动都必须有利于促进生态良性发展，举全省之力打造生态文明高地。"实践表明，生态环境保护和经济发展是辩证统一、相辅相成的，保护生态环境就是保护生产力，改善生态环境就是发展生产力。处理好"保护"与"发展"的关系，要坚持"生态优先，绿色发展"的定位，必须把生态保护放在更重要的位置，当发展与保护发生冲突时要自觉为保护让路，而保护本身也就是发展。用心守护好了高原上的草木生灵、绿水青山，就能拥有打造国际生态旅游目的地的丰富资源；当青海的山更绿、水更清、天更蓝，就能拥有发展绿色有机农牧业的天时与地利；当守护了一江清水向东流，黄河流域生态保护和高质量发展与长江经济带发展就能为青海带来新的机遇。绿色发展是构建高质量现代化经济体系的必然要求。"十四五"时期，我国生态文明建设进入了以降碳为重点战略方向，推动减污降碳协同增效，促进经济社会发展全面绿色转型，实现生态环境质量改善由量变到质变的关键时期，要在绿色低碳发展中让高质量发展的底色更加鲜明。只有坚持高质量推进生态优先、绿色发展，青海才能在新时代奋力谱写好全面建设社会主义现代化国家的青海篇章。

5.2.4 必须努力实现高水平科技自立自强

科技创新驱动的内生动力是推动青海高质量发展的第一动力。习近平总书记强调，"关键核心技术是要不来、买不来、讨不来的""如果核心元器件严重依赖外国，供应链的'命门'掌握在别人手里，那就好比在别人的墙基上砌房子，再大再漂亮也可能经不起风雨，甚至会不堪一击"。党的十八大以来，习近平总书记围绕国家科技创新事业提出一系列奠基之举、长远之策：作出建设科技强国的重大决策，确立到2035 年跻身创新型国家前列的战略目标，提出坚持创新在我国现代化建设全局中的核心地位，把科技自立自强作为国家发展的战略支撑。青海深入贯彻落实习近平总书记重要讲话精神，充分利用高原得天独厚的丰富自然资源，通过技术创新、通道建设，解决清洁能源发展"卡脖子"难题，让资源优势变为产业优势，高质量发展的底色愈发鲜明。青海着力推动清洁能源开发、新型电力系统构建、储能多元打造，已建成两个千万千瓦级可再生能源基地。目前，清洁能源装机占全省电力总装机的 91%，占全国清洁能源装机的 18%，持续保持全国领先。青海 2022 年"绿电五周"全清洁能源供电活动再次创纪录，这是自 2017 年以来连续第六年创新探索绿电实践活动，并一次次刷新纪录。青海盐湖工业股份有限公司坚持开展技术攻关，钾资源综合回收率已经提升到 75%，为保障我国粮食安全发挥着重要作用；开发产品 20 多种，实现了盐湖资源循环利用、绿色发展。2021 年，青海的高纯氧化镁晶体材料技术填补国内空白，建成投运碳酸镁示范线；1090 万千瓦装机大型风电光伏基地建设项目落地青海，世界最大规模新能源分布式调相机群投运；推出精品旅游线路 200 条，青海旅游人次、旅游总收入增长 20% 以上；粮食播种面积、产量和储备能力再创新高，牦牛藏羊质量安全可追溯规模超过400万头只。2020年全省391个规模以上制造业企业中，有187个企业开展了创新活动，占全部规模以上制造业企业的47.8%。全省研发投入规模与研发投入强度逐步提升，科技创新对经济发展贡献率逐渐提高，积极推进实现经济发展向创新驱动转变。青海省与国内发达地区相比，在科技创新方面仍存在巨大差距，要进一步加强创新驱动力的推动，在产品、技术、市场、资源配置、制度等方面深化开展科技创新，夯实高质量发展的战略支撑。

5.2.5　必须着力补短板强弱项促进协调发展

习近平总书记指出："从当前我国发展中不平衡、不协调、不可持续的突出问题出发，我们要着力推动区域协调发展、城乡协调发展、物质文明和精神文明协调发展。"青海省经济社会发展的不协调性，在经济建设、生态文明及城乡等领域尤为明显，解决这个问题，必须从全局出发，统筹协调，重视发展的整体效能。青海生态保护和高质量发展是一项涵盖多领域、多区域、多部门的复杂工程，只有加强全领域、多层面的深度合作，才能收到最大成效。习近平总书记2021年6月在青海考察时指出，要优化国土空间开发保护格局，坚持绿色低碳发展，结合实际、扬长避短，走出一条具有地方特色的高质量发展之路。在新征程上，青海要全面贯彻习近平新时代中国特色社会主义思想，准确把握多民族省份的特殊省情，结合实际、补短板强弱项，充分认识青海省的发展基础和资源禀赋、发展支撑和创新要素、发展趋势和战略机遇，以"绿色、低碳、循环"为方向、以产业"四地"为抓手、以数字经济为新动能，立足"三个最大"省情定位，把握"三个更加重要"战略地位，充分发挥特色优势，实现生态环境与经济社会统筹协调发展，以特色优势支撑高质量发展，建设具有青海特色的现代化产业体系，推动青海经济高质量发展。

5.2.6　必须坚持以供给侧结构性改革为主线，加快构建新发展格局

构建新发展格局是适应我国发展新阶段要求、塑造国际合作和竞争新优势的必然选择。习近平总书记强调："加快构建新发展格局，就是要在各种可以预见和难以预见的狂风暴雨、惊涛骇浪中，增强我们的生存力、竞争力、发展力、持续力，确保中华民族伟大复兴进程不被迟滞甚至中断。"《中共青海省委关于制定国民经济和社会发展第十四个五年规划和二〇三五年远景目标的建议》中针对当前青海省对内经济联系程度不深、外贸外资联动发展水平不高、投资消费空间拓展不足等突出问题，明确

提出了把深度融入新发展格局作为未来青海省经济发展的战略方向。

青海构建新发展格局，要坚持推进供给侧结构性改革，克服难点，打通堵点，补齐短板，扩大内需，不断释放投资动力和消费动能，改善人民生活品质，促进青海经济社会高质量发展。坚持以供给侧结构性改革为主线，坚持生态保护优先，加快转方式调结构，打造高质量发展的绿色引擎，深入实施创新驱动发展战略，持续改造提升传统产业，发展壮大战略性新兴产业，扎实推进以生态优先、绿色发展为导向的高质量发展。在构建青海新发展格局中，坚持深化文旅体制改革，使得文化和旅游深度融合优势叠加，大力发展文化旅游产业，使之成为青海生态经济核心增长极、启动高质量发展新引擎、创造高品质生活动力源，发挥乡村振兴压舱石的作用。坚持加大文旅产业投入，持续打造文旅工作亮点，展示文旅工作形象，突出文旅工作特点，抓好文旅工作落实，在构建新发展格局中，努力走出一条全新的、生态的、高质量的青海文旅融合发展新路子。同时，构建新发展格局要切实打通融入国内大循环、国内国际双循环的断点堵点，要坚持在更高水平上扩大对外开放，积极对接国内市场，充分利用两个市场、两种资源，促进内需和外需、进口和出口、引进外资和对外投资协调发展。青海是"一带一路"建设的重点区域，要利用好"一带一路"建设机遇，开放包容、取长补短、通力合作，推动共建"一带一路"高质量发展，使国内循环和国际循环相互促进、相得益彰，促进同各国互利共赢、共同繁荣发展。持续深化"放管服"改革，共建西部陆海新通道，推进面向南亚的商贸通道建设，提升保税区、跨境电商综试区运营水平，办好青洽会、环湖赛、国际生态博览会、"一带一路"清洁能源发展论坛等，青海不断深化改革开放，构建新发展格局推动青海高质量发展。

5.2.7 统筹好高质量发展和高水平安全

发展和安全，如一体之两翼、驱动之双轮。习近平总书记强调，要"坚持统筹发展和安全，坚持发展和安全并重，实现高质量发展和高水平安全的良性互动"。进入新发展阶段，我国发展的内外环境发生深刻变化，新冠疫情全球大流行使得世界百年未有之大变局加速演进，世界进入新的动荡变革期。今后，我们将面对更加复杂的外部环境，国内改革发展任务艰巨繁重，必须做好应对一系列新的风险挑战的准备，正确认识和把握"实现共同富裕的战略目标和实践途径""资本的特性和行为规律""初级产品供给保障""防范化解重大风险""碳达峰碳中和"等重大理论和实践问题。要全面学习贯彻党的二十大精神，深入贯彻习近平总书记关于安全生产的重要论述，坚持人民至上、生命至上，更好统筹发展和安全，以高度责任感，全面排查整治问题隐患，防范化解各类安全风险，坚决守住安全底线，以高水平安全护航高质量发展。

实现青海高质量发展要必须以"时时放心不下"的责任感，担当作为、求真务实，必须以系统思维谋划工作，强化任务项目化、项目责任化、责任清单化制度，狠抓落实机制，主动增强机遇意识和风险意识，自觉把我省工作放到全国大局中考量，始终坚持全省一盘棋，保持平稳健康的经济环境，营造稳定祥和的社会环境，打造风清气正的政治环境，努力形成在发展中保安全、在安全中促发展的工作格局，实现高质量发展和高水平安全的良性互动。只有高水平安全才有条件实现高质量发展，只有高质量发展才有可能保障高水平安全。安全是发展的前提，发展是安全的保障。越是面临复杂情况，越是处于关键时期，越要常怀远虑、居安思危，树立底线思维，增强忧患意识，提升斗争本领，把困难估计得更充分一些，把风险思考得更深入一些，防止各类"黑天鹅""灰犀牛"事件发生，推动高质量发展和高水平安全动态平衡。

5.3 实现青海高质量发展重大意义

青海作为青藏高原重要核心区域，是黄河、长江、澜沧江的发源地，国家重要的生态安全屏障，也是北半球气候敏感启动区、全球生态系统调节稳定器和高寒生物自然物种资源库，生态地位特殊而重要，生态责任重大而艰巨，肩负着全面筑牢国家生态安全根基、持续改善生态环境质量、推动高质量发展的重大任务。青海生态文明建设对推动整个青藏高原生态保护与高质量发展、促进我国生态文明建设乃至全球生态环境保护有着十分重要的影响和意义。

5.3.1 满足人民群众的美好生活需要

以人民为中心的发展是高质量发展的根本原则和必然要求。高质量发展是创造高品质生活的必然要求。习近平总书记指出："人民对美好生活的向往，就是我们的奋斗目标""我们的目标很宏伟，也很朴素，归根结底就是让全体中国人民都过上好日子"。随着我国全面建成小康社会、开启全面建设社会主义现代化国家新征程，人民群众对高品质生活的需要呈现出更加多样化、多层次、多方面的特点，既体现为收人的日益增长，也体现为安全感、幸福感的普遍提升以及群众不断升级的个性化、多样化需求的切实满足。这就要求必须坚持以人民为中心的发展思想，把发展质量问题摆在更为突出的位置，着力提升发展质量和效益。从民生福祉角度看，这种对高品质生活的期待，不仅体现为广大人民群众物质生活和精神生活质量和水平的普遍提高，还体现为社会保障能力和社会服务水平的整体进步。可见，坚持以人民为中心是推动高质量发展的必然要求。坚持以人民为中心的发展思想，坚定不移走高质量发展之路，为解决当前我国社会主要矛盾指明了方向。高质量发展聚焦我国发展不平衡不充分问题，着力推进供给侧与需求侧相匹配，为产品和服务注入更多科技含量、文化含量，将在更高水平上更好满足人民日益增长的美好生活需要，实现人民生活品质的不断提高。

一要完整、准确、全面贯彻新发展理念。要从根本宗旨把握并践行创新、协调、绿色、开放、共享的新发展理念，推动质量变革、效率变革、动力变革，使发展成果更好惠及全体人民，不断实现人民对美好生活的向往。二要由人民来评判发展成效。习近平总书记强调，"时代是出卷人，我们是答卷人，人民是阅卷人"。在推动高质量发展过程中，要坚持以人民群众满意度为检验标准。无论是政策出台、工作推进，还是效果评价，都要鼓励人民群众积极参与、热心支持，使广大人民群众的获得感、幸福感、安全感更加充实、更有保障、更可持续。三要强化就业优先导向。就业是民生之本，解决就业问题根本要靠发展。要提高经济增长的就业带动力，不断促进就业量的扩大和质的提升；支持中小微企业发展，发挥其就业主渠道作用；不断壮大实体经济，创造更多高质量就业岗位；加大人力资本投入，加强职业教育和技能培训，提高劳动者素质。通过一系列举措筑牢民生之本，更好适应高质量发展需要。

5.3.2 习近平生态文明思想生动实践新高地

习近平生态文明思想是习近平新时代中国特色社会主义思想的重要组成部分，是建设生态文明和美丽中国的思想武器。青藏高原生态保护和高质量发展是青海今后一段时期的重大历史任务，青藏高原生态保护和高质量发展是习近平生态文明思想和新发展理念在青海的生动实践，进一步凸显了青藏高原生态保护和高质量发展在全国生态文明建设的重要地位。青藏高原作为"地球第三极"，将会提供更多更具特色的生态保护和生态文明建设的样本素材和资源数据。青藏高原有着丰富多样的陆地生态系统，涵盖其他地理区域所不具备的多种生态调节产品，如森林、草地、湖泊、湿地、冻土、冰川等。在这些生态脆弱气候敏感的高原区域进行生态保护面临的是世界级的难度和挑战，将进一步丰富习近平生态文明思想理论内涵和实践范畴。习近平总书记两次参加全国两会青海代表团审议并在考察青海时提出生态环境保护方面的重大要求，作出一系列对青海生态环境保护工作的重要指示批示，这些都是习近平生态文明思想在青海大地的具体化；青海生态文明建设的生动实践和取得的显著成果，充分显示了习近平生态文明思想的磅礴伟力。青藏高原不仅是习近平生态文明思想重要实践地，还是践行新时代习近平生态文明思想的重要载体。

推进青藏高原生态保护和高质量发展是世界性难题，需要着眼破解难题、着眼理清思路、创新工作方法，这样必将推动党的创新理论，特别是推动习近平生态文明思想创新理论在青海在青藏高原落地生根。时任青海省委书记信长星同志在中国共产党青海省第十四次代表大会上的报告中明确指出青海必须坚持把新发展理念作为行动先导，紧扣高质量发展主题，着眼于在融入和服务新发展格局中更好发挥青海特有资源禀赋和特殊优势，找准定位，明确思路，以"高地"和"四地"建设为支撑，构建体现青海特色的绿色低碳循环发展经济体系，走适合青海实际的高质量发展之路。必须坚持把生态保护作为最大责任，始终坚定自觉地坚持生态保护优先，推进生态生产生活良性循环发展，促进人与自然和谐共生，积极构建人与自然生命共同体，肩负起维护国家生态安全的历史使命。牢记习近平总书记的殷殷嘱托，青海从推动"四个转变"到形成"一优两高"战略，以高度的责任感和坚强的行动力，一步一个脚印推动生态文明建设取得历史性成就，这些都离不开习近平生态文明思想伟大旗帜的引领。

5.3.3 有利于我国经济社会的可持续发展

青海作为青藏高原重要核心区域，生态地位特殊而重要，生态责任重大而艰巨，肩负着全面筑牢国家生态安全根基、持续改善生态环境质量、推动高质量发展的重大任务。青海生态文明建设对推动整个青藏高原生态保护与高质量发展、促进我国生态文明建设乃至全球生态环境保护有着十分重要的意义。相较于沿海经济发达地区和工业发达地区，青海作为三江源头、中华水塔，唯有结合自身优势和资源，将高质量发展的重点放在加强生态文明建设的战略定力，探索以生态优先、绿色发展为导向的高质量发展新路子，形成有本区域特色的现代化经济体系，才可能在新一轮消费需求的巨大蓝海中，实现优势再造或转化为其他产业发展的新优势，在新时代高质量发展大潮中占得先机、赢得主动,从而探索出属于青海的高质量发展道路。

高质量发展是推动实现可持续发展的必然要求。高投入、高消耗、高排放粗放型增长,必定因能源、资源、环境等约束条件日趋紧张而不可持续。习近平总书记指出:"粗放型经济发展方式曾经在我国发挥了很大作用,大兵团作战加快了我国经济发展步伐,但现在再按照过去那种粗放型发展方式来做,不仅国内条件不支持,国际条件也不支持,是不可持续的,不抓紧转变,总有一天会走进死胡同。"高质量发展不简单以国内生产总值增长率论英雄,而以提高经济增长质量和效益为立足点,在质量变革、效率变革、动力变革的基础上建设现代化经济体系,必将促进我国资源节约型、环境友好型社会建设,走出一条生产发展、生活富裕、生态良好的文明发展道路。随着新科学技术的不断发展,绿色循环低碳发展对推进经济高质量发展和生态环境保护积极影响日益凸显。中国目前在绿色低碳发展领域还有非常大的发展空间,推动绿色低碳发展不仅可以为经济增长提供新动能,还能够更有效地保护生态环境。青海有些地区面临着比较严重的环境污染、水土流失、生态系统退化问题,面对这些问题必须坚持生态优先、绿色发展,构建绿色治理机制,推动青海生态保护和高质量、可持续发展。

5.3.4 有利于实现民族大团结和社会的安定和谐

习近平总书记强调,青海是稳疆固藏的战略要地,要全面贯彻新时代党的治藏方略,承担起主体责任。实现青海高质量发展就要深刻领会促进"民族团结进步,维护国家安全"这一根本要求。民族团结进步是各族人民的生命线,是推动各项事业取得胜利的基本保证。坚持以人民为中心的发展思想,增进各民族民生福祉,扎实推动共同富裕,加快建设人民幸福的现代化新青海。"在青海不谋民族工作,不足以谋全局",要不断深化民族团结进步示范省建设,不断推动各民族坚定"五个认同"。推动青海高质量发展将统筹经济社会发展,深化民族团结进步创建工作,推动各民族共同走向社会主义现代化。

青海是我国最重要的生态保护区,也是我国经济发展最落后、社会最封闭、人民生活最贫困的地区之一。内地到青海路途遥远,青海又处于高寒缺氧的特殊环境,使内地人不能深入到青海,也使青海当地人难以走出高原。青海生态保护与高质量发展为破解这一制约三江源地区经济社会发展的难题带来了契机。一方面,生态保护与高质量发展项目的建设给当地增加了大量的就业机会,可以使相当一部分人实现生产方式的转变，并能增加收入，提高生活水平；另一方面，生态保护与高质量发展也增加了当地群众与外界接触的机会，可以潜移默化地提高当地的社会发展水平。同时，青海生态保护与高质量发展还伴随着适度的移民，无论是就近的移民搬迁，还是跨区异地移民，在国家政策资金的扶持下，都能在很大程度上改善人民的生产生活条件，并实现适度聚居，有利于社会的发展和社会功能的完善。

5.3.5 促进打造国际生态文明高地

习近平总书记明确提出把青藏高原打造成为生态文明高地的重大要求，指出保护好青海生态环境，是"国之大者"。要牢固树立绿水青山就是金山银山理念，切实保护好地球第三极生态。要把三江源保护作为青海生态文明建设的重中之重，承担好维护生态安全、保护三江源、保护"中华水塔"的重大使命。青海地理特殊环境，高质量发展为青藏高原生态保护和治理提供必不可少的经济基础和科技支撑，实现高质量发展，才能筑牢青藏高原和中华水塔的生态屏障，促进青海省打造全国乃至国际生态文明高地。

生态于青海，是底色更是推动高质量发展的基础和保障。全省上下深入践行习近平生态文明思想，深入落实习近平总书记视察青海时的重要讲话和对青海工作的重要指示批示精神，立足"三个最大"省情定位和"三个更加重要"战略地位，扛牢源头责任，坚定不移做"中华水塔"守护人，守护一江清水向东流，加快建设绿色发展、生态友好的现代化新青海，不断巩固发展基础，提升发展质量，走出一条生态友好、绿色低碳、具有高原特色的高质量发展之路，推动打造国际生态文明高地。

6 着力构建以产业"四地"为主体的绿色低碳循环发展现代经济体系

推动青海高质量发展，就必须构建具有青藏高原特色的生态经济体系。2021 年6 月，习近平总书记再次来到青海，精准把脉青海资源禀赋、发展优势和区域特征，亲自为青海高质量发展擘画重大战略，提出打造产业"四地"的重大要求。为此青海立足三个最大省情定位，努力构建以产业"四地"为主体的绿色低碳循环发展现代经济体系。

6.1 绿色低碳循环发展现代经济体系本质内涵

目前，我国正处于资源能源短缺、生态环境恶化、清洁能源需求日益紧张的形势下，实现绿色化、低碳化和循环化是新时期发展的主题。而在其实质上，绿色、低碳和循环具有同样的系统观和发展理念。绿色是指在资源和环境的双重压力和社会公平性约束下，所形成的一种发展模式，具有广泛的共识性性，是实现低碳、可持续发展的最终目的。低碳是为应对全球气候变化所采取的一种经济发展模式，它的目的在于减少耗能和二氧化碳的排放量，是实现绿色发展的关键，也是实现循环发展的主要手段。循环经济是一种新兴的经济形态和发展模式，它贯穿于绿色与低碳发展之中，三者相互补充。绿色低碳循环发展是指在已有自然资源的基础上，使经济发展达到一定水平的一种科学发展体系。当这三种发展结合在一起时，就不会只注重单一的一部分，它是一种打破生态制约与资源瓶颈的新思路。因此，要将绿色、低碳、循环发展这三个要素有机结合，打破资源与环境的约束，实现高质量发展。

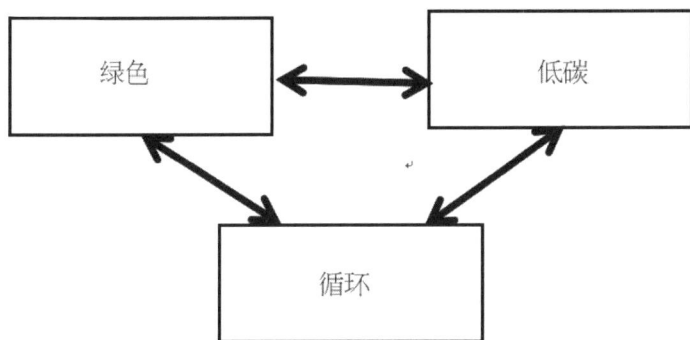

图 6.1 绿色低碳循环三者相辅相成关系示意图

　　其实，绿色、低碳、循环这三大发展目标并无差异，都是提倡节约能源，提高资源的使用效率，这样才能获得长期的、持久的发展。阿瑟·林德贝克（Assar Lindbeck, 1977）第一次提出制定和执行有关生产、收入和消费等政策的系统，它是一个控制经济进程的基础结构。经济因素、制度因素及其相互关联的因素，都是一个有机的整体。党的十九大报告提出了现代化的经济制度，我国的许多学者对我国的现代化经济建设的逻辑依据、建设任务和重点进行了深入的讨论。王一鸣在 2017 年对中国经济由高速发展向高质量发展的基本情况进行了梳理，并就如何推进质量、效率、动力等方面的改革进行了论述；刘世锦在 2018 年指出，我国的现代化经济建设重点在于推进质量、效率、动力三个层面的改革，通过加快创新以提升全要素生产率；何立峰在 2018 年从内部要求、重点任务、支撑体系等几个角度，分析了高质量发展的要求，对现代化经济体制建设，实现高质量发展提出了一些建议；高培勇在 2019 年指出，现代经济制度的建设，是一个与绿色低碳循环发展紧密相关的经济体系的转型。因此，绿色低碳循环发展是现代化经济体系的内在特征，它是一种新的发展思路，它打破了生态环境和资源的制约，可以带来整体大于局部累积的综合效益。绿色发展，要求牢固树立绿水青山就是金山银山的理念，强调生态优先、环境保护、发展绿色经济、实现经济发展和资源环境相协调。低碳发展，要求紧扣碳达峰碳中和目标，发展低碳经济，构建清洁低碳、安全高效的能源体系和节能环保、清洁生产的产业体系。循环发展，要求注重资源高效利用和循环利用，发展循环经济，形成"减量化、再利用、资源化"的生产生活方式。而在现代经济体制中，以绿色、低碳为核心的循环发展模式，与传统的经济体制存在着根本不同。传统的经济系统具有解构的分散性，尽管在经济上为正，但在生态和人体健康方面却为负，二者相加，往往呈现负值，造成一定的生态环境恶化和人类的亚健康状态，进而进入恶性循环。中国的绿色低碳循环发展有利于实现经济、生态和社会效益的协调与优化。因此，现代化经济体制的本质在于生态文明的建设，建立以绿色低碳可持续发展为目标的现代化经济制度。党的十八大报告提出，绿色低碳循环发展是当今科技与产业变革的必然趋势，是发展潜力最大的领域。在这一领域，我们有很大的发展空间，还能创造更多经济增长点。

6.2 绿色低碳循环发展的现代化经济体系重大意义

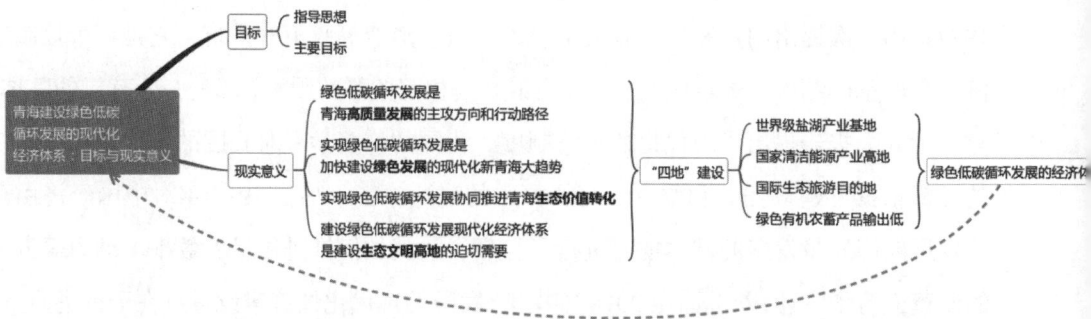

图 6.2　青海建设绿色低碳循环发展的现代化经济体系：目标与现实意义逻辑图

首先，明确绿色低碳循环发展是青海高质量发展的主攻方向和行动路径。2021年3月7日，习近平总书记在参加十三届全国人大四次会议青海代表团审议时强调，立足新发展阶段、贯彻新发展理念、构建新发展格局，推动高质量发展，是当前和今后一个时期全党全国必须抓紧抓好的工作。建设现代化新青海，必须牢牢把握高质量发展这一主题，以产业"四地"建设为重点，构建现代产业体系，推进产业生态化和生态产业化，高质量推进生态优先、绿色发展，而绿色低碳循环发展则为青海高质量发展提供了方向和行动路径。绿色低碳循环发展经济体系是实现经济、生态与社会效益并重与优化的经济体系，这与党的十九大报告中阐述的现代化经济体系的理论构成、组成要素、发展目标和基本任务不谋而合。高质量发展是 "十四五" 乃至更长时期我国经济社会发展的主题，关系我国社会主义现代化建设全局。要以绿色低碳循环发展为重点，高质量推进生态优先、绿色发展，坚持以人民为中心，走好高质量发展之路。绿色低碳循环发展的现代化经济体系是谋求中华民族永续发展的新经济体系，也是新时代高质量发展的经济体系。我省在积极构建绿色低碳循环发展经济体系中，以新发展理念为先导，紧扣高质量发展主题，在融入、服务新发展格局中发挥青海特有资源禀赋和特殊优势，找准定位，明确思路，以打造 "高地"、建设 "四地" 为支撑，坚定不移沿着习近平总书记指引的方向前进，使符合青海实际、具有青海特色的高质量发展之路越走越宽广。

其次，实现绿色低碳循环发展是建设绿色发展生态友好的现代化新青海的大趋势。在面临着能源与环境的双重挑战的今天，世界各国已经就如何实现碳中和这一目标达成了一致意见，发展绿色产业、发展绿色经济已是当今世界发展的必然趋势。近年来，省委和省政府多次强调，绿色经济是继信息技术革命之后的新一轮经济发展动力。若能成为绿色经济发展的领头羊，新一轮的发展将会更加迅速。同时，也可以更好地促进我省跨越发展、和谐发展和统筹发展。绿色低碳循环发展则为加快建设绿色发展新青海指明了方向。在低能耗，低排放，低污染的大环境下，绿色经济的发展前景十分光明。青海发展绿色经济，既有独特的资源优势，又有紧迫的现实需要。以实际行动答好建设绿色发展生态友好现代化新青海的时代答卷，必须紧紧围绕 "三个最大" 省情定位和 "三个更加重要" 战略地位，胸怀 "国之大者"、心系 "省之大要"，全面提升生态环境保护和自然资源要素保障能力，积极实现绿色低碳循环发展。在我省实现 "四个发展" 的道路上，以绿色低碳循环发展为支撑点，进一步地把握绿色发展大势，树立绿色发展理念，构筑绿色产业体系，倡导绿色消费方式，完善绿色发展保障，使绿色经济真正成为现代化新青海发展新引擎。

再次，实现绿色低碳循环发展，加快推进青海生态价值转化。以 "四地" 产业为主的青海产业体系充分体现青海的生态资源和生态产品特征，"四地" 产业提供的产品大都是生态产品。生态系统提供丰富生态产品，生态产品具有巨大生态价值，生态价值可以带来经济效益。推动生态产业化和产业生态化发展，犹如车之两轮、鸟之两翼，是实现 "经济效益、社会效益、生态效益相统一" 的具体抓手，是推动青海绿色低碳高质量发展的重要举措，实现绿色低碳循环发展是将生态优势转化为产业优势、经济优势和发展优势的重要着力点。绿色低碳循环发展协同推动生态价值转化。构建以产业"四地"为主体的绿色低碳循环发展经济体系也会加快青海生态价值转化。"两山理论"的思想进一步促进了生态产品的价值实现。最新数据显示：青海省生态系统服务价值即生态产品价值总值合计约为36.2万亿元，是青海2021年国内生产总值的10倍之多。"两山理念"和绿色低碳循环发展经济体系相互协调，拥有相同的系统观和发展观，因此构建以产业"四地"为主体的绿色低碳循环发展经济体系能够协同推进实现青海生态价值。

最后，建设绿色低碳循环发展现代化经济体系是建设青海生态文明高地的迫切需要。打造青海生态文明高地，需要以新发展理念为引领，创新发展模式和思路，将被动式保护性思维升级为绿色创新的主动式保护性发展思维。打造青海生态文明高地与建设产业"四地"是完全协同统一的，是可以融合发展的，而绿色低碳循环发展现代化经济体系则是强有力的支撑与基础。将青海率先打造为全国乃至国际生态文明的新高地有助于把青藏高原打造成为全国乃至国际生态文明高地。为此，必须要加快建设青海生态经济体系，打造绿色发展新高地，要想实现低碳节约和绿色转型，首先要构建以产业"四地"为主的绿色低碳可持续发展的经济体制，同时依托"两山理论"和特有的高原资源，大力开展乡村振兴计划；进一步加快经济、能源和产业结构的升级，开发新的生态经济优势，全面落实资源节约与环境保护，促进保护和发展相互协调，实现绿色低碳循环发展。

6.3 构建以产业"四地"为主体的绿色低碳循环发展经济体系路径

青海省构建以产业"四地"为主体的绿色低碳循环发展体系是促进高质量发展和打造生态文明高地的基本要求。结合青海产业优势、资源禀赋、发展优势和区域特征来设计经济体系和发展路径。一是完善顶层设计，二是筑牢支撑保障，三是强化运行环节。（见图6.3）因此，青海省要加快融入双循环新发展结构和"一带一路"建设，成为国家"一带一路"和经济双循环的重要支点和中转枢纽，助力国家经济高质量发展，推进中国式现代化。

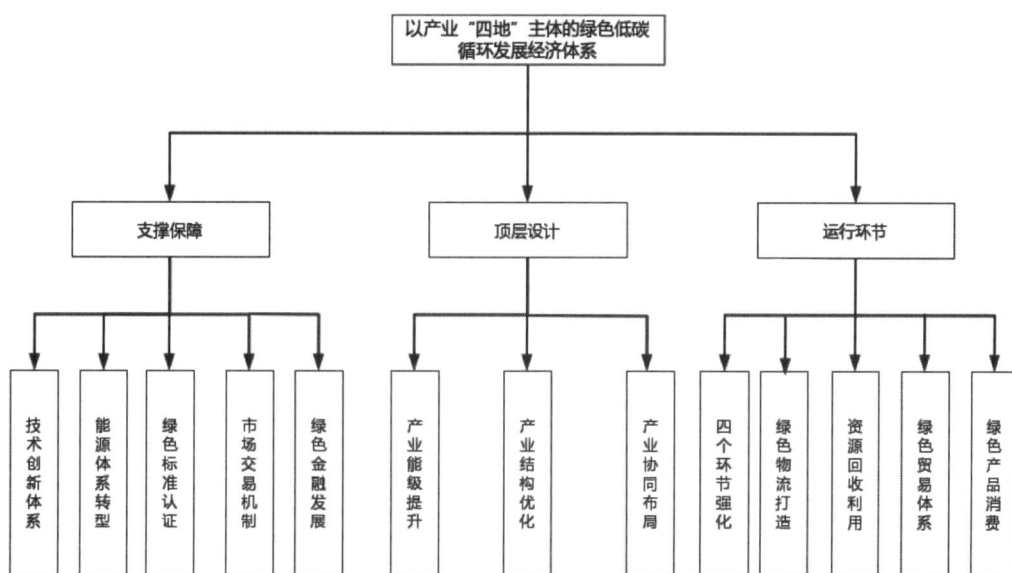

注：作者自制

图 6.3　建设以产业 "四地" 为主体的绿色低碳循环发展经济体系的实现路径

6.3.1 完善顶层设计助推绿色低碳循环发展的现代化经济体系建设

6.3.1.1 打造 "四地" 产业为主的产业体系，提升产业能级

（1）建设世界级盐湖产业基地

盐湖是青海最重要的资源，也是国家的战略资源。建设世界级盐湖产业基地，要提高科技创新能力，解决高能耗、污染大的问题，企业生产要达到绿色低碳的合格标准，推动可持续发展，还要借助盐湖的天然优势大力发展产业基地，在借鉴国内外经验的基础上发展适合自身发展的青海模式。一是完善产业发展长期战略规划，加快高质量发展步伐。重视行业顶层结构设计，合理制定盐湖资源综合开发利用战略规划，推动盐湖产业被纳入国家规划领域和区域重大产业布局。二是培育世界级盐湖产业集群。推动盐湖资源产业链不断壮大，基本建成 "钾、钠、镁、锂、氯" 五大产业集群，使钾盐、钠盐、镁盐、锂盐、氯碱的存量构成盐湖产业网，推进盐湖产业和新能源产业融合发展。三是塑造世界领先的现代盐湖化工产业体系。加大化工对外开放，引进高层次专业技术人才，优化延伸多种资源利用产业链条，建设世界级盐湖产业基地。四是致力于盐湖资源绿色可持续发展。在推动盐湖产业现代化战略的重大目标观念指引下，多方协力打造智慧盐湖、数字盐湖等新型绿色低碳循环 "盐湖 +" 产业生态集群。

（2）打造国家清洁能源产业高地

　　清洁能源对于青海而言是高质量发展的优势产业之一。丰富的光热、风能、水能及广袤的荒漠化土地等资源，为青海打造清洁能源产业高地造就了独特的资源和能源优势。依托资源优势，结合省情实际，推动清洁能源产业发展，加快产业转型和结构调整步伐，促进光伏、风电、光热等产业以"绿"为进发展壮大，不断扎牢扎深清洁能源产业的根基，为高质量发展拓展空间。一是稳步推行碳排放总量和强度双控制度。探索和启动绿色用能权、碳排放指标使用权网上交易与市场系统一体化建设，支持在我省重点行业、重点企业建设项目率先完成排放达峰。研究本市率先试点实现绿色低能碳达峰综合减排项目的综合规划方案论证及其有关衔接工作，制定我市年度综合行动方案。二是合理布局清洁能源产业链供应链。打破区域界限、行业壁垒，全省"一盘棋"做出梯度分布发展规划。综合开发利用水、风、光等多种能源资源，采取基地化、规模化开发模式实施新能源开发，打造多能互补、集成优化的清洁能源供给体系。三是加强省内骨干电网建设。推进清洁取暖示范工程，加快推广绿色交通，提升清洁能源就地吸纳能力。四是制定出台实施我省鼓励利用清洁型能源生产发展方面的一些特殊鼓励政策。制定鼓励清洁能源发展的电价政策，鼓励支持清洁能源"直供电"模式发展。

　　（3）加快农牧业绿色发展，建设生态有机农畜产品输出地

　　紧紧围绕品种培优、品质提升、品牌打造和标准化生产，改变传统农业生产理念，不断扩大绿色、有机、高品质的产品供给，形成新的农业生产格局，加快转变农牧业发展方式，做优做强绿色有机农牧产业，增加绿色有机地理标志农畜产品有效供给，打造绿色有机农畜产品输出地，加快绿色产业发展。一是打造"青字号"农畜产品品牌。制定青海特色有机农产品的质量标准体系，鼓励大型企业和农畜产业主要输出地积极打造企业品牌和农畜产品品牌，多途径推广农畜产品，让青海的生态产品"走出去"。二是推动现代农牧业提质增效。加大科技投入力度，围绕特色优势产业，聚焦种质资源优势，强化关键领域核心技术攻关，推动我省特色现代农牧业由依赖资源要素向创新驱动转变，多行业融合发展，推动农牧业现代化。三是因地制宜积极创造条件，推动产业集约化、规模化发展，健全现代化的产业体系。发展"产销一体化"新模式，搭建科技创新平台，推行"互联网＋农技推广"，增加经济效益。四是加快构建农林牧渔融合发展的循环型农牧业体系。积极发挥好地方特色产业优势，同时加强严格认证的推广管理和有效实施认证保护，保障农畜产品质量安全。在充分发挥当地得天独厚资源禀赋的基础上，推动农牧业绿色化、品牌化和标准化。

（4）提高服务业绿色发展水平，打造国际生态旅游目的地

聚焦生态旅游发展顶层设计，锚定"打造国际生态旅游目的地"重点任务，加强基础设施建设，加大投资支持力度，优化营商发展环境，补短板、强弱项、固优势，助力构建共融共建共享的生态文旅发展新模式，青海要大力发展创新发展形式，着力构建"一环六区两廊多点"的文化旅游发展总体布局。一是加强相关顶层方案设计，推动全省大区域、大江河流域乡村旅游资源联动集约发展。依托高原湖泊、高原盐湖自然风光、高山雅丹峡谷地貌、冰川与雪山等优势独特生态资源，开发建设高附加值特色旅游，打造青海与我国周边主要省份有密切协作优势的青藏高原、昆仑山、祁连山、大九寨、江河源头寻根、丝路文化研究等区域生态旅游精品线路。丰富文化和旅游产品供给，提升服务水平，为人民群众提供更高质量、更有效率、更加公平、更可持续的公共文化服务。二是全面提升旅游服务国际化、标准化、信息化水平。加强基础设施的升级，完善旅游业配套的基础设施建设，夯实生态旅游发展基础。以国际国内服务标准为准绳，建立健全配套服务体系。推动文明交流互鉴，坚持走品牌化差化发展之路，以打造在国际国内具有影响力的生态旅游资源为核心。三是提高生态旅游效益和质量。发展绿色产业和产业融合，将绿色理念贯穿企业的各个环节，大大提高了资源的利用率，优化合理配置了各项资源。坚持生态保护优先，绿色发展，着力打造国际生态旅游目的地，促进旅游业高质量发展，实现生态更美、产业更兴、百姓更富。高标准严要求，全面推进生态旅游业公共服务体系标准化、国际化建设，创建生态旅游服务管理和评价机制，形成可借鉴的"青海经验"。

6.3.1.2 产业基础高级化和产业链现代化，调整优化产业结构

优化改造升级产业结构，培育出一大批重点战略性新兴与高技术新兴产业，发展生态经济和数字经济，推动全省高新技术产业实现绿色化及智能化方向深度转型发展。推动重点领域节能降碳，实现碳达峰目标，推动技术装备绿色化、智能化，优化产业结构，促进全省经济社会向绿色低碳转型，实现更高质量发展。

延伸特色产业链的中下游，扩充产业边界，注重特色产业上游发展。青海生态农畜产品要在初级产品基础上延伸产业链，在产业中下游扩充产业边界，增加产品附加值，注重产业上游发展，促进特色产业链集群形成，提高区域经济竞争力。如青海拥有包括冬虫夏草、雪莲花、黄芪、川贝母、秦艽等名贵植物药材，尤其是冬虫夏草的储量和质量均居全国之首，是我国名贵药材之一，与人参、鹿茸并称为中国"补品三宝"。推动特色产业上下游产业链联动和跨界合作，与社会其他行业形成有效连接，

在跨界合作中开发有利于青海经济发展和民生保障的特色产业链。

构建绿色供应链,促进特色产业链集群形成,提高区域经济竞争力。一是打造新能源产业链与新能源产业生态系统,增强新能源技术创新能力。二是合理布局清洁能源产业链供应链。打破区域界限、行业壁垒,全省"一盘棋"做出梯度分布发展规划。企业都要力求做到从设计选材、生产、包装、运输使用和最后回收销售的整个工艺过程环节中实现产品全周期过程的真正绿色环保。青海要加快打造全球绿色供应链,促进各类清洁绿色能源高质量开发、高效能协同、高比例合理消纳。基于双循环新发展格局和绿色发展的要求,内循环绿色供应链的构建要以绿色化的供给侧改革为重点,激发和引领绿色消费升级,形成国内绿色循环回路。外循环绿色供应链关键在于提高国际绿色要素供给质量和开发国际市场绿色产品需求。绿色价值链的构建应统筹国内外绿色技术研发和绿色技术转移,促进绿色创新向绿色价值转化,实现绿色价值增值,最终构建起符合中国利益、主导性强的绿色供应链和价值链。

新时代数字经济是构建新发展格局、推动高质量发展的重要支撑。以数字技术与实体经济深度融合为主线,以实现绿色可持续发展为目标,加强数字基础设施建设,完善数字经济治理体系,协同推进数字产业化和产业数字化,赋能传统产业转型升级,培育新产业、新业态、新模式,不断做强做优做大数字经济,发展以产业"四地"为主体的绿色低碳循环发展经济体系,构建协同、创新、高效的绿色低碳循环现代产业体系,不断优化产业结构,培育新产业、新业态、新模式,促进产业能级提升,推动青海经济高质量发展,加快建设绿色发展的现代化新青海。

6.3.1.3 优化产业协同发展布局

"十四五"时期,青海省推动传统产业高端化、智能化、绿色化,加快发展生态产业,抓紧布局新兴产业和未来产业,推动新旧动能接续转换,着力解决产业层次偏低、结构不优、产业关联度不高、融合程度不深、产业发展战略管理能力弱等问题,围绕产业,促进上下游联动,突出优势产业,加强省内下游企业产品对接,促进产业协同发展,构建创新引领、协同发展、具有青海特色的现代产业体系。

优化产业协同发展布局,推动协调发展,有选择地承接中东部产业转移,积极融入双循环新发展结构和"一带一路"建设,把青海打造成"一带一路"和双循环的重要支点和中转枢纽。青海有三江源国家生态区,有国际非遗项目可可西里,具有地势复杂,生态脆弱,基础建设薄弱,人口市场规模小等劣势,但是青海地质矿产、能源资源、动植物资源丰富,具备多种资源优势,给青海发展以"四地"为主体的特色产业提供了得天独厚的优势条件。加快推进"四地"建设，按照以特色产业培育优质企业，以企业发展带动产业提升的要求，立足青海特有资源禀赋，找准适宜的经济发展模式。

立足新发展阶段、贯彻新发展理念、构建新发展格局，紧紧抓住新时代西部大开发、"一带一路"建设、长江经济带发展、黄河流域生态保护和高质量发展等国家战略为青海发展带来的发展机遇。立足成本优势和地理优势，抓住承接国内国际产业转移的良好机遇，以产业转型升级刺激市场活力，为传统优势产业提供新增长动力。经济逆全球化抬头，导致全球原材料运输受阻，产业链出现中断，但为青海作为民族地区、西部地区承接产业转移提供了机遇。一方面，青海作为青藏高原核心区域，是国家重要的资源富集区，是现代制造业生产必需的原材料产区，极具成本优势；另一方面，青海作为亚欧大陆的中心地带，既背靠国内经济发达地区，又可通过陆路运输充分辐射中西亚和东欧国家，是天然的经济洼地，极具地理优势。因此，在"一带一路"倡议下的经贸文化交流，青海能够以极低的交易成本拥有中西亚和欧洲国家广阔市场，积极承接东部地区产业转移的有利优势。

6.3.2 筑牢保障支撑，保驾绿色低碳循环发展的现代化经济体系建设

（1）健全绿色低碳循环发展技术创新体系

健全绿色低碳循环发展技术创新体系集中力量突破绿色低碳循环发展的关键技术，深化科技体制改革，加大科技创新投入，推广节能低碳新技术，促进经济和社会发展，形成有利于"碳达峰""碳中和"的市场预期。顺应产业技术变革趋势，围绕产业链部署创新链，以关键共性技术创新为突破点，深化产学研联合，注重原始创新和引进消化吸收再创新相结合，畅通科技成果转化通道。积极推进国家级盐湖清洁资源及资源综合利用技术创新中心体系建设，支持推动绿色技术及创新项目成果转化应用，使技术创新能力稳步提高，提供实现"碳达峰""碳中和"的前提条件。坚持以政府为主导，各企业协同合作提升绿色低碳循环技术自主创新能力。

（2）推动能源体系绿色低碳转型

加快储能产业发展和新型清洁能源产业融合发展，抓好节能减排重点工程，不断强化能耗强度降低约束性指标管理，有效增强能源消费总量管理弹性，统筹推进能效技术升级，提升监管能力，稳步推动能源体系高效化、低碳化。建立能源体系绿色低碳转型的监测评价机制并强化能源规划的引导约束作用，完善引导绿色能源消费的

制度和政策体系，加大交通运输领域能源清洁替代力度，充分利用国际要素助力省内能源体系绿色低碳转型发展。吸引省内乃至更多优秀的国内外大型高新技术企业、科研院校教学服务机构、行业优秀人才汇集并进驻青海科研工作站，提升在清洁能源领域的科技创新能力。加快国内先进的储能产业集聚融合式发展，加强国际清洁化储能应用先行示范区、技术示范产业基地和重大项目示范集群平台建设，支持清洁能源产业发展。统筹考虑能源需求及可开发资源量等，按就近原则优先开发利用本地清洁低碳能源资源，优先通过清洁低碳能源满足新增用能需求并逐渐替代化石能源。

（3）做好生态绿色有机的标准和认证

政府负责制定青海林农畜生态产品标准、做好生态绿色有机产品的认证、形成生态产品标识体系，实施生态产品评价标准体系清单表和生态认证标准目录，健全农牧业生态产品认证有效性第三方评估标准与监督机制，并积极做好绿色标准体系的意见征集工作，积极推进产品标准化生产体系建设。最重要的是引导各行业主动对其产品进行认证，规范认证市场秩序，促进青海生态绿色有机产业的发展壮大与品质提升，助推我省绿色产业高质量发展。加大产品抽检力度，突出执法监管的重要性，积极组织开展"有机认证宣传周""农户＋基地＋企业"对接座谈会等活动加强宣传推广，积极协调出台激励奖励保障措施，充分调动地方政府开展工作的积极性，营造良好的市场环境，促进我省青稞、枸杞、牦牛等优势产业绿色发展。

（4）培育绿色交易市场机制

建立绿色交易市场机制和碳排放交易市场，提升碳汇能力。建立以市场为导向的绿色交易机制，为绿色低碳高质量发展提供一定的保证。建立以市场方式解决调峰难题、缓解新能源波动和弃电的绿色电力交易机制，引导并激励新能源投资，构建以新能源为主体的新型电力系统，助推"双碳"目标实现，加速企业绿色转型，实现低碳甚至零碳发展。建立碳市场与电力市场协同运作机制，实现"1+1大于2"的目标。搭建省级农畜产品市场交易平台，利用多种平台和方式完成此类高附加值生态物质产品的市场化交易。青海省创新碳汇金融产品，注重完善市场监管制度，建立绿色碳汇体制，力求实现碳金融政策创新与市场风险管控之间的协调发展。

（5）加大财税金融力度

贯彻落实好《环境保护税法》《资源税法》等税收法律法规，合理分配各项资金，制定适宜的财税政策，发展绿色金融。财税政策助推绿色低碳循环发展的现代化经济体系建设。一是设立绿色低碳发展专项资金预算并出台相应的财政预算资金拨付管理办法，保证每一笔专项资金的足额到位和有效利用，并积极争取中央预算内投资支持绿色低碳项目。二是建立特殊的税制。根据能源资源的不同类型和使用效率，适当调整企业的税率，为节能减排企业和新能源企业提供更多税收优惠，鼓励新能源产业和新兴产业的发展。另外，可以借鉴国际经验，针对生产环节或消费环节，适时开征碳税，既强化对岛内温室气体排放的控制，也为我国碳税体制改革发挥引领示范作用。完善现有绿色金融领域改革，创新低碳减排抵质押融资业务，将符合条件的重大绿色低碳项目纳入地方政府专项债券支持范围，完善绿色低碳行业企业贷款审批流程和评级方法，充分考虑相关产业链长期成长性及对碳达峰、碳中和的贡献，鼓励符合条件的非金融企业和机构发行绿色债券，引导金融机构加大对具有显著碳减排效益项目的支持，创新引导绿色金融领域发展，建立信贷监管制度，减少和降低绿色信贷风险。

6.3.3 强化运行环节，推动绿色低碳循环发展的现代化经济体系建设

（1）实现生产、分配、流通、消费四个环节绿色低碳循环闭环发展

生产、分配、流通、消费四个环节环环相扣，互相影响，只有配合好才能实现循环流转。将绿色发展的理念贯穿于四个环节中，大力发展绿色生产、绿色交换、绿色分配和绿色消费，大力推进经济、能源、产业结构转型升级，推动经济社会发展建立在资源高效利用和绿色低碳发展的基础之上，让良好生态环境成为经济社会可持续发展的支撑。在生产环节上从源头减少污染和资源消耗，补短板、锻长板，促进循环利用；在分配环节上，发挥市场的主导作用，调节分配，坚持公平公正的原则；在流通环节上，统筹推进软硬件设施的建设和多样的平台建设，推动交通运输领域绿色低碳发展，促进商贸企业绿色升级，积极创建绿色商场，推动市场绿色化发展，培育一批绿色流通主体；在消费环节上，树立正确的绿色消费理念，加强对企业和居民采购绿色产品的引导，倡导绿色低碳的生产和生活方式。引导企业建立采购、生产、营销、回收及物流体系，努力打造绿色供应链，推动上下游企业共同提升资源利用效率。

（2）打造绿色物流

着力打造联通全国，面向中亚、南亚的航空运输网和"一核一心多节点"的空间布局。推进物流业与运输产业布局结构战略重大调整，建立适应新型业态、绿色运输、低碳需求的立体循环物流体系，发展现代物流网络，提高服务全省的国际一体化大型货物集散转运中心配送体系能力。深入全面贯彻并实施好"绿色邮政"环保专项整治行动实施计划，促进产业升级与转型。加强社会化专业物流与快递企业运输物流

网络组织架构及协调管理，推进我国智慧物流发展，综合青海省的产业优势打造具有特色的物流点。

鼓励仓储企业在仓库选址、规划、设计、建造和使用过程中，使用节能型建筑材料、产品和设备，执行建筑节能标准。加大分布式光伏发电、冷链技术的应用推广，鼓励物流企业运用物联网技术，推行立体化存储、标准化装载、机械化搬运、信息化管理的发展模式。支持标准化托盘的应用推广和上下游企业循环共用。发展城市共同配送，合理组织、配置物流配送路径，降低车辆空驶率。鼓励绿色物流园区建设。

（3）加强循环经济对资源的梯级利用

作为青海"四种经济形态"之一，循环经济的本质是发展、特征是绿色、动力是创新、要求是可持续。健全资源废弃物再分类回收利用技术工作体系制度和现代综合清洁循环型资源综合利用工作技术体系，调动大家自愿参与绿色环境保护行动和环保产业节约资源活动。首先，加快研究构建形成资源综合利用和能源梯级利用的循环经济产业体系。努力实现能源产出率同比快速提高，建设起若干个现代城镇生活垃圾高效循环经济综合利用园区，大力推进循环型生产，建立循环经济型企业，促进循环经济发展。其次，加强垃圾焚烧行业技术自主创新。推广集成利用高效节能和现代绿色能源技术，利用现有装备技术优势迅速吸收转化并升级改造为现有规模经济优势。打破能源结构较为低效单一的局面，加大投资推动，实现对高风能、太阳能光热利用系统等高效绿色新能源产业的现代能源系统综合开发或集成再利用，积极推行清洁生产。最后，在鼓励社会能源清洁生产消费的发展途径方面还要积极加强引导，提倡节能减排，树立绿色环保的观念，监督重点行业的碳排放量，鼓励发展低碳建筑业，推进全国综合和交通运输领域低碳交通运输快速发展步伐。

着力突破制约循环经济发展的关键共性技术，建成金属新材料国家新型工业化产业示范基地、盐湖特色材料国家高新技术产业化基地，促进循环经济扩规模、提质量的技术支撑显著增强。积极推进柴达木循环经济试验区形成资源开发从粗放型开发向梯级开发、综合利用的转变，工业产品实现从原料型、初级加工产品向精细化、高端化、高值化产品的转变，一二三产业实现从独立发展向相互融合、联动发展的嬗变，实现循环型产业向体系化、高值化、创新化方向的蝶变。青海依托独特的区位优势、优越的资源禀赋和趋于良好的基础条件，通过大力发展循环经济，实现高质量发展，实现资源从"有"到"优"的高质量发展，让循环经济实现既"循环"又"经济"，有力带动青海经济持续快速稳定健康发展。

（4）建立绿色贸易体系

建立绿色贸易体系要立足产业"四地"，着眼于企业规模、结构、效益评估等多个方面。一是优化结构。产业结构优化升级，打造城市高端社区、商业文化休闲娱乐体验休闲区，支持产业进一步延伸发展。二是合理规划。建立绿色发展的市场机制和监督机制，进一步规范补偿原则和标准，加快产业壮大升级。大力发展以产业"四地"为主体的战略性新能源、新材料、生物医药产品等新兴产业及产品加工出口，重点培育"四地"产业的特色龙头企业。

建立绿色贸易体系更要利用好青洽会和生态博览会的平台效应，广大民营企业要高举绿色发展大旗，在助力青海发展循环低碳经济，打造绿色品牌等方面寻找新机遇，实现新发展。各级工商联、商会切实发挥桥梁纽带作用，大力宣传青海、推介青海，合力探寻服务民营企业健康发展的新途径、新经验，眼睛向外，做好招商引资，扩大民企增量的同时，眼睛向内，做好存量民企的服务支持。

（5）促进绿色产品消费，倡导绿色低碳生活方式

政府要加大绿色采购力度，严格按照国家相关要求进行采购，把绿色发展贯穿于生产的整个环节从而减少资源损耗和环境污染，这落实到日常生活中，会对推进经济的发展和社会的稳定具有重要的作用。围绕节约用电用水、低碳出行、绿色消费、垃圾分类、绿色办公、绿色生产等方面大力倡导绿色低碳生产生活方式，助力青海省生态文明高地建设和碳达峰碳中和目标实现。首先，大力发展新能源汽车和低排放量汽车，深入开展宣传和推广工作。新能源汽车与其他汽车相比更加环保，其主要体现在使用清洁能源和废弃物排放量几乎为零方面，发展新能源汽车能够增加清洁低碳能源消费比重。其次，建立生活垃圾分类制度，推进生活垃圾分类工作。用多种方式进行垃圾分类处理并科学地进行回收或填埋，尤其重视塑料垃圾的降解和全链条处理过程。从源头上遏制不必要垃圾的产生，监督各企业的包装环节，鼓励包装箱的回收再利用。比如说，在物流产业多渠道推动大家把快递包装盒放到回收箱里，提高利用率。最后，进一步扩大影响面，积极开展绿色、低碳、循环的相关工作。推行"绿色、低碳、循环"等有关活动入社区、学校或企业，提高绿色环保的自觉意识，倡导绿色消费行为和绿色生活方式，营造浓厚的绿色生活氛围。节约用电用水，推行绿色办公，坚持勤俭办会。

7 建设世界级盐湖产业基地

青海盐湖资源是国家重要战略性资源，其中钾盐、镁盐、锂盐储量居全国首位，潜在经济价值达百万亿元，综合开发利用盐湖资源，不仅有利于保障我国粮食安全，还可以为新材料、新能源等重要产业提供全球竞争力，同时，还可以有效实现碳达峰、碳中和，促进稳藏固疆，推动经济社会高质量发展。

要深刻领会习近平新时代中国特色社会主义思想，认真落实习近平总书记在盐湖考察、参加全国两会青海代表团审议时的重要讲话精神和来青调研时的重要指示要求，我们必须把握新发展阶段，贯彻新发展理念，构建新发展格局，坚持创新、协调、绿色、开放、共享，努力打造一个绿色低碳循环的产业体系，为实现可持续发展作出更大贡献。走高质量的发展道路，以资源优势、创新驱动、改革开放、生态保护为核心，以"以钾为主、多元发展、循环利用"为发展思路，结合常规产品的精细化、新型产品的规模化和集约化，以钾、钠资源的开发为基础，以镁资源的利用为突破口，围绕盐湖资源综合开发，着力打造新型盐湖化工循环经济特色产业集群，努力实现可持续发展，实现盐湖化工产业的可持续发展。构建以钾、锂、镁、钠、硼以及其他元素资源梯级开发的盐湖资源综合开发产业体系，加快建设世界级盐湖产业基地。本章从产业体系、协同发展、优化空间布局、创新引领以及要素保障等层面对高质量推动盐湖产业发展提出一些建议。

7.1 聚焦优势构建世界领先现代产业体系

随着产业"四地"的快速发展，盐湖资源的综合开发得到了强有力的推动，钾肥等产品的广泛应用为国家粮食安全和资源安全提供了有力的保障，发挥了积极的作用。同时，通过完善产业体系，助推盐湖产业高质量发展是建设绿色发展的现代化新青海的必然要求。全面提升盐湖资源开发和综合利用效率，努力实施绿色发展战略，加快构建一个具有国际竞争力的、多元化的、高效的、可持续的盐湖化工产业体系，以钾、镁、锂、钠、硼等多种元素资源的有效开发与综合利用为核心，实施全生命周期的绿色管理，坚持节约能源、保护生态、提高可再生性的原则，鼓励企业采取绿色设计、开发绿色产品、建设绿色工厂、发展绿色盐湖工业聚集区，打造绿色产业链，实现经济社会的可持续发展。实施全面的绿色制造战略，促进可持续发展。对现有工业园区，要优化园区内的产业、企业和基础设施的空间布局，推进产业集聚和耦合链接。加快研发强卤水开采和盐田工艺技术，推广采用采矿和选矿的新技术、新工艺，加强尾矿库处理处置与综合利用。推广卤水中锂、硼、镁、钾等资源的综合回收利用、深加工等新技术，研究低成本、高质量、无污染的元素分离提取技术，推进行业清洁生产。建设现代化盐湖产业体系主要从以下几个方面着手推进：稳定钾、扩大锂、突破镁、开发钠、培育硼。

第一，稳定钾，打造世界级钾产业基地。我们要在保持现有钾资源开采规模的同时，加大对后备资源的勘查与储备，以确保钾肥的可持续供应。此外，我们还要优化资源开采方法和钾肥生产工艺，以提高钾资源的转化率和回收率，从而实现可持续发展。为了促进钾盐精细化工的发展，我们应该加强对"两种资源、两个市场"和"走出去、引进来"战略的实施，开发多样化的产品，提升钾盐的高附加值。此外，我们还应该建设柴达木钾肥储备基地，构建一个由国内钾肥生产、境外钾盐开发和国际市场三部分组成的"'三位一体'＋储备"的钾肥供应保障体系。钾盐开发具体行动见表7-1。

表 7-1　钾盐稳保障促提升工程

拓展钾肥应用领域	发展钾盐精细化工	推动关键技术攻关	推动盐湖绿色矿山建设
以现有氯化钾、硫酸钾为基础,优化钾肥品种,重点发展园林景观、生态修护、农业等领域用颗粒氯化钾、钾镁肥、硝酸钾、复合肥、缓控释肥及水溶肥等定制化肥产品和土壤调节剂。	重点发展金属钾、食品/医药级氯化钾、硝酸钾储热熔盐、碳酸钾、氢氧化钾等产品。	重点研发金属钾、食品/医药级氯化钾、硝酸钾储热熔盐、碳酸钾、氢氧化钾等产品。研发新型高品质氯化钾除杂、盐湖产业链关键装备防结盐及堵塞改进、采选工艺智能化控制、钾肥生产新型浮选药剂等关键技术。	加强盐湖资源环境承载力研究,准确评价资源容量和环境容量。加强钾资源勘探,推动深层卤水开发研究,强化资源支撑。

第二,扩大锂,打造世界级锂产业基地。通过对高镁锂比盐湖卤水提取碳酸锂生产工艺的完善,实现碳酸锂生产工艺的优化,释放现有碳酸锂产能。发展电子级锂盐产品,扩大锂电材料的规模,为全省锂电产业提供原料保障,打造一条具有国际竞争力的电池产业链。扩大金属锂生产规模,开发以锂镁、锂铝为代表的轻金属合金材料及锂储能材料。利用高镁锂比盐湖卤水提锂的技术优势,积极参与国内外盐湖卤水提锂,打造世界级锂产业基地。锂产品开发行动见表 7-2。

第三,突破镁,打造世界级镁产业基地。抓住供给侧结构性改革机遇,推进 10 万吨金属镁一体化项目技术改造,通过对我国镁资源高效利用"卡脖子"技术的突破,发展壮大金属镁及镁合金材料、镁基耐火材料、镁基土壤修复材料、镁基功能材料四大系列产品规模,推进青海由镁资源大省向镁产业强省转变。镁产品开发行动见表 7-2。

表 7-2　锂、镁产品开发工程

锂产品		镁产品	
突破关键技术瓶颈	开拓锂盐新产品	镁合金材料	拓展镁基功能材料
在膜法、吸附法生产碳酸锂，萃取法生产氯化锂，电解法生产金属锂的基础上，研究原始卤水提锂颠覆性技术，优化碳酸锂、氯化锂、氢氧化锂和金属锂四大主产品结构。	发展磷酸铁锂、氟化锂、溴化锂、硫化锂、双草酸硼酸锂等锂盐产品，含锂高级润滑脂、丁基锂等有机锂化合物，高纯超薄锂带、锂金属负极材料等锂合金材料。	在 10 万吨金属镁实现稳定达产的基础上，发展适用于汽车、轨道交通、航空航天及储能等领域的高性能镁合金及棒材、板材、型材。	重点发展高纯镁砂、电熔镁砂等镁基耐火材料，超细氢氧化镁等镁基阻燃剂产品，开发硼酸镁、碳酸镁、硫酸镁及其晶须材料，镁基储能材料及食品医药级氯化镁、碳酸镁、硫酸镁等产品。

第四，开发钠，打造世界级钠产业基地。通过对纯碱行业节水、节能技术改造以及氯化钙蒸氨废液综合利用的技术攻关，保证纯碱企业的正常生产经营。以盐湖钠资源优势为基础，贯彻落实产能置换的要求，适度地扩大纯碱、烧碱生产规模，并向食用碱、光伏玻璃、防腐剂、工业添加剂等方向延伸发展，同时对医药盐及康养盐产品进行开发，以丰富原盐的下游系列产品。并在此基础上发展金属钠及合金，布局钠离子电池，实现钠资源深度开发，建设世界级钠产业基地。钠产品开发行动见表 7-3。

第五，培育硼，打造国内重要的硼产业基地。通过对低品位硼矿高效提取、锂盐生产过程中硼回收关键技术的突破，扩大硼酸的生产规模，开发硼系储氢材料，并拓展其下游的精细化学品。近期面向化肥、医药、工业添加剂等应用市场，对下游硼肥、四硼酸锂、核级硼酸、偏硼酸钠等产品进行开发，中远期面向超硬材料、第三代稀土永磁材料市场，加快开发氮化硼、碳化硼、硼酸盐晶须、硼 10 同位素等高附加值新材料产品。协同开发邻近省份硼资源。硼产品开发行动见表 7-3。

表 7–3　钠、硼产品开发工程

钠产品		硼产品	
优化现有产品结构	积极开发新产品	突破关键技术瓶颈	构建硼产业链
突破氨碱法氯化钙蒸氨废液综合利用技术瓶颈，降低企业生产成本，提高资源利用效率。重点开发硅酸钠及下游太阳能玻璃板材料、食用碱、双乙酸钠、甲酸钠、甲醇钠等产品。	重点发展低钠盐、健身盐、医药用氯化钠、医药级硫酸钠、硝酸钠储热熔盐、聚苯硫醚纤维材料、金属钠下游硼氢化钠、甲醇钠等精细无机盐化工产品以及金属钠下游轻金属合金产品。开展钠离子电池技术研发，为钠资源利用拓展新领域。	突破卤水提锂过程中副产硼酸回收利用技术，发展低品位硼矿硼分离提取技术，扩大硼酸产能。	拓展下游精细化学品，开发高纯硼酸、电子级硼酸锌、硼同位素等产品。

7.2 协同互联，打造绿色低碳循环产业生态

组织开展资源综合利用上下游产业对接等活动，促进对各类资源的联合开发，有效促进产业副产品、能源和废弃物相互交换、资源共享、物质和能量梯级利用，从而逐渐形成绿色循环经济发展的合力。实施科技创新驱动战略，以建设世界级盐湖产业基地为目标，不断探寻符合盐湖资源特点的高效、低碳、循环利用的新路径，青海盐湖资源开发已初步形成了盐湖资源深度开发与能源化工、有色金属、新能源、新材料产业耦合发展的循环产业体系。

青海柴达木盆地分布有 30 多个盐湖，盐湖资源丰富。其中，总面积 5856 平方千米的察尔汗盐湖是我国最大的钾镁盐矿床，其各类资源总量达 601 亿吨。西部大开发战略实施以来，依托"青海百万吨钾肥工程"项目的契机，地方政府相继启动盐湖资源综合利用一期、二期和金属镁一体化等资源综合利用重点建设项目，推动盐湖产

业转型升级。青海盐湖的钾资源开发取得了巨大的进步，目前已经形成了多种产品，包括氯化钾、硫酸钾镁肥、硝酸钾和氢氧化钾。其中，氯化钾的产能已经达到了800万吨。此外，钠资源也取得了长足的进步，目前已经形成了多种产品，包括氯化钠、纯碱、烧碱、金属钠和硫化碱。青海盐湖的开发利用已经从单一的初级加工转变为多样化的产品和更深层次的加工，从低端到高端，从分散到集中，从单一的产业到多元化的产业融合，从而实现盐湖化工、能源化工等产业的有机结合，形成了一个完整的产业链。

第一，推进盐湖氯资源综合利用。对煤基烯烃和液体阳光工程进行前期研究、技术引进。加快"疆煤入青"，扩大烯烃产业规模，推动盐湖产业与煤化工、油气化工融合发展，大力发展聚氯乙烯、氯、化聚氯乙烯、聚氯乙烯制品等高附加值和高市场容量的含氯产品。依托格尔木炼油厂轻烃资源、回收干气、副产液化石油气等优质资源，构建聚氯乙烯、氯化聚丙烯、环氧氯丙烷等下游石化产业链，着力解决盐湖资源综合利用过程中伴生的氯平衡关键问题。

第二，开发"盐湖＋轻金属合金材料"。依托青海清洁能源优势，结合现有电解铝、钛、铜等产业基础，利用盐湖镁、锂等资源，重点发展镁铝合金、铝锂合金、镁合金储能材料等轻金属合金材料，适度发展钠合金，衍生发展硅钙合金、镍锂合金等，与其他金属资源、非金属资源融合发展，构建绿色轻金属合金产业基地。

第三，开发"盐湖＋高分子材料"。以氯平衡形成的烯烃、聚氯乙烯等煤化工产能为基础，延伸发展聚烯烃、聚碳酸酯、聚酰亚胺、玻璃纤维增强复合材料，丁苯橡胶、特种环氧树脂等高分子材料。以盐湖钠资源为基础，发展聚苯硫醚、改性聚苯硫醚等产品，形成工程塑料和复合材料的产业链，构建高分子材料产业集群。

第四，推进"盐湖＋功能材料"。依托丰富的盐湖资源，发展镁、锂、硼等下游功能材料。完善镁基阻燃及耐火材料产业链，培育镁基晶须材料产业链，开拓锂、硼同位素等功能材料产品，建设国内重要的盐湖功能材料生产基地。

第五，推进"盐湖＋新能源"。推进盐湖产业和新能源的深度融合，做大锂电产业，形成从盐湖提锂、正负极材料、动力（储能）电池产能相匹配的完整产业链。研发低成本高能量密度的锂电池、钠电池，为新能源电站的储能提供支撑，打造千亿锂电产业。全面落实新能源就地消纳政策，鼓励盐湖资源开发企业使用光伏、风能等清洁能源，降低企业用电成本，实现绿色低碳生产。到2025年，世界级盐湖产业基地内新能源电力就地消纳基础设施和政策配套完备，新能源电力供应量超过盐湖产业全部用电量的 30%。到 2030 年，新能源电力供应量超过盐湖产业全部用电量的 60%。到 2035 年，完全替代基地内新能源电力供应。推动 "盐湖＋碳中和" 战略发展。开展清洁能源电解水（光解水或电解水）制备氢气技术研究，对氯平衡配套煤化工项目中二氧化碳捕集回收及绿氢绿氧直供煤化工技术进行突破，构建 "绿氢＋液体阳光" 示范项目，生产甲醇等液体燃料、合成氨等清洁基础化工原料，提高光伏新能源消纳能力，并为精细化学品、高端新材料、氢能源等领域发展提供原材料支撑，助力世界级盐湖产业基地实现碳达峰、碳中和目标。循环经济升级行动项目见表 7-4。

表 7-4　循环经济升级示范工程

推动高分子新材料升级	推进产业融合发展
以平衡盐湖化工副产氯气、氯化氢气体为重点，煤化工、石油化工融合发展为基础，构建高性能聚氯乙烯、聚烯烃、工程塑料化工新材料、复合材料产业链为方向，打造具有盐湖特色的高分子功能新材料产业集群。	依托区域得天独厚的光伏和光热资源，为绿氢—液态阳光工程提供绿色能源支撑，为氯平衡配套煤化工绿色发展提供保障。

第六，融入国内国际双循环。积极融入西部大开发和 "一带一路" 建设，充分利用盐湖资源优势对产业链企业的吸引集聚作用，锻长板补短板。对接国内外市场，加大产业合作力度，构建双循环新发展格局。与新疆、西藏等区域在盐湖、煤炭、油气、有色资源等方向开展合作，发展盐湖资源精深加工、有色金属冶炼、新材料、装备制造等特色优势产业，着力构建资源共享、优势互补、市场互动、要素融合的区域发展新格局。承接我国东部新能源、新材料、高端装备制造等新兴产业转移，建设德令哈浙江工业园 "飞地园区"。支持盐湖产业优势企业 "走出去"，发展外向型企业，推动国际产能合作。

7.3 因地制宜，优化适配资源产业空间布局

坚持生态优先，以水定产，错位发展，根据区域资源承载力和环境容量，合理

确定区域工业发展方向和开发时序。一方面优化产业区域布局，引导产业错位发展，支持西宁市发展光伏、锂电和复合纤维材料等产业，海西州发展盐湖资源综合利用和有色冶金等产业，海东市、海南州发展大数据和新能源等产业，支持其他地区因地制宜发展特色优势产业。另一方面要坚持绿色发展方向，走循环经济的道路，深入挖掘当地资源，大力推进技术创新，坚持走资源节约型、环境友好型、质量效益型的可持续发展道路，就能化劣为优、培优增效，实现经济发展和生态保护的双赢。面向更广阔天地、更具潜力空间，因地制宜、精准施策，切实把资源优势转化为发展优势，高质量发展之路必将越走越宽广。

青海盐湖工业股份有限公司是青海省国资委旗下的一家重点国有企业，致力于钾肥、锂盐的生产与销售，其中钾肥业务占据了国内最大的份额，其设计产能高达500万吨，在保障中国钾肥供应和粮食安全方面具有"压舱石"和"稳定器"的战略意义。

察尔汗在柴达木四大盐湖中面积最大、资源储量最丰厚。盐湖面积约5856平方千米，东西长168千米，南北宽20～40千米，盐层厚约为2～20米，海拔2670米。察尔汗盐湖是中国最大的钾盐生产基地，同时湖中储藏着600多亿吨可溶盐类资源，伴生有镁、锂、钠、碘等数十种矿物质，其中钾资源储量5.4亿吨，占全国已探明资源储量的90%以上；氯化镁储量近40多亿吨，占全国储量的99.9%、全球储量的40%；氯化锂储量逾1204.2万吨，居中国首位。未来更要因地制宜，优化产业布局，以盐湖资源优势为跳板，向新能源、新材料等战略性新兴产业延伸。

首先，做强盐湖产业龙头企业。以察尔汗盐湖、台吉乃尔盐湖、一里坪、大柴旦湖、小柴旦湖等5个水资源保障较为充沛、基础条件相对成熟的中部盐湖为重点，布局钾肥及其精深加工、镁盐及其精深加工、锂盐及其精深加工、氯平衡能源化工产业，进一步打造以青海察尔汗为盐湖产业龙头的一批世界级盐湖产业基地骨干企业，为中国本土盐湖产业未来的发展带来更大的机遇。到2035年，建成青海盐湖资源开发核心区。整体而言，在青海"加快建设世界级盐湖产业基地"的道路上，盐湖产业的发展有望迈入新层次、新阶段。

其次，进一步扩大盐湖资源开发潜力。以茶卡盐湖、柯柯盐湖、柴凯湖等3个水资源保障尚可满足需求，具备一定开发条件的东部盐湖为重点，布局食品、医药级钠盐、钾盐、镁盐加工产业，青海大部分主力盐湖的工艺已基本定型，自2017年以来已经从锂行业中的边际供给成长为主力供给之一，甚至凭借成本优势在行业内具备较强的定价权。盐湖的工艺走向了成熟，例如察尔汗等盐湖的资源规模、已建成的提钾产能（提完钾肥的尾液用于提锂）也客观支持未来在后端持续扩大锂化合物产能。此外，通过优化工艺、添置和更新装置、精细化管理还可进一步提高锂的回收率，降低生产成本。青海盐湖的海拔普遍在 2600 ~ 2700 米，蒸发率高，整体的开采条件相对理想，道路、天然气、电力等基础设施完善，客观上有利于盐湖产能高效建设和释放。同时使青海基于资源优势打造了产业集群。在青海各盐湖当前成熟工艺的基础上，未来吸附剂、膜分离、萃取剂的进一步升级有利于更充分地挖掘青海盐湖的资源潜力，有望在不扩大卤水抽取量、不扩大盐田面积、不扩大生产规模的前提下提升化合物产能，提高产品品质，丰富产品线。计划到 2035 年，初步建成青海盐湖资源高值化发展区。

最后，打造盐湖产业接续地。逐步完善西部盐湖的供水、供电、道路等基础设施条件，加大资源勘探力度，到 2035 年，西部盐湖区成长为青海盐湖产业发展的资源接续地。加强区域协同联动，基于当前的盐湖产业，建设一个以柴达木循环经济试验区为中心，并着力于格尔木、德令哈、大柴旦、乌兰、茫崖等地区的产业集群，从而推动西宁、海东地区的新能源、新材料产业的发展，建立地区间的差异化、协同配合、功能互补的发展模式。

7.4 创新引领，开辟产业高质量发展新格局

加大科研攻关，助推盐湖产业高质量发展。要着力做好四件事：一是搭建多领域协同创新平台。建立以龙头企业为核心的新型盐湖创新研究院和产学研用协同创新的锂产业创新发展研究院，成立盐湖镁资源开发、精细化工等工程技术研究中心。发挥国家盐湖资源综合利用产业技术创新战略联盟作用，建设若干国家重点实验室、工程技术研究中心、资源勘探开发工程技术研究中心、新材料开发重点实验室等科研平台。建设资源勘探开发科技创新基地，建立盐湖资源开发数据库及自动监测数据库。二是加大科技投入力度。争取在国家、省级层面分别设立盐湖重大专项，集中开展共性技术研究、重大产品研发，支持盐湖资源基础科学和应用研究。三是加快科技成果转移转化。依托盐湖资源综合开发利用技术成果，发展科技服务业，加强各类技术成

果和知识产权交易平台建设，构建技术转移转化服务体系，加快科技成果转移转化。四是强化人才引进战略。用盐湖化工技术创新的主战场引力优势，利用"请进来"和"走出去"两条路径，多种方式引进技术，引进人才。围绕推进盐湖产业高质量发展，加快建设世界级盐湖产业基地，多层次开展盐湖关键核心技术攻关，全方位推进盐湖创新平台建设，多方位完善盐湖科技创新服务体系，多视角构建专业技术人才体系，多举措梯次培育科技创新主体。

第一，多层次推进盐湖关键核心技术攻关。为了更好地利用盐湖资源，我们将不断推进钾资源的可持续保护，镁资源的多元化和高值化开发，锂资源的精深加工，卤水稀散元素的高效提取，盐湖跨界融合和智能化生产等新技术。充分利用各类技术创新专项资金，加强基础研究和应用基础研究，支持"卡脖子"产业化关键核心技术的攻关，并将共性技术和先进技术进行集成研究和转化应用，以支撑盐湖产业的健康可持续发展。鼓励盐湖产业龙头企业参与国际、国家、行业和社会各界的标准制定和实施工作。盐湖资源具体核心技术见表7-5。

表7-5　盐湖重大关键技术支撑工程

钾资源可持续保障关键技术	提高钾肥生产回收率，研发盐湖低品位、低渗透性、低溶解度钾矿资源高效利用技术，开展柴达木盆地深层富钾卤水勘探、开发研究。
多元及高值化钾盐产品开发关键技术	研发水溶肥、复合肥、缓释肥等高效、环保新型钾肥品种产业化关键技术，研发食品和医药级氯化钾等精细化工产品生产技术。
锂资源高效开发绿色技术	提升盐湖卤水提锂综合回收率，开展原始卤水提锂颠覆性技术攻关，完善高镁锂比盐湖提取电池级碳酸锂技术，开发提锂节能节水技术，含锂母液高效回收锂技术。
新能源与新材料锂产品开发关键技术	研发基于盐湖资源的氢氧化锂、高纯金属锂生产技术，开发镁—锂、锂—铝与锂—硅等合金制备技术，完善高能量密度和高安全性单体电池、高功率密度电池系统技术，研发双草酸硼酸锂、二氟草酸硼酸锂、双氟磺酰亚胺锂等新型锂电添加剂、含锂高级润滑脂等产品制备技术。

续表

盐湖镁基特色与功能材料工程化关键技术	研发镁系化合物产业化关键技术，开展高寒、高盐渍地区镁质胶凝工程材料、微纳米特殊形貌氢氧化镁阻燃剂、镁基插层结构PVC热稳定剂、电熔镁砂、镁基晶须材料等镁基功能材料的制备与应用关键技术。
硼资源开发利用技术	研发锂盐生产过程中副产硼酸、固体贫硼矿生产技术，开发电容级与核级硼酸、高纯硼酸锌、硼同位素系列产品。
深层卤水稀散元素开发技术	柴达木深层卤水中溴、碘、铷、铯高效提取技术，开发溴化锂、碘化银、氯化铷等系列化合物产品生产技术。
基于盐湖资源的熔盐储热材料技术	以盐湖钠、钾、镁等资源为原料，开发高效宏量制备为导向的低熔点硝酸熔盐储热材料制备新工艺，开展硝酸盐生产设备、熔盐混配及熔盐设备的兼容性研究和系统集成研究。

第二，创建盐湖资源保护与利用国家重点实验室。依托中国科学院青海盐湖研究所建设盐湖资源保护与利用国家重点实验室，以盐湖生态环境保护、盐湖产业高质量发展为目标，围绕盐湖资源环境承载力与生态环境保护研究，进行盐湖资源的绿色高效分离机理、现代分离技术研究及工程应用，进行盐湖高端化学品制备科学前沿与关键技术研究及现代农业、新能源、新材料用高端化学品制备化学原理、关键技术与工程示范研究，为盐湖企业提供盐湖资源高效开发利用技术支持，为参与国外盐湖资源开发企业提供技术保障，有力提升服务"一带一路"建设能力。

第三，搭建盐湖产业系列研究设施平台。抓住青海大学"省部共建"的契机，以青海大学为主体，联合省内外相关高校、科研院所和重点企业建设"两平台一学院两中心"，即盐湖资源分离提取基础研究平台、盐湖资源综合利用工程化技术平台、现代盐湖产业学院、盐湖轻金属合金材料中心、盐湖资源化学与过程协调创新中心，打造国家教产融合的创新平台，实现人才培养、科技创新及成果转化的可持续发展。

第四，鼓励企业建立多层次技术研发平台。鼓励企业成立国家、省、市（州）

级多层次盐湖资源综合利用技术研发平台，加速关键共性技术创新。实施规模以上工业企业研发机构全覆盖，支持具备条件的企业通过新建、入股、并购等方式建成高水平的国家、省、市（州）级技术研究中心、重点实验室、企业技术中心、中试基地、博士后科研工作站、院士工作站，推动"产学研用"深度融合。推动科技创新提升行动见表7-6。

表7-6　科技创新提升项目

建设盐湖资源保护与利用国家重点实验室	建设盐湖轻金属合金材料中心	建设先进盐湖制造业中心
依托中国科学院盐湖资源综合高效利用重点实验室、中国科学院盐湖盐矿资源绿色开发工程实验室、青海省盐湖地质与环境重点实验室、青海省盐湖资源化学重点实验室、青海省盐湖资源开发工程技术研究中心等科研平台，建设盐湖资源保护与利用国家重点实验室。	依托青海大学现有高性能轻金属合金及深加工国家地方联合工程研究中心、青海省新型轻合金重点实验室，以实现铝、镁、锂、钛、钠等优势轻金属资源的高效开发为目标，开展轻合金材料精深加工、盐湖轻金属功能材料、新型轻合金及复合材料相关研究、成果转换。	推动盐湖制造业扩规提质绿色发展，实现盐湖产业链、供应链、创新链、价值链全面提升，推动制造业向中高端转型发展。支持企业建立健全以技术标准为主体，工作标准和管理标准相配套的企业标准体系，提高企业的产品质量和管理水平，打造青海盐湖产业知名品牌。

第五，推动建设现代盐湖产业学院。依托青海大学现有化工、化学、材料、机械、地质等特色优势学科，联合省内其他高校、科研院所及企业，适时启动筹建现代盐湖产业学院，为盐湖产业发展提供人才保障。

第六，构建专业技术人才体系。重视高端人才的引进和培养，完善人才管理服务，提供优质的公共服务，创造良好的人才交流环境，建立完善的人才考核激励机制，拓展人才创新创业的渠道。实施全面的人才培养工程，依托青海省昆仑英才高端创新创业人才项目，加大盐湖产业人才的引进力度，鼓励重点盐湖企业设立首席专家，主持盐湖资源的深度开发工作。专业技术人才培育行动见表7-7。

表7-7 全方位多层次人才培育工程

培育专业人才队伍	培育企业家队伍
以企业为主体，引进培育"高专精尖"领军人才（团队）。开展海内外柔性引智，鼓励盐湖企业采取兼职聘用、联合攻关、项目合作等方式柔性引进高层次人才和团队。	采取"走出去、请进来"等多种方式，加强对企业家的培训，形成创新、诚信、合作、宽容、责任的企业家精神，完善国有企业职业经理人引进和选聘制度。

第七，鼓励大中小企业融通发展。为了促进"专精特新"中小企业的发展，将加强对创新风险的补偿、人才的引进和培养，同时提供充足的土地和要素保障。鼓励龙头企业将技术推广到其他行业，并开放市场、资金和数据等要素，以支持中小企业承接盐湖相关的配套产业，最终形成一个大中小企业共同发展的现代化产业集群。

第八，完善创新创业服务。加大科技成果转移转化力度，深化科技领域"放管服"改革，积极培育技术要素市场，对有市场前景的技术合同通过科技项目形式和搭建政银企知识产权质押融资平台予以支持。优化科技创新创业政策环境，深入推进大众创业万众创新工作，搭建不同创业层次和领域的链条式创新创业服务平台，做优盐湖资源综合利用产业，推进民族地区就业，助力乡村振兴，促进民族地区经济社会发展。

7.5 强基固本，增强基础设施生产要素保障

强化要素保障，助推盐湖产业高质量发展。积极推进生产要素市场化机制改革，在水资源、电力资源、交通运输、煤炭、原油、天然气、土地资源以及"智慧盐湖"数字化转型等方面，建立健全重点产业生产要素保障机制，切实减少企业要素使用成本，完善基础设施，提高资源要素保障能力，为切实做大做强盐湖化工产业打下坚实的基础。

第一，优化水资源保障。坚定不移地贯彻"节水优先、空间均衡、系统治理、双手发力"的治水方针，大力推进盐湖企业节水减污行动，积极发展节水型工厂，采用先进的节水技术、设备，实施废水回用和固体钾矿溶解转化，有效降低盐湖企业的

新水取用量和废水排放量，以期达到水资源、水环境和水生态的有效协调管控。对柴达木盆地的水资源进行优化配置，力争在 2030 年建成那棱格勒河水库、蓄积峡水库，完成那棱格勒河水库至茫崖、冷湖，那棱格勒河水库至格尔木，香日德水库至乌兰段的连通工程，推动茫崖、冷湖、格尔木等地区盐湖产业发展，解决茫崖市各盐湖资源开发缺水问题，改善格尔木盐湖资源开发用水结构。

第二，完善电力及运输保障。加强柴达木西部盐湖区供电基础设施建设，并根据液体阳光工程进度，为盐湖产业发展制定相适应的新能源电力指标，促进盐湖产业与新能源产业融合发展，鼓励盐湖企业优先使用太阳能、风能等清洁能源。推动格成铁路、青藏铁路格拉段电气化改造工程，加强格茫一级公路等交通基础设施建设，加快格尔木陆港国家物流承载城市建设。

第三，强化能源要素保障。进一步加深青新两省战略合作，推动"疆煤入青"，破解氯平衡原料瓶颈。"十四五"末保障 2000 万吨/年煤炭供应，"十五五"末保障 4000 万吨/年煤炭供应。争取中石油青海油气资源对青海盐湖产业发展起到积极的推动作用，保障盐湖化工天然气供应。在经济可行前提下，推动格尔木炼油厂轻烃资源、回收干气、副产液化石油气等优质资源与盐湖产业融合发展。

第四，培育数据要素保障。在第五代移动通信技术（5G）、大数据、工业互联网、人工智能等信息技术的支持下，推动"智慧盐湖"建设，充分发挥数据资源带动产业发展的乘数效应，实现盐湖产业数据资源共享和智能管理。对数字基础设施进行改进，加快传统企业数字化转型，全面推进盐湖工业互联网平台建设和应用，形成盐湖产业数字化发展新模式。"智慧盐湖"建设行动见表 7-8。

表 7-8 "智慧盐湖"数字化转型提升工程

推进盐湖企业数字转型	支持盐湖龙头企业开展"5G＋工业互联网"创新应用，提升核心生产装备和关键工序的数字化水平，建设数字化车间、数字化工厂。
建设盐湖大宗商品产供销平台	打造集交易、信息、金融、物流于一体的盐湖大宗商品专业平台，提升盐湖产品的话语权。

7.6 精准施策，建立健全切实有效保障措施

加强政策保障，有效引领世界级盐湖产业基地建设。立足新发展阶段，贯彻新发展理念，构建新发展格局，主动融入国内国际双循环，以建设世界级盐湖产业基地为目标，坚持"生态优先、绿色发展，创新驱动、提质增效，区域联动、内外循环，合作共赢、开放共享"。突出"政府强化政策引领，企业充分市场主体作用，科研助力创新发展"，按照市场化、法治化、国际化原则，统一规划、统一开发、统一建设、统一管理、统一标准，培育形成若干个行业产业龙头企业，打造一批资源互补、产业融合、科技融通、人才互动、技术领先的产业集群，力争到2035年，将青海省打造成为优势产业聚集地、重要产品主产地、技术创新策源地、人才培养输出地、循环经济示范地、全国区域合作示范地，实现盐湖资源平衡开采、综合利用和高质量发展。政策保障集中在七个方面：

第一，成立发展领导小组。成立由省领导担任组长、省直相关部门负责人组成的盐湖产业发展领导小组，旨在加强顶层设计，负责全省盐湖产业的组织、协调和监督工作。此外，还建立了一个盐湖产业联席会议制度，以研究解决产业发展中遇到的重大问题。青海省盐湖产业发展专家咨询委员会由盐湖领域的专家学者组成，旨在通过专家的研究、指导、咨询和服务，为政府提供科学的决策支持，促进盐湖产业的可持续发展。该委员会将搭建起政府和企业之间的沟通桥梁，以便更好地解决盐湖产业发展中的各种问题。

第二，加大政策支持。将盐湖产业的高质量发展提升到国家的战略高度，建立省部协同加快建设世界级盐湖产业基地工作机制，统筹推进产业布局、资金支持、要素保障。在天然气供应，能耗"双控"，税收、铁路运价等方面给予差别化政策。为推动"疆煤入青"的实施，将格尔木工业园区打造成一个具有国际竞争力的盐湖产业示范区，并引导现代煤化工技术和盐湖产业的发展，同时支持青海省企业参与"走出去"的钾肥储备和优势企业的发展。青海省政府将大力支持引进大型央企参与盐湖资源整合和开发，以建立国家级盐湖产业集团，实现统一规划、统一建设、统一管理、统一标准，以提升盐湖资源的可持续利用。

第三，加大财政金融支撑。以龙头企业为主体，相关企业、金融机构、政府资金及社会资本共同参与设立盐湖产业发展基金，争取国家产业基金投入，支持盐湖资

源综合利用项目建设和关键技术研发。统筹利用青海省级循环经济发展基金及支持工业经济发展的各类专项资金，扩大省级盐湖科技重大专项规模，加大对企业技术改造、产品开发、节能环保、安全生产、公共服务平台建设等支持力度。对重大项目和技术示范产业化项目，可采用直接投资或资金补助、贷款贴息等方式予以支持。通过开展科技银行、科技担保、科技小贷等多种服务，推动盐湖产业的可持续发展，实现产业、科技、金融的有效结合。同时，鼓励金融机构积极推出收益权质押贷款、排污权抵押贷款、碳排放权抵押贷款等绿色信贷政策，以期更好地满足当地经济社会的需求。

第四，优化企业税收政策。落实增值税期末留抵退税、研发费用加计扣除、固定资产加速折旧、高新技术企业补贴、新一轮西部大开发等相关税收优惠政策。全面落实《中华人民共和国资源税法》《青海省资源税税目税率及优惠政策实施方案》涉及的盐湖资源税目、税率等相关规定，落实盐湖资源共伴生矿产品、尾矿回收利用税收优惠政策措施，促进盐湖资源综合开发利用。

第五，加强生态环境保护。为保护柴达木盆地的生态环境，应加快建立一个监测网络体系，以便对盐湖资源和周边环境进行长期监测和评估。这个体系应该根据柴达木盆地的淡水资源和盐湖开发特点，以重点矿区和流域为单元，为盐湖资源的可持续利用和循环发展提供数据支持。开展盐湖生态修复治理工作。

第六，打造招商引资新格局。把握"一带一路"建设、黄河流域高质量发展、新时代推进西部大开发、兰西城市群建设等机遇，以招商引资为核心，整合各类资源，不断创新招商引资模式，加强产业链建设，引进优势企业参与资源利用，以期实现盐湖产业基地的全面发展和提升。

第七，完善工作推进机制。建立健全加快建设世界级盐湖产业基地协调、调度、考核工作机制，成立建设世界级盐湖产业基地工作办公室，负责世界级盐湖产业基地建设工作的协调服务、推进落实和督查考核，开展创建实施、中期评估、总结示范等各阶段工作，全面落实建设世界级盐湖产业基地工作领导小组各项工作部署。

8 打造国家清洁能源产业高地

2016 年，习近平总书记在青海考察时提出"使青海成为国家重要的新型能源产业基地"，2021 年考察青海时进一步明确"打造国家清洁能源产业高地"的更高目标。全省将重点放在清洁能源开发、新型电力系统构建、储能多元打造上。截至 2021 年底，全省的电力装机已经达到 4286 万千瓦，清洁能源装机占比达 90.83%，新能源装机占比达 61.36%，两项指标均居全国第一。以今年上半年为例，青海清洁能源发电量达到 426.7 亿千瓦时，占全省总发电量的 84.8%。其中，新能源发电量 212.6 亿千瓦时，占比 42.3%；新能源日发电量超过 1 亿千瓦时的天数为 138 天，新能源日发电量超过水电的天数为 96 天。全国两会期间，习近平总书记强调，各地区要结合实际情况，因地制宜、扬长补短，走出适合本地区实际的高质量发展之路。青海重要而特殊的生态地位决定了青海能源发展必须走绿色、清洁、低碳的路子。"打造国家清洁能源产业高地"，这是习近平总书记对青海的殷殷嘱托，是能源革命赋予青海的时代机遇，更是青海实现高质量发展的现实路径。

2018 年，青海启动了国家清洁能源示范省的创建工作，先后出台了《青海省建设国家清洁能源示范省工作方案（2018—2020 年）》《加快青海能源高质量发展的实施方案》等引领性文件，构筑起清洁能源示范省建设的"四梁八柱"。同时，与国家能源局联合组建省部共建青海国家清洁能源示范省协调推进工作组，成立青海先进储能国家重点实验室筹备工作领导小组，建立完善部门协同推进工作机制。

三年来，青海取得了显著成绩，成为全国首个新型能源占比过半的省份。在广袤的荒漠化土地和戈壁滩上，已建成海南藏族自治州、海西蒙古族藏族自治州两个千万千瓦级可再生能源基地。与此同时，通过下游产业发展带动上游产业，逐渐构建清洁能源产业发展的全产业链。2021年7月，青海省人民政府和国家能源局联合印发《青海打造国家清洁能源产业高地行动方案》（以下简称《行动方案》），又一次为青海清洁能源产业发展指明方向。充分利用好青海水、风、光资源富集优势，打造国家清洁能源产业高地，是贯彻习近平总书记的重要指示，为全国"双碳"目标服务，带动青海发展和民生改善。当下的青海构建能源发展新格局的任务越来越清晰，打造青海国家清洁能源产业高地需从以下几个方面推进：第一，坚持新发展理念，积极推进清洁能源的集约化应用；第二，以系统整合为基础，构筑全新的电力系统；第三，积极推动经济社会的低碳转型，实施清洁能源的替代行动；第四，完善清洁能源的空间分配，形成多样的储能体系；第五，不断提高技术水平，实现清洁能源产业的升级；第六，深入实施能源革命，搭建市场化的发展格局；第七，严格做好建设国家清洁能源产业高地保障措施，推动相关项目落实到位。

8.1 以新发展理念引领清洁能源集约化发展

打造产业"四地"，把青海建设成国家清洁能源产业高地，是习近平总书记为青海高质量发展指明的方向，是构建绿色低碳循环发展经济体系的行动路径。地处青藏高原东北部的青海，拥有得天独厚的清洁能源资源优势。水能资源理论蕴藏量2187万千瓦，位居全国第五，黄河上游是全国十三大水电基地之一，水电调节性能十分优越；光伏资源理论可开发量35亿千瓦，位居全国第二，且光伏发电成本全国最低；风能技术可开发量7500万千瓦以上，位居全国前列，尤其是低风速风电开发潜力巨大；10万平方千米以上的广袤荒漠化土地，新能源开发优势显著。围绕水、风、光、地热、天然气5个能源品种，要明确推进清洁能源和生态环境协同发展，深度挖掘黄河上游水电开发潜力，打造国家级光伏发电和风电基地，推进光热发电多元化布局，稳步推进地热能等其他清洁能源发展等5项任务。计划到2030年海南州清洁能源并网规模达到4000万千瓦左右，海西州达到6000万千瓦左右，全省光热装机规模达到300万千瓦以上。

第一，推进清洁能源和生态环境协同发展。以保护和改善生态环境为出发点和落脚点，在清洁能源开发建设中严守"三线一单"管控要求，在能源产业开发中落实生态优先战略。在清洁能源项目建设和运行中坚持清洁能源产业生态化，在能源供给和消费中促进经济绿色发展。

第二，深度挖掘黄河上游水电开发潜力。"十四五"期间，有序实施黄河上游水电站开发建设规划，加快玛尔挡和羊曲水电站的建设和运行。积极开展茨哈峡、尔多、宁木特水电站前期工作，争取早日开工。为了更好地支持青海特高压直流外送通道的稳定高效运行，应加快黄河上游水电站的扩建改造，提高灵活的电源调度比例，增强电力供应的可靠性，并充分利用水电调压调相的优势，以提升新能源的消纳量和电网的安全稳定性。

第三，建设国家级光伏发电和风电基地。积极推进光伏发电和风电基地化、规模化开发，在海南州、海西州千万千瓦级新能源基地的基础上，形成辐射海北州、黄南州的新能源开发格局。在海南州共和、同德、贵南、兴海积极建设清洁能源基地，到 2030 年并网规模达到 4000 万千瓦左右；在海西州格尔木、茫崖、德令哈、大柴旦、乌兰、都兰积极建设清洁能源基地，到 2030 年并网规模达到 6000 万千瓦左右；在海北州刚察、祁连、海晏规划大型清洁能源基地。以大型园区、公共设施、居民住宅、高速公路等为依托发展分布式光伏。因地制宜推广光伏治沙。积极发展分散式风电。

第四，推进光热发电多元化布局。充分利用光热发电灵活调节、电网支撑和促进新能源消纳的优势，推进光热发电多元化开发建设。创新技术发展模式，示范推进光热与光伏一体化友好型融合电站。到 2030 年，青海光热电站装机规模达到 300 万千瓦以上。

第五，稳步推进地热能以及其他清洁能源发展。深入推进共和至贵德、西宁至海东地区地热资源，共和盆地干热岩开发利用，实现试验性发电及推广应用。加快做好天然气储气调峰工作，推进海西州马北地下储气库建设工作，建设格尔木二期液化天然气储气调峰项目，推进海南州、黄南州的天然气综合开发，推进不冻泉至玉树天然气管网前期工作。通过充分利用燃气电站的深度应急调峰和快速启停等优势，根据当地的天然气供应能力及电力系统的发展需求，合理安排一定规模的燃气电站，促进气电与新能源的融合发展。此外，还要编制核能开发利用规划，完成小堆供热试点项目的前期准备工作，稳妥推进核能开发利用。主要清洁能源开发行动项目建议，参考表 8-1。

表 8-1　清洁能源开发项目

清洁能源基地	建设海南州共和、同德、贵南、兴海，海西州格尔木、茫崖、德令哈、大柴旦、乌兰、都兰诺木洪，海北州刚察扎苏合、热水、祁连、海晏克图，黄南州尖扎等地新能源园区。实施源网荷储一体化、多能互补项目。
黄河上游水电基地	建设玛尔挡、羊曲、茨哈峡、尔多水电站，建设拉西瓦、李家峡水电站扩机项目。开展宁木特水电站、龙羊峡—青铜峡河段常规水电扩机等项目前期论证。
光热电站	重点在海西德令哈西出口、乌图美仁、海南共和等地布局光热发电项目。

8.2 以系统集成思维构建新型电力系统

目前青海已制定了构建以新能源为主体的新型电力系统方案，形成"1248"青海新型电力系统工作推进方案，提出建设以新能源为主体的新型电力系统，坚持"省内高水平转换消纳＋省外大规模输送"双轮驱动发展方式，并形成了系统建设的"四梁八柱"，即实施构建绿色能源保障体系，打造广域耦合柔性送端电网，构建源网荷储协调互动体系，打造数字能源新引擎"四条建设主线"，做好电网承载、柔性互动、智能调控、智慧用能、数字赋能、科技创新、电碳市场、成本疏导"八大专项支撑"。计划分三个阶段建设，到2040年全面建成青海新型电力系统。建成亿千瓦级清洁能源基地和千万千瓦级负荷中心，全面形成了广域耦合柔性立体电网架构、多条特高压直流外送的格局，水、火电发展潜力得到了充分挖掘，抽蓄、新型储能等调节设施规模化投运，实现了绿氢产业的升级发展，亿千瓦级氢电耦合系统布局完成，电力市场和碳市场协同发展的市场体系构建完成，输配电价、源网荷储协调互动、投资与财税等衔接有效的政策价格体系全面形成，支撑青海规模化新能源开发消纳，有力推动国家清洁能源产业高地建设，助推全国"双碳"目标落地。

围绕加强省内骨干电网建设、打造西北区域电力调蓄中心、推进跨区电力外送通道建设、推进源网荷储一体化示范、率先打造零碳电力系统、提升需求侧响应水平6个重点开展工作，引领全国以新能源为主体的新型电力系统示范行动。计划"十四五"初期，建成投产青海至河南±800千伏特高压直流工程二期配套清洁电源，开展青海第二、第三条特高压外送通道研究论证工作。

第一，加强省内骨干电网建设。重点围绕清洁能源基地开发和输送、负荷中心地区电力需求增长、省内大型清洁电源接入需求，建设各电压等级协调发展的智能电网。调整东部、南部网架结构，满足黄河上游水电开发、梯级储能电站建设、抽水蓄能电站和新能源汇集的送出需求；进一步提升东西部电网断面输电能力，满足海西、海南两大清洁能源基地互济需求，构建绿色高效的资源配置平台。加强750千伏骨干电网建设，优化调整330千伏电网结构，建设玉树至果洛第二回330千伏线路，加强省内外联络互供能力，全面提高主网架安全可靠性。

第二，打造西北区域电力调蓄中心。充分发挥青海与周边省区之间资源互补、调节能力互补、系统特性互补的优势，加强省间电网互联，扩大资源优化配置范围。"十四五"期间，建成郭隆至武胜第三回750千伏线路。适时推进羚羊至若羌双回750千伏线路，实现青海与新疆电网互联，在青海形成海南、海西两大电力枢纽，双轮驱动青海乃至西北区域电力清洁转型。

第三，加快推进跨区电力外送通道建设。在实现青海省内清洁低碳发展基础上，积极扩大绿色电力跨省跨区外送规模，支撑清洁能源基地建设，助力全国碳达峰目标实现。"十四五"初期，青海至河南1800千伏特高压直流工程二期配套清洁电源建设完成并投入运行，成为世界首条完全采用清洁能源多能互补供电的特高压通道工程满负荷送电。重点围绕海西清洁能源基地，开展青海第二条特高压外送通道研究论证工作。立足"打造国家清洁能源产业高地"战略定位，根据第二条通道推进情况，适时研究论证第三条跨区特高压外送输电通道和配套清洁能源基地。

第四，积极推进源网荷储一体化示范。对青海电源侧、电网侧、负荷侧和各类储能资源进行优化整合，公平引入各类市场主体，完全放开市场化交易，以价格信号为导向，引导各类市场主体灵活调节、多向互动，积极构建源网荷储高度融合的新型电力系统发展模式。培育园区级、县市级、省域级绿色负荷，通过虚拟电厂等一体化聚合模式和价格政策引导提升负荷侧响应能力；构建长、中、短周期协同配置的储能体系；加强广域电网互济能力提升和坚强局部电网建设，全网统一优化调度；优化波动性清洁电源布局，增强灵活性清洁电源支撑，建立源网荷储灵活高效互动互济的电力运行与市场体系。

第五，率先构建零碳电力系统。加大技术攻关力度，创新发展理念，优化煤电功能定位，持续完善主网架结构，建立和完善电力市场运行及交易机制，持续推进全网绿电示范行动，不断延长全网绿电持续时间，引领全国以新能源为主体的新型电力系统示范行动，在"十四五"初期实现丰水期煤电全停的全网绿电实践；在2030年前完成存量煤电转调相机或紧急备用电源改造，在系统中仅发挥支撑调节和紧急备用功能，实现煤电电量清零；打造零碳电力系统。推进燃气发电碳捕集、利用与封存技术应用，在全国建成首个省域零碳电力系统。

第六，提升需求侧响应水平。推动工业领域负荷参与电力需求侧响应，加强盐湖化工、有色金属等高载能行业中间歇性负荷的需求侧管理，积极推进需侧终端设备智能化改造和需求侧响应管理平台建设，完善需求侧响应激励政策，促进商业模式建立，提升清洁能源本地消纳能力。新型电力系统构建行动见表8-2。

表8-2　新型电力系统构建项目

省内骨干电网	建设鱼卡至托素、日月山至青山双回750千伏线路，研究推进乌图、红旗等750千伏输变电工程建设。建设玉树至果洛第二回330千伏线路。实施配电网和农牧区电网巩固提升工程。
西北区域电力调蓄中心	建设郭隆至武胜第三回线路，研究推进羚羊至若羌双回750千伏线路。
电力外送通道	建设青海至河南±800千伏特高压直流工程二期配套清洁电源。研究论证青海第二条特高压直流输电工程，并根据第二条通道推进情况，适时开展第三条特高压直流输电工程及配套电源项目研究论证。

8.3 以绿色共享促进经济社会低碳转型

立足青海资源富集、生态脆弱、开发受限的省情，统筹好经济发展和生态环境保护的关系，进一步产业结构、能源结构、运输结构优化，绿色产业规模迈上了新台阶，基础设施绿色化水平不断提高，清洁生产水平进一步提高，广泛形成绿色低碳的生产方式和生活方式。通过部署实施电能替代、清洁取暖、绿色交通、绿氢应用、城乡用能等重大工程，促进经济社会低碳转型。

第一，加快实施电能替代工程。在终端能源消费中加大电能替代力度，加快构建以电能消费为主导的清洁能源体系。积极拓宽清洁电力应用领域，重点在交通、建筑、5G 等领域扩大电能替代范围和规模，深挖工业生产窑炉、锅炉替代潜力，并发挥其削峰填谷作用支撑新能源消纳利用。扩大居民生活用电规模，提高城乡居民终端用能领域电气化水平。逐步增加清洁能源比例，提高天然气利用比例和范围。天然气属优质洁净能源，没有硫、粉尘等有害物质，燃烧过程中产生的二氧化碳比其他化石燃料少，不容易引起温室效应并可从根本上提高环境质量。应大力推行"煤改气"工程，切实改善环境空气质量。要继续深入推进科技体制改革，制定并完善各项"放管服"改革政策措施优化科技创新体系的政策举措。探索推动科研项目管理改革，为科技创新注入活力。

第二，全力推进清洁取暖工程。继续用好援青政策，协调用好国家"三江源"清洁取暖输配电价政策，进一步完善峰平谷电价，争取国家北方地区清洁供暖政策支持。努力推广"洁净三江源"和清洁取暖示范县的项目，并依据需求定制和技术定制的原则，逐步扩大试点项目的覆盖面。建立一个以可再生能源、地热和电力为主要能源的清洁供暖体系，并大力推广无烟燃烧的供暖方式。在城区优先推广清洁集中供暖，在农牧区积极推广集中和分布式的清洁供暖，并逐步淘汰散煤和牛粪燃料，最终实现我们的供暖清洁化。建设海西州北方地区冬季清洁取暖试点城市项目，推进三江源地区清洁供暖项目，率先实现全省供暖清洁化。

第三，加速推进绿色交通工程。加快推动绿色交通的普及，对电动车发展的商业模式进行创新，结合多元化的应用场景，建立换电充电相结合的基础设施体系，鼓励共享经济与绿色交通相融合。推动设区市公务用车、公交车、出租车、市政用车新增车辆电动化。充分利用充电调峰的作用，构建新能源汽车充电换电新商业模式，引导鼓励长途客车、货车、矿山用车、家庭用车电动化替代，大幅降低运输成本，提高清洁能源消纳水平。"十四五"末期，市政车电动化率100%，出租车电动化率100%，率先实现全省汽车电动化。

汽车工业是我国国民经济的一个重要支柱行业。新能源汽车是重要的新兴行业，促进电动汽车发展是促进节能和减少排放的重要措施。随着能源、环境问题的日趋严峻，社会舆论的压力也越来越大，发展电动车不仅是解决我国能源与环境问题的重要手段，更是建设生态文明的重要标志。一要全面实施国家新能源汽车发展战略，把清洁电动汽车作为新能源汽车发展的主要战略方向，大力发展纯电动、燃料电池、插电等类型汽车，结合市场和政府支持，建立稳定、长效的发展体系，为新能源汽车发展创造有利条件，加快市场发展，推动新能源汽车行业的健康、快速发展。二要促进新能源汽车在公共服务中的使用，扩大新能源汽车的使用范围。所有相关地区和部门诸如党政机关、医院、机场等，应扩大对新能源汽车的推广和使用，继续加大新能源汽车的使用比例。三要加快充电站设备的建设，制定发展规划和技术标准，鼓励社会资本投资，积极利用现有场地、设备，加快充电站布局的步伐。电网运营商应努力建设相应的电力基础设施网络，增加充电设施安装量，提高相关电力基础设施的网络服务能力。要把充电设施和配套电网的建设和改造纳入到城市总体规划中，加快建设以居民居住地、驻地停车场（基础停车位）为主，以城市公共停车场、路边临时停车为辅，以城市充电、换电站为补充的充电设施体系。同时，积极探索新的经营方式，强化售后服务体系建设，扩大市场自由化，鼓励和支持社会资本参与新能源汽车的建设、运营、租赁、回收等领域，加大对电动汽车的财政支持力度。

第四，积极推进绿氢终端应用。利用光伏发电的低成本优势，大力推进光伏发电制氢技术的产业化，建立大型的绿色氢能生产基地。同时，大力推进燃料电池的示范应用，并在工矿区、重点产业园区等区域进行实践，在交通运输领域进行绿色氢能的试点。此外，还要积极探索氢气在冶金和化工行业的替代应用，以期有效减少对化石能源的消耗。

第五，打造清洁低碳的新型城镇化能源体系。建设智能互动的城镇配电网，加强配电网建设和智能化升级，推行模块化设计、规范化选型、标准化建设。为了满足中心城市（区）的发展目标及高可靠性的电力需求，以更高的标准建设配电网，使其达到国际领先的水准，以满足新型城镇化时期的清洁能源需求。为了应对城镇化的发展，我们应该在规划建设过程中考虑到这一点。通过提高配电网的灵活性、可靠性和抗干扰能力，我们可以更好地满足不断增长的用电需求。同时，我们也应该积极为分布式能源、储能、电动汽车充电、电采暖等多种负荷提供支持。加强现代信息通信技术与配电网发展深度融合，推动传统配电网由部分感知、单向控制、计划为主转变为高度感知、双向互动、智能高效。

第六，打造绿色循环的乡村振兴能源体系。为了更好地满足农村地区的用电需求，我们应该大幅度提升农村电网的整体服务水平，并且要加强对基础设施的投资，加速实施新一轮的农村电网改造，特别是要重视对新型小镇、中心村的电网以及农业生产的供电设施的改造升级，以此来提高农村的供电可靠性，并增强其电力普及服务的能力。为了提高涉藏地区的供电可靠性和可及性，应尽可能地实施电网延伸工程。对于那些电网延伸困难的地区，我们可以采用微电网等方式来解决偏远牧区的供电问题。对于分散的牧户，我们可以升级离网光伏和户用分布式光伏，提高户均光伏容量，从而解决电力可及性问题。为了促进乡村振兴，我们应该大力发展农村地区的生物质能、地热能等清洁能源，并扩大分布式光伏和分散式风电的开发规模。同时，我们还应该创新发展模式，打造新型的乡村清洁能源集体经济。清洁能源替代行动参考表8-3。

表8-3 清洁能源替代项目

电能替代工程	推进电解铝、一般制造业清洁电能替代。推动钢铁行业高炉转电炉，清洁能源冶炼。
清洁取暖工程	建设海西州北方地区冬季清洁取暖试点城市项目。推进三江源地区清洁供暖项目，建设共和、同德、兴海、贵南、河南清洁取暖示范县。实施西宁、海东等地区清洁供暖改造项目。
绿色交通工程	建设城市充电换电基础设施，推动设区市公务用车、公交车、出租车、市政用车新增车辆电动化。引导长途客车、货车、矿山用车、家庭用车电动化替代。

8.4 以优化布局打造多元协同高效储能体系

2022 年 7 月，青海省能源局表示，青海省正在积极完善多元储能体系，积极支持青海储能发展先行示范区建设。开展熔盐储热、飞轮、压缩空气等多元储能研究，并探索压缩空气、电制氢等多种储能形式技术可行性及应用场景。此外，青海省能源局编制的《电力源网荷储一体化项目管理办法（试行）》和《以构建新型电力系统推进国家清洁能源产业高地建设工作方案（2022—2025 年）》中提出，按照"以荷定源、以网定源、以储定源"的原则，推动"源网荷储＋多能互补"一体化的模式，对统一配套储能设施作出有关要求。

第一，积极推动我省抽水蓄能发展。"十四五"期间在海南州布局了贵南哇让、共和、龙羊峡储能（一期）和同德 4 个抽水蓄能电站，拟装机规模 1010 万千瓦。目前哇让、同德和龙羊峡储能（一期）抽水蓄能电站已完成可研阶段三大专题审查工作，预计年内核准，共和抽水蓄能电站正在开展业主竞配工作。其次，省发展改革委会同省能源局编制的《青海省氢能产业发展中长期规划（2022—2035 年）》，提出依托海南州清洁能源优势布局一批绿氢示范项目。与此同时，国家能源局也在大力支持青海储能发展先行示范区建设。以海西州、海南州为重点，建设两个千万千瓦级的清洁能源基地，布局一批具有示范引领作用的重大储能示范应用工程，以此为基础，开展熔盐储热、飞轮、压缩空气等多元储能研究，争取更多项目落地实施，并积极探索压缩空气、电制氢等多种储能形式技术可行性及应用场景。推动形成以水储能为主、电化学和光热储能双轮驱动的发展格局，打造多元协同高效储能体系，建设储能发展先行示范区。

第二，大力推进黄河上游梯级储能电站建设。通过建设黄河上游梯级电站，充分利用大型水库电站的长期储能调蓄能力，挖掘水电调节潜力，实现水电的二次开发和利用。推动常规水电、可逆式机组和储能泵站的协同发展，加快玛尔挡、茨哈峡等水电站的可逆式机组梯级电站储能项目的建设和运行。到 2030 年，黄河龙羊峡至拉西瓦梯级电站储能泵站、可逆式机组储能工程投产运营，黄河储能工厂初具规模，实现电力系统长周期储能调节。

第三，加快推进抽水蓄能电站建设。充分发挥抽水蓄能在电力系统调峰调频、事故备用功能，并为青海电网提供储能调节、晚间基础电量支撑。"十四五"期间，积极推进抽水蓄能电站建设，完成新一轮中长期规划，开工建设贵南哇让抽水蓄能电站，并且加快格尔木南山口抽水蓄能电站和玛尔挡抽水蓄能电站的前期工作，以实现电力系统的长期储能调节，为可持续发展提供有力支撑。

第四，积极发展新型电储能。依托青海盐湖锂资源优势，围绕海南州、海西州千万千瓦级清洁能源基地建设，发挥电化学储能在电力系统中多功能优势，完善电力市场和补偿机制。为提高电力系统的灵活性，在电源、电网和用户三个方面合理布局一定规模的电化学储能电站。此外，开展压缩空气储能试点，推动商业化发展。"十四五"末，青海省新型储能装机规模达到 600 万千瓦左右，在全国范围内处于领先地位，实现了电力系统中短期储能调节。

第五，合理配置多元储能体系。发挥各类储能技术经济优势，构建以流域梯级储能为长周期调节、抽水蓄能和长时电化学储能为中周期调节、短时电化学储能为短周期调节的多能互补的储能体系，满足系统供需平衡、新能源消纳、电网支撑等不同类型需求，打造国家储能发展先行示范区。储能多元化打造行动参考表 8-4。

表 8-4　储能多元化打造项目

黄河上游梯级电站大型储能项目	建设黄河上游梯级电站大型储能项目。建设龙羊峡至拉西瓦、羊曲至龙羊峡梯级储能泵站、可逆式机组储能工程。
抽水蓄能电站	建设贵南哇让、格尔木南山口、玛尔挡抽水蓄能电站。开展共和多隆等其他抽蓄站点前期论证。
新型电储能	建设电源侧、电网侧、用户侧电化学储能电站。建设新型储能示范项目。开展压缩空气等新型储能项目试点。

8.5 以技术标准创新推动产业升级

"十四五"开局之年，青海持续推进科学技术新发展，着力加强科技创新支持和成果转化，一张张彰显青海科技硬实力的创新名片，成为拉动经济高质量发展的强大动力。在省委省政府的正确领导下，主动服务国家战略和全省经济社会发展全局，拓展打造生态文明高地、建设产业"四地"等事关全省高质量发展大局的领域。积极推动科技成果转化，通过多种途径增强科技成果的有效供给，建立起一个全方位的科技创新服务体系。坚持以科技创新为中心，准确把握新发展阶段，全面贯彻新发展理念，加快构建新发展格局，为全省经济社会发展提供强大的科学技术支持。青海省清洁能源装机在全国领先，出台的《青海打造国家清洁能源产业高地行动方案》，标志着青海已走向了打造国家清洁能源产业高地的轨道。从"绿电"7日、9日、15日到"绿电三江源"百日再到"绿电7月在青海"，一次次刷新的世界纪录印证着清洁能源产业不断壮大的足迹。青海充分利用清洁能源的资源优势，以保护和改善生态环境为出发点和落脚点，以服务全国碳达峰和碳中和目标为己任，通过技术标准创新推动产业升级，加快推动清洁能源高比例、高质量、市场化、基地化、集约化发展。青海的产业升级推动行动，以光伏、储能、水电、风电等前沿技术为基础，建立了一套绿色技术和标准体系。加大技术攻关力度，推动清洁能源技术及设备提质增效，建立以科技为引领的能源创新体系。强化产业园区的规划和布局，促进产业集群的发展，提高产业附加值，进一步扩大清洁能源产业。积极参与全国碳市场交易，引导东中部出口产业向青海转移，开展低碳零碳工业产品、低碳零碳外贸产品示范行动，打造绿色零碳产业园。

第一，建立清洁能源技术标准体系。为推动清洁能源发展，应加强科研平台建设和支持力度，建立完善的科技标准体系，并开展针对不同气候条件和应用场景的光伏发电系统及部件实证研究，建立完善的测试认证体系。筹建先进储能技术国家重点实验室，拓展储能实证基地，以形成完整的光热发电技术体系。研究开发干热岩的勘探和开采技术，并进行天然气水合物的实验和基础性技术研究。利用光伏、储能、水电和风电等前沿技术，形成绿色技术和标准体系。

第二，形成清洁能源技术创新体系。通过加强技术研发，推动清洁能源技术和设备的进步，构建以科技为引领的能源创新体系，加快开发高效率、低成本的光伏电池，提升光伏转换效率。开展高海拔、低风速高原型风机研究，提升风电效率。促进新能源涉网性能改进升级，提高主动支撑能力和快速响应能力，具备参与系统高频、低频扰动快速调整能力，加强高比例清洁能源电力系统稳定性、可靠性技术研究，支撑清洁能源高比例消纳和大规模外送。突破长时光热发电关键技术，推进成本快速下降。开展氢气制备与储运技术研究，开展大容量多元储能技术应用推广。加强页岩气、地热等新型清洁能源勘查开发技术攻关。

第三，持续壮大清洁能源产业。加强柴达木循环经济试验区、西宁经济技术开发区、海东工业园3大产业区规划布局。完善产业集群，提升产业附加值，逐步引入产业链下游和适用未来应用场景的清洁能源领域相关先进制造业，统筹产业区细分园区规划布局、有效互动。通过集群化发展，我们将不断壮大以新能源发电成套装备和关联设备制造为主体的产业链，并从晶体硅电池、风力发电、智能电网等方面入手，建立一个完善的清洁能源产业生态圈，以提升省内自主品牌的知名度和影响力。发挥盐湖锂资源优势，引进并培育锂电及配套企业，构建锂电产业链，为电化学储能提供产业支撑。扩展全生命周期循环经济，建立退役风机、光伏电池板、废旧锂电池回收产业链。

第四，引领发展清洁能源衍生产业。通过引入青海及周边地区的光伏、热泵、锂离子电池等高端产业，不断拓宽盐湖产业的范围，打造出具有国际竞争力的盐湖基地，同时加强科技创新，拓宽产业链。此外，我们还将推动新能源汽车装备制造、充换电等领域的发展。借助青海的干旱气候和充足的可再生能源，我们将推动大数据、区块链等绿色高效能产业的发展，并打造一条完整的数字产业链。加快推进农光、牧光、光伏治沙等融合发展模式，推动荒漠化治理，促进新型农业、牧业等产业发展壮大。加快绿电发展，零碳电网打造，建设零碳产业园。产业升级推动行动参考表8-5。

表8-5 产业升级推动项目

清洁能源产业体系	壮大光伏制造、储能电池等产业规模，储能、光伏制造产值规模分别超千亿元。引入新能源汽车装备制造业，发展大数据、区块链等绿色高载能产业。
低碳循环产业体系	参与全国碳市场交易，引导东中部出口产业向青海转移，开展低碳零碳工业产品、低碳零碳外贸产品示范行动，打造绿色零碳产业园。

8.6 以深化能源革命构建市场化发展体系

为深入贯彻习近平总书记关于青海"打造国家清洁能源产业高地"的重要指示

精神，深入落实"四个革命、一个合作"能源安全新战略，扎实推进产业"四地"建设，全力打造国家清洁能源产业高地和建设国家清洁能源示范省，助力碳达峰、碳中和目标为能源绿色低碳转型贡献力量，按照青海省能源规划体系安排和省委省政府工作部署，省能源局组织编制了《青海省"十四五"能源发展规划》。其中重点提出了坚持以市场驱动为主导，坚持市场化改革方向，发挥市场在资源配置中的决定性作用，健全市场体系，培育市场主体，推进能源体制改革，构建统一开放、竞争有序的现代能源市场体系。坚持正确处理政府和市场的关系，充分发挥政府引导作用，科学规划能源开发布局和利用规模，做好省内能源供需平衡及外送方案设计。

市场化发展体系的构建需要进行全方位的建设行动。要从推进电力市场化改革，优化清洁能源资优化配置；完善电价形成机制，促进清洁能源有序发展；扎实落实国家清洁能源消纳目标任务，保障清洁能源消纳；积极推进能源生产和消费主体参与碳排放权交易和绿色电力证书交易，引导绿色能源消费4个方面，深化我省"能源革命"构建市场化发展体系。

第一，持续推进电力市场化改革。要充分发挥市场在资源配置中的决定性作用，使清洁能源资源得到更大范围、更高效率的优化配置。综合运用价格、监管等多种方法，创新打造能源革命示范。逐渐形成一个以中长期交易规避风险，以现货市场发现价格，交易品种齐全、功能完善的电力市场，持续推动电力辅助服务市场建设。在此基础上，探索后补贴时代适应新能源发展的市场模式，通过电权交易、风光水储一体化交易、跨省跨区交易、辅助服务市场、需求侧响应机制等市场激励机制促进新能源发展。构建适宜储能发展的市场机制，鼓励储能电站作为独立的市场主体直接参与市场化交易，充分体现储能的多元化市场价值，从而形成以市场收益推动储能行业发展的良性机制。

第二，健全电价的形成机制。完善各类可再生能源发电的上网电价形成机制。以开发成本为基础，综合考虑调频调峰储蓄和碳汇价格要素，通过竞争性配置方式确定风电和光伏发电的上网电价，稳定社会投资预期。在跨省跨区交易中对标受端省区峰平谷电价水平，探索绿色电力价格机制。健全抽水蓄能和新型储能电价机制，制定水电扩机和储能工厂价格机制或辅助服务补偿机制，支持灵活调节电源规划建设。构建有利于分布式发电发展的输配电价机制，促进分布式光伏和分散式风电发展。完善清洁供暖、电池充换的输配电价机制和终端销售价疏导机制，推动清洁供暖、电动汽车规模化运营。

第三，保障清洁能源消纳。扎实落实国家清洁能源消纳目标任务和可再生能源电力消纳责任权重要求，积极推进清洁能源并网接入和优化调度运行，有效保障清洁能源优先上网和高效消纳，打造全国高比例清洁能源消纳利用高地。电网企业积极开展消纳能力研究论证，制定消纳方案，支撑清洁能源大规模发展。电力交易机构积极组织清洁能源发电企业参与跨区电力市场化交易．

第四，积极引导绿色能源消费。为促进碳排放权交易和绿色电力证书交易的发展，应积极鼓励能源生产和消费主体参与，并不断扩大交易市场的范围。此外，还应该鼓励清洁能源发电企业通过出售绿证等方式，促进资金和资源的流通，从而实现清洁电力的绿色价值，并有助于完成消纳责任权重考核。大力推广应用清洁能源技术，并通过购买绿色证书等方式，实现100%的清洁能源产品和活动，以引领全社会走向绿色发展。

8.7 保障措施

近年来，青海在清洁能源方面的发展取得了瞩目的成绩，一组组数据和成就充分说明青海正在朝着打造国家清洁能源产业高地的目标大步前行。青海打造国家清洁能源产业高地让我们更加明确了今后的研究和发展方向，将建设清洁能源产业高地作为青海省"四地"建设的重要内容，既是推动能源行业高质量发展、创造清洁低碳高品质生活的重要举措，也是坚持生态保护优先的具体体现。青海打造国家清洁能源产业高地，是党中央考虑青海清洁能源资源禀赋，为青海社会经济高质量发展，各族人民高品质生活而设计的青海方案，更是推进全国生态文明建设，促进我国最终实现绿色、低碳、可持续发展美丽中国的国家战略。为此，青海要必须要站在更高层次布局，更远目标谋定，做出更大贡献。

第一，加强组织领导。充分发挥青海省人民政府和国家能源局关于建立青海国家清洁能源示范省省部共建协调推进工作机制作用，争取国家在清洁能源重大项目示范及产业布局方面予以指导支持，统筹协调打造国家清洁能源产业高地全局性工作，做实做细省部共建机制。构建现代能源治理体系，强化省、市（州）、县三级能源行业行政管理机构力量，提高能源监管水平。组建青海国家清洁能源示范省专家咨询委员会，成立青海省清洁能源研究院，成立青海绿电协会。

第二，破解关键问题。基于实现清洁能源产业高地发展目标和主要任务，组织开展了一系列重大技术、经济和政策研究，以青海为先驱，探索出一条碳中和的可行路径，明确了青海能源转型的总体战略和阶段性重点，并且做好了能源脱碳转型与总体碳中和的有机衔接。通过深入研究，将重点放在提升新能源电力系统的稳定性和可靠性上，实现源网荷储的协同优化。此外，我们还将开展青海（西北）电力市场机制的研究，探索青海新能源参与中长期、现货、跨省跨区、辅助服务等电力市场的方式，充分利用青海低成本光伏和优质水电的优势，促进青海乃至西北地区的电力系统优化。开展青海清洁能源政策协同体系研究，推动形成土地、金融、价格、电网等协同支持清洁能源发展的新局面。

第三，组织规划实施。根据国家空间规划的要求，青海省将积极推进清洁能源产业的发展，制定出一套完善的发展规划，明确青海省清洁能源的开发范围、总体布局和实施时序，并制定出多种能源的综合利用方案，以期达到打造国家清洁能源产业高地的目标。为了更好地发展清洁能源，我们制定了一系列重大基地开发建设规划，包括海西州、海南州等重点清洁能源基地的开发区域、接入系统、消纳市场以及具体开发方案。此外，我们还制定了大容量多元储能发展规划，结合青海能源电力系统的近期、中期和远期发展特点，制定了抽水蓄能选点规划和经济评价以及黄河上游水电规划调整，黄河储能工厂和电化学储能等具体规划。积极寻求国家的支持和帮助，推动建设特高压外送通道等重大项目。

第四，加强产业指导。为促进青海清洁能源产业的发展，制定一系列动态指导意见，以便尽早识别产业集群，引导社会资金投入，推动创新项目申报，促进合作对接，实现技术转移和知识共享。对于初期产业，重点建立产学研合作机制，营造良好的发展环境。为支持中期产业的创新活动和成果转化，将优化产业组织结构，提升营销能力。对于成熟产业，将提高清洁能源产业链的核心竞争力，改善营商环境，促进产业升级。为此，建立一个合理的评价机制，追踪先进清洁能源产业集群的发展状况，定期评估政策实施的效果。

第五，加大金融支持。完善绿色金融标准体系，实施金融支持绿色低碳发展专项政策，进一步扩大绿色债券、绿色信贷对清洁能源项目的支持力度。鼓励社会资本按照市场化原则，多渠道筹资，设立投资基金，支持清洁能源产业发展。

第六，注重人才培养。以省内高校为主体，依托对口援青高校优势，通过加强新能源学科的建设，促进人才培养与产业发展的有机结合，以实现更大的发展潜力。通过充分利用支援高校的资源、人才和先进经验，我们将不断提升国家清洁能源产业的发展水平，为其发展注入新的活力。重点推动新能源、储能科学、电力工程等专业人才培养水平和规模，提升能源领域人才培养层次，建立面向清洁能源产业的人才培养协同机制。未来，青海建设国家清洁能源产业高地必须与实现国家"双碳目标"相结合，纳入生态文明建设整体布局，从更高的层面制定工作方案，结合自身学科优势、人才优势，为我国早日实现碳中和做出更大贡献

第七，深化交流合作。为了促进能源合作，应加强与对口援助省份的合作，签署长期售电协议，并推进特高压通道和清洁能源项目的建设。加强与能源央企的合作，充分利用他们的资源优势，扩大对清洁能源产业的投资，并延长能源的上下游产业链。为了更好地推动青海省的清洁能源发展，将加强与国家智库的交流合作，共同探讨关键技术、专项规划、政策机制、重大基地实施等方面的问题。此外，积极参与国内外能源领域的交流，加强行业管理和技术人员的交流，并举办"一带一路"清洁能源发展论坛。

9 打造国际生态旅游目的地

　　旅游业是促进高质量发展、打造高品质生活的重要方式，生态旅游业是实现可持续发展的重要举措，要以高质量生态旅游业推动各省高质量发展。青海作为我国重要的生态安全屏障与主要生态产品输出供给地有着发展生态旅游的独特资源禀赋。青海省具有显著的高原地域特点，自然资源面积广、种类繁多、质量优良，人文资源更是独具特色。与此同时，青海省境内的各种旅游资源也十分丰富，目前拥有世界级、国家级、省级等多层旅游资源体系。青海地处"一带一路"核心区域，境内有古丝绸之路青海道的北、中、南 3 条线路，全省便利的交通网络体系，更给青海对外联系带来了优越的条件，近几年青海的持续发展，吸引大批外来游客，拉动了青海经济的快速增长。青海省资源、区位和环境的三方面优势，为青海省发展生态旅游业、创建国际生态旅游目的地打下基础。青海省打造国际生态旅游目的地必须走生态保护优先、绿色崛起的发展道路，做到在开发中保安全、在保护中求发展。

　　习近平总书记指出"要结合青海优势和资源，贯彻创新驱动发展战略，打造国际生态旅游目的地"。青海作为全国生态资源分布最集中的地区，不仅是生态资源的宝库，还是国家生态安全的屏障，打造国际生态旅游目的地需从以下几个方面着手推进：第一，以国际标准为准则，科学编制顶层设计，优化生态旅游布局；第二，要丰富生态旅游产业体系，打造重点旅游景区、路线、风景道等；第三，完善各旅游景区基础设施，提高服务标准，畅通交通以及相关网络平台；第四，加强景区人员生态教育，向游客普及生态环保知识，保护资源环境；第五，优化营商环境，加强品牌宣传，以品牌效应助推青海国际生态旅游目的地走向国际；第六，重视培育科技人才，推动相关技术突破创新，推动旅游目的地共建共享；第七，严格做好打造国际旅游目的地保障措施，推动相关项目落实到位。

9.1 国际标准引领，优化发展布局

任何事业的发展，不能没有顶层设计，在进行任何方面的规划时，都要纳入顶层设计理念与思路。所谓的顶层设计，其实是一种全局意识，站得高、看得远，要明确地认识并掌握各个方面的具体情况，做到全局工作整体设计、整体关照，从而实现预期目标。因此，要设计出事关大局的工作方案与工作计划，须具备顶层设计的视野与高度，抓住全局工作中的本质问题。当然，青海省国际旅游目的地的打造，势必离不开顶层设计，要以国际标准为指导，充分考虑整体性和全面性，将现在与未来相结合，科学制定规划，优化省域内各类生态旅游资源的配置。

第一，科学编制规划。青海拥有世界上独一无二的大面积生态系统，有着丰富的高寒生物自然物种资源，且拥有享誉世界的世界自然遗产、世界地质公园、世界级非物质文化遗产项目以及国家级、省级等众多旅游资源，编制规划必然要考虑整体性与全面性，同时也要牢固树立绿水青山就是金山银山、冰天雪地也是金山银山理念，切实保护好"地球第三极"生态。坚持绿色低碳发展，将打造国际生态旅游目的地作为重要内容纳入全省国民经济社会发展规划、国土空间规划，坚持高起点谋划、高标准推进。加强与生态文明建设、生态环境护保及以国家公园为主体的自然保护地体系建设，推进林业草原、基础设施建设等专项规划的有机衔接，高质量编制总体规划，形成层次分明、相互衔接、规范有效的规划体系。

第二，制定规范标准。建设和管理国际生态旅游目的地，都必须有严格的准则作为支撑。由于青海独特的生态环境及其特殊的地理位置，想要建设国际生态旅游目的地，需要进行研究准备、目标确定、调查、分析，根据政策，形成实施和调整建设标准。国际生态旅游目的地建成管理非常重要，成熟的管理标准一方面可以让旅游企业产生强化生态环境管理水平的动力与压力，降低旅游活动给生态环境带来的不利影响；另一方面，可以唤起旅游者对其旅游活动和消费行为的审视，使旅游者在选择旅游经营、度假村、饭店和其他旅游服务提供者时更加重视环境因素，从而直接、间接地为环境保护作出贡献。同时也能使旅游者更方便准确地进行旅游产品识别。因此必须对国际生态旅游目的地实施标准化建设与管理，参与研究制定国际生态旅游目的地建设标准，制定青海省统一标准和规范，如《青海省生态旅游产品标准》《青海省生态旅游景区开发与经营管理规范》《青海省生态旅游解说服务质量规范》《青海省生态旅游者行为准则》等，量化建设指标、明确评价体系，建立游客满意度调查和第三方评价机制。

第三，优化生态旅游布局。青海省境内共拥有国家 A 级景区 160 家，拥有世界自然遗产 1 处，且拥有以三江源国家公园为核心，以可可西里、三江源头等自然风光为主要景观，将康巴文化、三江源文化和唐蕃古道文化融合为一体的旅游综合体系。基于如此庞大的旅游资源，青海省打造国际生态旅游目的地不可或缺的关键一步就是优化生态旅游布局。坚持"一环引领、六区示范、两廊联动、多点带动"的生态旅游发展框架，构建以点带面、以线连片、生态环境优美、文化氛围浓郁、旅游要素集聚、服务功能完善、区域协作密切的国际生态旅游目的地发展空间布局。

第四，加强区域交流合作。青海省的生态旅游业在近几年有了较快发展，但它又面临一些深层次、结构性问题，如游客总量、旅游资源挖掘和传播有待提升等。建设国际生态旅游目的地是一项长期性、艰巨性、开拓性的系统工程，涉及的部门多，主体也不一样，必须建立政府、企业、社会组织与公众参与自然资源管理和促进生态旅游持续健康发展的长效机制，促进深化改革和扩大开放措施的系统集成。同时要加快推进国内区域联动，成立沿黄河九省区生态旅游推广联盟。加强省内外生态旅游市场互联互通，联合开展生态旅游市场营销、产品开发、环境保护等活动。推动区域生态旅游协同发展，打造中国西部地区重要生态旅游集散中心。利用部省共建、对口支援等机制，争取国家部委、援青省市在生态景区建设、旅游宣传推广、人才培训等方面的支持。

第五，安全有序扩大对外开放。国际生态旅游目的地中"国际"一词就充分表明，国际生态旅游目的地的打造不能单纯依靠国内技术经验，应统筹国内国外双领域的核心技术，安全有序扩大对外开放，总结符合青海省情的相关配套建设体系。当然有序扩大对外开放是建立在生态安全、国土安全、资源能源安全的前提下，加大与国际旅游组织的沟通，开展国际生态旅游合作试点。加强与"一带一路"合作伙伴生态旅游合作，开展生态旅游交流研讨、项目建设和效果评估等工作。制定入境旅游市场发展营销规划，巩固东南亚、丝绸之路合作伙伴等主要客源市场，拓展中东欧等新兴客源市场，全面打造国际生态旅游目的地。同时要立足青海生态旅游资源现状，结合国际生态旅游发展的趋势和旅游知识方法，用地理信息系统和无人机生态环境成像，构建青海国际生态旅游产品、国际旅游线路体系以及生态旅游产品价值转化数据库，实现其虚拟再现，设计打造更多青海特色的有国际竞争力的生态旅游产品，提升大美青海品牌价值和影响力。根据青海省"十四五"规划与 2035 远景规划中设定打造国际生态旅游目的地要求，要大力推动特色文化旅游产业的发展，建设中国重要生态文化旅游产品供给地。

9.2 发展生态旅游，丰富产业体系

青海地处青藏高原东北部，位于地球第三极核心区，海拔高、地形多样、气候独特，同时也是长江、黄河和国际河流澜沧江的发源地，有"三江之源""中华水塔"的美誉。但很长一段时间人们刻板地认为青海仅仅是广袤无垠、地大物博、人烟稀少、偏远落后、景色秀丽、高原缺氧、物种独特的，并不了解青海为什么是中国甚至世界的宝地。青海共有世界自然遗产 1 处，国家级生态旅游示范区 3 个、自然保护区 7 处、风景名胜区 1 处、水利风景区 13 处、森林公园 16 个、湿地公园 20 个、地质公园 8 处、沙漠公园 12 处，已基本形成了以生态旅游为统领，以自然保护区、风景名胜区、森林公园、湿地公园、地质公园和水利风景区等为载体的生态旅游目的地体系。同时，青海省拥有世界最大面积的高寒湿地、草原、灌丛和森林等生态系统，也是世界上高海拔地区生物、物种、基因、遗传多样性最集中的地区，丰富的生态资源让青海旅游有了更多的可塑性和选择性。

生态旅游是以有特色的生态环境为主要景观的旅游，但同时也不能忽略传统文化对生态旅游的影响。生态旅游观是中国优秀传统文化中不可忽视的一个部分，扎根和脱胎于中国古代山水旅游，与当代生态旅游之间存在着天然的耦合性，并能在其中发挥引领作用。为此，青海省建设国际旅游目的地要深挖青海的生态资源潜力，形成以山岳、湿地、湖泊、河流、草原、森林、沙漠、戈壁、矿产和城市乡村为主要代表的生态旅游资源骨架，同时也要基于青海自然生态环境，重视生态资源、当地民俗、农牧与传统文化的交融，加强生态旅游资源文化内涵建设，建设具有明显生态特色、

深刻文化内涵的生态旅游资源系统。

第一，打造重点生态旅游景区。按照"全域资源、全境打造、全业融合、全民参与"思路，打响河湟历史名城核心品牌，构建大西宁"一核、两圈、三轴、三区、五大产品"的全域文旅融合生态发展格局。按照国际生态旅游标准，落实国家生态空间管控要求，依据资源禀赋、地理环境和市场潜力，依托山地森林、湿地湖泊、草原荒漠和地域文化等，建成青海湖、塔尔寺、祁连阿咪东索、茶卡盐湖、金银滩—原子城、贵德清清黄河、龙羊峡、坎布拉、互助北山国家森林公园、门源仙米国家森林公园、刚察湟鱼家园、黄南麦秀国家森林公园、同仁历史文化名城等国际生态旅游目的地省级实验区。在世界自然遗产地、国家公园、自然保护区、自然公园、湿地公园、人文生态等区域依法依规开展国际生态旅游景区试点建设工作。大力发展生态旅游产品，制定旅游产品准入标准，建设世界级旅游景区、旅游度假区、国家级休闲旅游城市、旅游街区。

第二，构建生态旅游线路。抓住国家推进黄河流域生态保护和高质量发展、长城长征国家文化公园建设机遇，建设青藏高原生态旅游大环线。建设西部自驾车旅游大本营，推动打造甘青旅游大环线升级版，提升中国夏都、世界凉爽城市品牌影响力。以"山水林田湖草沙冰"等生态资源为依托，推出环西宁自驾、环青海湖骑行、海东民俗体验、黄南文化探秘、海北观光休闲、海西特色盐湖等精品生态旅游线路。充分发挥人文资源的优势，推动传统的观光旅游模式向生态体验模式的转变，开发高原极地，打造长江、黄河、澜沧江溯源之旅，昆仑山、祁连山、阿尼玛卿雪山探秘之旅，三江源、祁连山国家公园生态体验之旅等世界级生态旅游精品线路。积极推广中国美丽乡村休闲旅游线，打造青藏，青川，青新，青甘等区域的生态旅游圈。

第三，建设自然人文为主的生态旅游风景道。以国道、省道、铁路沿线为基础，以特色景观和多民族文化资源为重点，以黄河风情、唐蕃古道、"丝绸之路"青海道为依托，整合沿线人文生态旅游资源，从最短距离、最佳观赏效果、最小生态干扰出发，分段推进风景道建设，打造景观优美、特色鲜明、体验性强、带动性大、距离适度的生态旅游风景道。建设大通河生态旅游风景道、全景祁连旅游风景道、"神奇天路"生态旅游风景道、黄南一号风景大道、环玉树生态旅游风景道等生态旅游风景道项目。加强风景道沿线生态资源保护，完善游憩服务设施，如多种形态的综合服务区、加油站、观景摄影平台、自驾车营地、自行车绿道等。建立安全救援体系，优化交通管理服务，实现从单一交通功能向交通、美学、游憩和保护等复合功能转变。

第四，推动产业融合发展。立足高原特有资源禀赋，积极培育新兴产业，推进生态旅游与文化、林草、农牧业、商贸、体育、医药等产业融合发展，培育生态教育、自然体验、康养度假、文化创意、旅游装备制造等生态旅游关联产业，建设生态旅游品牌，开展节庆、会展、举办高水平的国际生态旅游展会，创建高原生态体育赛事品牌。催生健身休闲、户外运动、赛事观摩、体育旅游、挑战探险、民俗体验、高原康养、藏医药浴等生态旅游新业态、新产品，形成具有广泛市场影响力和竞争力的生态旅游产业体系。

第五，完善生态旅游发展机制。建立生态旅游国际标准，健全行业发展机制，建立生态旅游补偿机制、有偿使用机制和特许经营准入退出机制。推行绿色旅游企业和绿色旅游产品认证制度。建立生态旅游发展协同机制，共同推动生态旅游高质量发展。深入谋划生成一批可落地、牵引支撑的重点项目，推进基础设施互联互通、公共服务共建共享、产业创新协同发展、市场宣传一体推广，完善旅游综合配套体系，推动生态旅游与文化、体育、康养融合发展，建设西部自驾车旅游大本营，推动打造甘青旅游大环线升级版，提升中国夏都、世界凉爽城市品牌影响力。

近年来，三江源地区实现现代文明与传统文明共存，自然景观、人文景观有机组合的独特的高原风光旅游资源，使之成为国内旅游景观类型多样、资源组合良好、级别高、科学研究价值大、具有重大开发价值的旅游富矿区，成为国内发展生态旅游业最具潜力的地区之一。其主要的生态旅游资源见表9-1。

表9-1 三江源地区生态旅游资源一览表

资源分类	国家级旅游资源	省级旅游资源
自然生态	三江源头、可可西里自然保护区、隆宝滩自然保护区	东昆仑山、唐古拉山、巴颜喀拉山、岗则吾结峰、年保玉则、措哇尕什则峰、雅拉达泽峰
旅游资源	阿尼玛卿峰，玉珠峰，黄河源国际猎场，昆仑山大地震景观等	唐古拉峰、五雪峰、黄河、通天河、扎陵湖、鄂陵湖、托素湖、青南冰川、冻土、冰缘地貌；青南"第三极"风光、囊谦猕猴自然繁殖区、河南草原、尕斯库勒湖风光等

续表

人文生态	桑周寺及藏娘佛塔、达日和日石经墙、新寨玛呢城	治多岗赛寺、玛沁拉加寺、称多拉布寺、玉树结古寺、文成公主庙、囊败觉拉寺，改如寺
旅游资源	格萨尔王传说、玉树藏族歌舞、世界屋脊探险旅游线、黄河源头国际猎场，青藏铁路等	达那夺等：旧石器，中石器，新石器等古文化遗址

根据自然生态以及文化资源各不相同的情况，当地不断丰富生态旅游产品和产品体系。如开发了 A 线路：西宁—同仁—泽库—同德—玛沁—甘德—达日—大武—花石峡—西宁；B 线路：西宁—湟中—贵德—同德—玛沁—花石峡—兴海—共和—湟源—西宁；C 线路：西宁—共和—玛多—玉树—囊谦。三条线路自然景点与宗教景点交叉设计，让游客沉浸在宗教文化体验的同时，也能感受到三江源地区壮丽的自然风光。截至 2019 年底，青海省全年接待国内外游客 5080.2 万人次，同比增长 20.83%，其中国内游客 5072.9 万人次，入境游客 7.3 万人次，分别增长 20.86% 和 5.8%。实现旅游总收入 561 亿元，同比增长 20.39%，国内旅游收入 559 亿元，旅游外汇收入 3336 万美元，分别增长 20.47 和 –7.67%。2019 年进入青海省自驾车数量为 70.57 万辆，甘肃省自驾入青车辆最多，占比为 30.44%。

尕朵觉悟神山就是历史悠久的"斯巴九座神山"之一。它位于青海省玉树藏族自治州曲麻莱县与称多县交界处，和西藏的冈仁波齐，云南梅里雪山（卡瓦格博），青海阿尼玛卿山并称藏传佛教四大名山。尕朵觉悟神山是长江流域众多神山之王，也是传说中英雄格萨尔王祭祀的神灵。整个尕朵觉悟是由一系列千姿百态的山峰组成的群山体，主峰海拔 5470 米，其他各峰平均海拔 4900 米，形态各异。这座神山也是国家一级保护动物雪豹和其他几十种珍稀野生动物如白唇鹿、岩羊的栖息地，是二级保护植物红花绿绒蒿和多种珍贵藏药材的故乡。

9.3 构建目的地体系，完善设施服务

　　青海省全省总面积 72 万平方千米，辖 2 个地级市、6 个自治州，旅游景点分布极不均匀，几乎各市、州都分布有旅游资源。从旅游消费看青海省旅游资源分布概况，如图 9.1 青海省 2018—2020 年分地区旅游业发展情况所示，在旅游人数与旅游总收入方面排名前三的分别是西宁市、海西州、海东市，而人均花费方面排名前三的是西宁市、果洛州、玉树州，不管哪方面西宁市都位列第一，这也从侧面反映出旅游业发展情况与交通条件有密切关系。西宁市作为青海省的省会、交通枢纽城市，同时也是青藏线、甘青线的重要节点城市，其经济发展水平、交通便利程度不言而喻，各项基础设施也较为完善，因此来宁旅游人数相较于其他市州来说要高很多。而海西州连续三年旅游总收入、旅游人数都高于海东市，这与其自身努力是分不开的，海西州深入挖掘自身资源禀赋，结合相关政策文件，不断壮大旅游市场，提升旅游品质，通过文化与旅游结合的方式，打造精品特色旅游路线，充分利用媒体宣传，推动产业体系完善，充分发挥自身优势，全力以赴把文化旅游产业打造成促进海西州经济社会发展和满足人民美好生活需要的战略性支柱产业。因此，旅游业的发展壮大，离不开经济发展水平的提升，但同样也离不开地方政府、旅游市场的努力，便捷的交通与完善的基础设施能够推动旅游业的发展，而政府与市场的合作则是能够使旅游业可持续发展的保障。

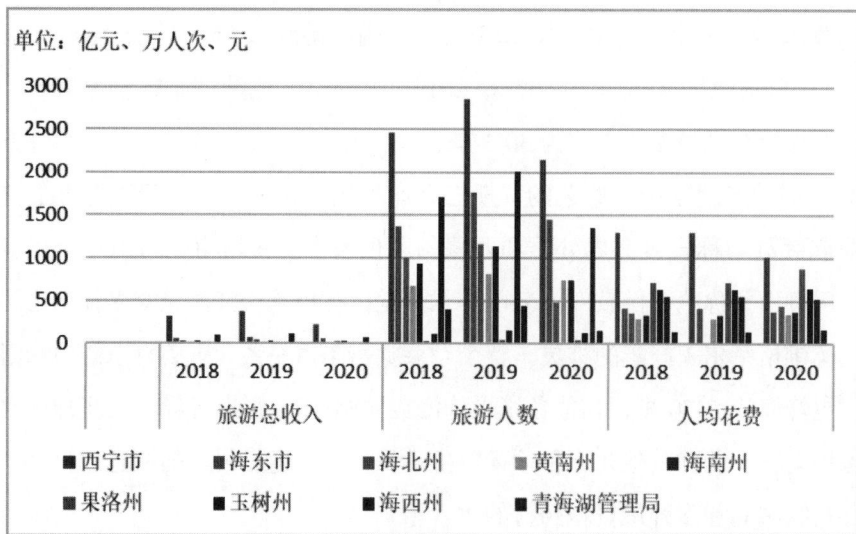

图 9.1　2018-2020 年青海省分地区旅游业发展情况

由青海省 A 级旅游景区各市州分布表（见表 9-2）可知，青海省共有 A 级景区
160 家，分布在省内市州不同地区，旅游资源丰富，分布也较为分散，其中较为丰富
的地区为西宁市和海东市，占总数的 25% 和 24.37%，其余各州的旅游资源则分布较少。
再往下细分，青海省拥有可可西里、昆仑山世界地质公园、格萨尔、青海花儿、黄南
藏戏、皮影戏、热贡艺术、藏医药等 8 处世界级旅游资源。国家级旅游景点分布密集
区在祁连、海晏、格尔木、玛多；次之分布在西宁、湟源、循化、互助、乐都、民和、
刚察、同仁、尖扎、共和、都兰、治多、玉树等地。一般级旅游资源密集分布在西宁、
湟源、大通、共和、化隆、互助、民和、门源、贵德、同仁等地结合上述图表来看，
青海省拥有诸多旅游资源，但区域间旅游业发展极不平衡，严重受到交通基础设施等
因素的制约，表 1 中黄南州景区分布比海西州还要多，但其旅游人数、旅游总收入却
远远比不上海西州。从客观角度分析，青海省现有旅游业体系尚不完善，旅游产业链
不健全，致使各项基础设施没有得到更好的完善，形成区域间不平衡状态。

表 9-2 青海省 A 级旅游景区各市州分布表

单位	5A	4A	3A	2A	合计
西宁市 A 级景区	1	15	24	0	40
海东市 A 级景区	1	7	20	11	39
海西州 A 级景区	0	6	7	2	15
海南州 A 级景区	0	3	7	1	11
海北州 A 级景区	1	5	5	0	11
玉树州 A 级景区	0	2	7	1	10
果洛州 A 级景区	0	0	15	1	16
黄南州 A 级景区	0	1	14	2	17
青海湖景区	AAAAA				1
合计	4	39	99	18	160

综上，青海省国际生态旅游目的地的成功不可能只靠单个区域旅游业发达，而是需要综合全省旅游资源，以政府为主导，深化文旅融合，坚持创新驱动，释放市场主体活力等为构建原则，以推动高质量发展为目标，以深度融合为核心，以资源整合为基础，通过智慧建设、新业态培育、全域发展、综合治理等为手段和途径，串联各区域旅游景区，构建生态旅游目的地体系，完善旅游景区基础设施服务，提高旅游标准，畅通交通，完善网络平台体系，发挥辐射作用，引领和带动区域旅游业发展。

第一，构建生态旅游目的地体系。构建旅游都市—旅游县（市）—特色旅游乡镇—重点生态旅游景区（旅游乡村）四级生态旅游目的地，通过航空、铁路、高速高等级公路及风景道串联，形成层级分明、功能互补、特色突出、联动发展的旅游目的地体系，把西宁、海东、玉树、格尔木等旅游都市建设成国际一流的旅游集散中心，增强旅游聚集和辐射功能，引领和带动区域旅游业发展。

第二，完善基础服务设施。按照国际标准，实施环境保护治理、旅游基础设施提升等工程。高标准建设旅游咨询服务中心，形成省、市州、县、景区四级游客服务网络体系，修建完善休闲绿道、自行车道、登山步道、山地户外营地、自驾房车营地、低空飞行营地、停车场、旅游厕所、5G网络和旅游应急救援基地等基础服务设施。

第三，提升旅游服务标准。建立健全与国际标准相衔接的旅游要素服务体系，加快"吃住行游购娱"旅游要素升级，推动旅游服务国际化、标准化、数字化，提升景区、住宿、餐饮、交通、旅行社、娱乐购物等行业国际服务水准。

第四，提高旅游交通便捷水平。构建以航空为引领、公路铁路为基础的立体交通运输体系。统筹航空、铁路、公路基础设施建设，提升机场功能，逐步开通、加密国际国内航线。推动"旅游+航空""旅游+铁路（公路）"产品体系。积极推进落地签、免签、港澳台居民口岸签注点及其他大通关政策。实施景区交通设施配套服务工程，打通景区道路"最后一公里"，提升景区道路交通等次和安全保障水平，解决景区进出堵点难题。加大旅游交通集散中心布局密度，加快建成"零距离换乘、无缝化衔接、高效率中转"游客集散体系。

第五，完善网络平台体系。完善全省数字文旅大数据平台，连通气象、交通、卫生、应急、公安等相关平台，健全信息联合发布机制，实现数据互联共享，提供旅游安全预警服务。开展门票预约、分时游览、流量监测、智能导览等智慧化服务，落实"限量、预约、错峰"要求。鼓励生态旅游企业开展在线服务、网络营销、网上预订等业务，为游客提供方便快捷的智能化服务。加强旅游电商服务，提升旅游在线交易水平和交易量。

9.4 加强生态教育，保护资源环境

党的二十大指出："大自然是人类赖以生存发展的基本条件。尊重自然、顺应自然、保护自然，是全面建设社会主义现代化国家的内在要求。必须牢固树立和践行绿水青山就是金山银山的理念，站在人与自然和谐共生的高度谋划发展。"习近平总书记参加十三届全国人大四次会议青海代表团审议时，明确提出正确处理发展生态旅游和保护生态环境的关系。每一个承载系统对任何的外来干扰都有一定的忍耐极限，当外来干扰超过此极限时，生态系统就会被损伤、破坏乃至瓦解。无论是自然生态系统，比如说水环境、大气环境、土壤环境，还是城市区域、流域等都存在环境承载力的问题。"环境承载力"是指在某一时期、某种状态或条件下，某地区的环境所能承受的人类活动作用的阈值。而由"环境承载力"派生出的另一个概念则是"旅游环境承载力"，它指在某一旅游地环境（指旅游环境系统）的现存状态和结构组合不发生对当代人（包括旅游者和当地居民）及未来人有害变化（如环境美学价值的损减、生态系统的破坏、环境污染、舒适度减弱等过程）的前提下，在一定时期内旅游地（或景点、景区）所能承受的旅游者人数。所以在规划当中，为了使社会经济与环境的协调发展，使之符合可持续发展的要求，就必须考虑环境承载力的问题。

生态旅游是一个崭新的文化生活概念，也是时代命题。规划国际生态旅游目的地，首先要先了解什么是生态旅游。生态旅游包含两个要点：其一是生态旅游的对象是自然景物，如特定的动物、植物、群落以及整个生态环境；其二是生态旅游的对象不应受到损害。其核心是"生态"，加之青海部分生态旅游区域生态脆弱，生态屏障任务重，在开发生态旅游实现生态价值时相对其他省地更要高屋建瓴，处理好发展与保护的关系。因此规划要基于整体性、协调共生、区域分异、高效和谐四大原则，在打造国际生态旅游目的地的同时也要对环境脆弱区域进行治理修复，保护生态文旅资源，并且要做好生态调查与生态适宜性分析，科学、准确地区分那些在生态上极为敏感、敏感性稍低以及生态敏感性较低的地区，做好开发空间管控与环境容量的调控。同时要结合青海自身生态特色建立生态文明知识体系，向当地旅游企业、当地居民、外来游客等普及宣传生态文明知识，加强生态文化教育、保护资源环境。

第一，保护生态文旅资源。承担好维护生态安全、保护三江源、保护"中华水塔"的重大使命，加强雪山冰川、江源流域、湖泊湿地、草原草甸、沙地荒漠等生态治理修复，全力推动青藏高原生物多样性保护。建设黄河上游河湟文化生态保护高地，打造河湟文化传承创新集聚区，加强河湟文化遗产区域性整体保护，保护好河湟文化、热贡文化、宗日文化、喇家遗址、热水墓群、丝绸之路青海道等文化遗产、重要历史遗迹，推动黄河、长城、长征国家文化公园建设，通过非遗进景区、传统文化展演展示、文创产品研发等措施，传承弘扬优秀传统文化。

第二，实施开发空间管控与环境容量调控。规划落实并严守生态保护红线，实现一条红线管控重要生态空间，确保生态功能不降低、面积不减少、性质不改变。统筹布局以提供生态系统服务或生态产品为主的生态空间，并按照生态保护红线和一般生态空间两级进行管控，其中生态保护红线要按照生态保护红线要求管控，一般生态空间允许在不降低生态功能、不破坏生态系统的前提下，进行适度开发利用和结构布局调整。并且根据生态红线，对全省生态旅游景区做好禁建区、限建区和适建区划分，明确各分区管控目标，提出正面与负面清单，形成全省生态旅游景区 "一张图"。实行生态旅游景区游客容量调控制度，建立景区环境容量信息调控系统。

第三，推进生态旅游业节能减排。实施旅游效能提升工程，开展旅游产业节能减排行动，节约旅游用水、用电、用地等，降低旅游行业资源消耗强度，积极推动生态住宿、绿色餐饮发展，加强生态旅游再生资源回收利用工作，做好旅游生活垃圾无害化处理，引导生态低碳消费，推进生态旅游景区碳中和工作。鼓励节能服务机构与旅游企业合作，开展旅游能耗综合管理利用工作。

第四，加强生态文化教育。大力弘扬生态文化，引导全社会提高生态文明意识和生态文明素养，履行生态环境保护责任，推动形成人人关心、支持、参与生态文明建设的社会氛围。深入开展生态文明主题教育实践，把生态文明建设纳入国民教育体系和党政领导干部培训体系。推进生态文明教育进机关、进校园、进企业、进农村、进社区，将生态文明建设内容纳入学校教学计划，作为实施素质教育的重要内容。强化企业生态文明建设主体责任，对企业负责人开展生态环境法律法规和知识培训。同时在以国家公园为主体的各类自然保护地、重点生态旅游景区建设科普教育场所和生态文化体验基地，利用生态场景、互动体验、现代科技手段向游客普及生态环境科普知识，坚持以文载道、以文传声、以文化人，让游客在文化熏陶和生态体验中提升生态文明意识，激发环境保护意愿。

9.5 优化营商环境，加强宣传推广

　　国际生态旅游目的地的成功打造，首先必然离不开生态旅游业的可持续发展。生态旅游的生产、产品和效益的一体化决定了它是一个综合性的产业。生态旅游业的生产是具有综合性的，需要多个有关部门或相关因素齐心协力、相互配合，既涉及旅游部门的旅行社、住宿业和交通客运业，又涉及国民经济中的一些物质资料生产部门，如轻工业、建筑业、农业、林业、畜牧业等，和一些非物质资料生产部门，如文化、宗教、园林、卫生、科技、邮电、教育、商业、金融、海关、公安、环保、保险等部门或环节。生态旅游则业所提供的是一种综合性的生态旅游产品。它所依仗的资源包括人与自然、历史遗存与现代创新；所需的基础设施，主要是指旅游机构的基础设施，以酒店为代表的餐饮、住宿、运输、客运等基础设施；所提供的服务不是某一单项服务，更不是某一具体物品，而是由吃、住、行、游、娱、购等多种服务项目组成的综合体。它所带来的利益也是综合性的，追求的是经济、社会、生态和游憩四种利益的结合。其次，对旅游地来说，积极地进行品牌建设也是至关重要的。旅游目的地品牌指的是一个旅游目的地的鲜明形象，要想构建旅游目的地形象，就必须要进行与之相适应的有效传播，并且要对其进行提炼、确立和传播。但是，建立旅游目的地形象，并非只是单纯的投放广告那么简单，它与客源市场的价值变化、本地的自然历史文化资源、社会经济的现状梳理、传播渠道的选择、传播主体与活动的策划以及定期的绩效评估等都有关系。品牌最终的目的是提升旅游文化产品的质量，提炼出品质的精华，创造出品质的体验。一个成功的品牌必然是积攒了很多年，通过不断的改进、提高和提炼，这样才可以经久不衰，实现持续的发展。

　　基于以上两点，青海省打造国际生态旅游目的地，既要通过优化营商环境、培育市场主体来发展生态旅游业，又要重视生态旅游品牌的构建，打造"大美青海生态旅游"品牌、旅游资源品牌、产品品牌等，并运用各种新媒体、品牌管理相关知识进行青海生态旅游产品品牌运营，提升大美青海品牌价值和影响力。

　　第一，优化营商环境。首先要把生态旅游业培育成全省现代服务业龙头产业，依法平等保护国有、民营、外资等各种所有制企业产权和自主经营权，营造市场化、法治化、国际化营商环境。纵深推进"放管服"改革，深入推进文化娱乐、上网服务等领域"证照分离"改革。大力促进市场公平竞争，健全公平竞争审查制度，完善生态旅游市场准入退出机制。加强市场执法监管,实行行政执法事项清单管理制度,加强对行政处罚、行政强制事项的源头治理,依法及时动态调整,切实防止执法扰民。其次要营造市场化、法治化、国际化营商环境。引导社会参与,实现共建共享,引导社会参与青海生态旅游产业,鼓励国内、省内等社会资本参与生态旅游的基础设施与服务建设。

第二,培育市场主体。推动市场主体转型升级,创新旅游景区监管手段,落实"错峰、预约、限量"要求,提高智慧化监管水平,鼓励旅游企业广泛应用 5G、大数据、云计算、人工智能等技术,创新产品和服务供给,提升服务水平。制定全省生态旅游发展扶持政策,培育龙头企业,扶持中小微企业,支持各类文化旅游协会和产业联盟积极发挥整合资源、搭建平台等作用。引进国际国内战略投资企业,开展创意研发、品牌培育、渠道建设、市场推广等合作,鼓励社会资本积极参与生态旅游建设。推动文化和旅游市场融合发展,坚持以文塑旅、以旅彰文,推动文化和旅游企业、产品和服务深度融合,培育发展新型市场主体。

第三,构建生态旅游品牌体系。旅游业的发展既要符合国民休闲、大众旅游、主客共享、文旅融合,同时旅游业发展应当更加注重通过优质内容和美好生活来打动人、连接人,既需要培育国际视野,也应当保有中国风格。要深挖不同景区的文化内涵,并在后续管理运营中赋予不同景区独具特色的文化品格,实施生态旅游核心品牌培育行动,坚持保护优先、绿色发展原则,高水平、高标准地构建青海国际生态文化旅游目的地品牌、产品品牌、企业品牌组成的生态旅游品牌体系,打造三江源、青海湖、祁连山、昆仑山、可可西里、清清黄河等世界级生态旅游资源品牌,充分展示青藏高原生态文明高地建设成果。发挥青海作为"世界四大无公害超净区"之一的独特优势,树立"生态旅游净地"品牌。规范引导"网红"打卡地旅游品牌形象。鼓励 A 级景区、文旅企业培育一批特色明显、游客喜爱的小众旅游资源品牌和产品品牌。保护传承弘扬优秀传统文化,大力推进国家级、省级文化生态保护区建设,不断扩大热贡文化生态保护区、格萨尔文化(果洛)、藏族文化(玉树)生态保护实验区品牌影响力。

第四,加强宣传推广。设计国际生态旅游目的地形象标识,策划面向国际游客的生态旅游目的地线路,设立国际生态旅游目的地推介网站,全方位宣传推广"大美青海生态旅游"品牌,进一步拓展国际旅游市场。同时,加大新媒体宣传,运用品牌管理相关知识和实践进行青海生态旅游产品品牌运营,提升大美青海品牌价值和影响力。并且应当根据各地生态资源,全力培育特色产品品牌和企业品牌,在统筹协调基础上，避免特色文化品牌和产品的同质性，打造具有影响力和市场竞争力的特色文化产品和品牌，借助品牌优势带动全产业链的发展和进步。同时要正确科学对待生态文化旅游产品品牌识别、符号、定位，整合品牌营销传播手段，实现品牌国际化和资产化，实现生态文化旅游产品价值转化。如品牌整合营销传播手段：首先，借助青洽会、文化旅游节、生态博览会、环青海湖公路自行车赛、三江源国家公园论坛等重要活动，展示、宣传、推广生态旅游品牌，传播品牌形象，使品牌形象脱颖而出。在各生态旅游区加强游客服务中心建设的同时，提升景区内部针对不同游客推广和宣传自然风光、民族文化、宗教信仰、民俗特点等信息。对生态保护和游客准则的宣贯同样需要强化，保证游客遵循当地相关管理要求；其次是品牌宣传，加大生态旅游网站、微信、微博等网络职能平台的宣传力度，结合电视、广播等媒体形式宣传当地各类自然风光、民族宗教文化、生态环保等重要信息；最后，与国内外生态旅游协会野生动物保护协会、环境保护组织、国际旅行集团相关组织开展交流合作，促进青海生态旅游的国际化发展。

9.6 重视科技人才，实现共建共享

任何行业的发展都是人才先行，生态旅游业的发展也不例外。目前青海生态旅游发展的专业技术人才较为缺乏。一方面，缺乏提供生态旅游技术支撑的专业人员，如生态旅游规划人员、环境教育规划人员等，难以适应新形势下生态旅游发展的需要。另一方面，生态旅游开发大多是保护管理部门兼顾开发，无论是专业背景还是经营管理水平均不能满足生态旅游对开发经营人员的文化特性、知识结构多样化需求。多数生态旅游经营管理人员对生态本质内涵认识模糊，在开发生态旅游项目和景区维护管理过程中，无法从根本上避开一般旅游景区的开发模式，从而使得景区的生态体验内容达不到让游客认识自然、增强环保意识的目的。众多景区的讲解人员未系统地学习生态环境相关知识，无法将景点地质地貌形成过程、动植物分布规律及保护区的生态价值的自然知识准确讲解给游客，多以故事性或趣味性的方式进行讲解。总的来说，目前既懂生态学和旅游学知识，同时又能正确把握生态旅游内涵的专业人才和经营管理人才严重缺乏。因此，青海省打造国际生态旅游目的地既要推动科学技术的创新，同时也要培养专业科技人才队伍，全方位培养、引进、用好人才，优化人才培养结构、培养模式、评价机制，营造识才、爱才、敬才、用才环境，造就新时代生态旅游人才队伍。

第一，强化技术创新。支持生态旅游科学研究与技术研发，研判生态旅游对生态与文化环境的影响，开展气象条件对景区生态系统安全的影响评估。加大对风能、太阳能、生物质能等自然清洁能源在景区的利用，积极推进污染物处理、旱厕改造升级、生态修复等技术成果转化应用。在景区营运、文化传承、环境保护、科普教育、体验观光等生态旅游建设中，要广泛应用大数据、人工智能、5G网络等现代信息技术，增加生态旅游科技内涵，推进旅游全产业链生态化、低碳化、智慧化发展。

第二，培育人才队伍。立足我省文旅行业人才队伍建设实际，开展高端创新人才、文化名家暨"四个一批"人才推荐选拔工作。围绕生态旅游研究、生态旅游资源开发、文化遗产保护、精品演艺剧目打造、文化旅游市场营销等方面，引进高精尖文旅专业人才。加大对旅游景区、星级饭店、旅行社等从业人员的培训力度，提高专业技能水平。培养生态旅游研究、历史文化保护、环保技术运用、生态资源经营管理、国际水准导览解说人才队伍，全面推进生态旅游人才队伍专业化、市场化、国际化。实施导游培训工程，加强对行业管理和服务人员的国际习惯、国际标准和国际礼仪培训。实施外语服务水平提升工程，加强多语种文化旅游人才培养，建立多语种的志愿服务队伍、导游服务队伍和咨询平台，为打造国际生态旅游目的地提供人才支撑。加强省内高等院校、职业院校生态旅游相关专业建设，强化专业人才培养。探索产、学、研、用相结合的培训机制，开展生态旅游技能型人才教育培训。

第三，健全智力支撑体系。发挥青海省旅游职业教育集团作用，整合智力资源，加强生态旅游智库建设，深化校企合作机制，开展"校企合作、产教融合、师资共享"的人才培养模式。加强和深化高端生态旅游政策研究，明确相关政策，健全政策支撑体系。建立生态旅游专家智库，围绕发展生态旅游与保护生态环境的关系、生态保护法规政策、国际生态旅游标准等若干课题进行深入研究，为打造国际生态旅游目的地提供智力支撑。

第四，建立社会参与和利益共享机制。积极引导当地社区和群众参与生态旅游建设、经营和服务。注重生态旅游社会效益，推动农牧区公共服务设施与生态旅游景区同步建设、同步发展，实现政府、企业、居民、游客共享国际生态旅游目的地建设成果，助推全省巩固拓展脱贫攻坚成果同乡村振兴有效衔接。

第五，建立生态旅游志愿者制度。建立生态旅游志愿者队伍，开展"人人都是生态文明建设者""人人都是生态旅游形象大使"等志愿服务活动。以倡导文明旅游为抓手，推动旅游志愿服务高质量发展。各地以旅游景区为重点，以满足旅游者的旅游活动需求、提高旅游行业综合服务质量为目标，引导志愿者在文明引导、游览讲解、质量监督、旅游咨询、应急救援等领域提供志愿服务，为老年人、未成年人、残疾人等特殊群体游览提供帮扶。同时发挥志愿服务在生态文化教育、生态环境保护中的示范引领作用，助推生态旅游健康稳步发展。

9.7 保障措施

习近平总书记参加十三届全国人大四次会议青海代表团审议和来青考察时赋予青海"打造国际生态旅游目的地"重大任务和历史使命，是青海发展生态旅游的根本遵循。国际生态旅游目的地的建设是一项长期性、系统性、复杂性的工程，需要一系列政策和保障措施。

第一，加强组织领导。成立文化和旅游部、青海省人民政府共同打造国际生态旅游目的地领导小组，建立部省领导、部门协同、社会参与、市场引导的工作机制，形成上下联通、左右互通的工作格局，集中力量推进国际生态旅游目的地建设。建立综合评估机制，定期开展评估，针对性推进解决突出问题，确保落地见效。青海省各市州、县级政府相应成立领导小组，组长由政府主要负责同志担任，同级相关部门按照要求，制定工作方案，细化工作分工，扎实推进各项建设工作。完善领导干部任期资源消耗、环境损害、生态效益责任制和问责制，建立健全"横向到边、纵向到底、纵横贯通"的考核体系，将打造国际生态旅游目的地工作纳入全省年度目标绩效考评体系，强化督导考核，完善激励与约束并举的考核制度，将考核结果作为评价领导干部政绩、年度考核和选拔任用的重要依据，引导形成落实生态优先、绿色发展的政绩导向。

第二，强化政策支持。强化财政金融政策，抓好国家政策落实，积极争取中央专项资金，促进国际生态旅游目的地重大项目建设，协同推动产业投资、环境保护、就业服务、区域合作等政策落实，构建更加高效的政策供给体系。落实土地支持政策，将生态旅游发展用地规模纳入国土空间规划中统筹安排，合理安排生态旅游用地，保障生态旅游项目用地。加强生态旅游业的安全保障工作，建设应急体系，统筹疫情防控与生态旅游业发展，建立生态旅游领域应对突发公共事件的应急机制。制定行业发展促进政策，结合实际情况，不断完善《打造国际生态旅游目的地行动方案》，加快打造国际生态旅游目的地。探索在以国家公园为主体的自然保护地体系内开展生态旅游的相关准入措施。推进生态旅游法治建设，完善旅游奖励政策。

第三，加大资金投入。建立生态旅游发展资金投入稳定增长机制，建立政府引导、市场运作、社会参与的多元化投融资机制，将国际生态旅游目的地建设项目纳入国民经济和社会发展规划项目库，生态旅游目的地建设公益性部分建设经费列入财政预算，确保建设工作正常开展。设立打造国际生态旅游目的地专项资金，采取贷款贴息、费税优惠或减免、政府购买服务、项目补助等方式，加大资金投入，支持发展生态旅游。推动创新金融产品，加大信贷支持力度。完善国际生态旅游目的地建设资金管理制度，统筹运用各类预算资金，严格执行投资绩效、追踪管理，提高生态旅游目的地建设资金使用效率。

第四，严格综合监管。强化旅游市场综合监管，制定旅游市场秩序整治措施，加强生态旅游安全管理，规范旅游经营行为，提升景区服务质量，保护游客和旅游企业合法权益，坚决防范和打击强买强卖、欺客宰客等现象和无序开发、破坏生态的行为，构建和规范良好的生态旅游市场秩序，促进生态旅游产业健康有序发展。

10 打造绿色有机农畜产品输出地

青海是"三江之源""中华水塔"，地处地球"第三极"的青海，同时也是世界四大超净区之一、全国五大牧区之一，得天独厚的自然禀赋和地理条件，让"绿色、有机、无污染"成为青海农畜产品的"金字招牌"，以牦牛、藏羊、青稞、油菜、冷水鱼、枸杞、藜麦为典型代表的绿色有机农畜产品，深受市场青睐，所以，打造绿色有机农畜产品输出地，青海具有先天的独特优势。

近年来，青海省第一生产基础持续夯实。经过多年的努力，已经在1000万公顷的草原上进行了严格的有机监测，并且已经完工了32.3万公顷的高质量的农田。建设千头牦牛标准化生产基地200个，千只藏羊标准化规模养殖场200个，草畜配套生态牧场200个，绿色食品原料标准化生产基地和有机农牧业基地8个。第二，供给结构不断优化。其中牦牛肉、藏羊肉、青稞、油菜、马铃薯、冷水鱼的总产量依次为15万吨、30万吨、34.5万吨、195万吨、3.5万吨。累计认证绿色食品、有机农产品和地理标志农产品1000个以上。第三，不断提高对食物的质量和安全的监管。我们已经将所有的食物都进行了严格的检验，并且在所有的食物中都采用了最新的技术和标准。牦牛、藏羊、青稞、冷水鱼等特色产品推行了原产地追溯制度，并且将所有食物的检验都提高了90%。第四，不断提高产品销售能力。农畜产品加工转化率达到65%以上，农产品加工业产值与农业总产值比达到2.4∶1。农业科技进步贡献率达到61%。做强农畜产品区域公用品牌30个、企业品牌100个、农畜产品品牌300个以上，"青字号"品牌影响力持续扩大，省内外市场得到持续拓展。第五，综合利润不断增长。青海省在农牧业的绿色发展方面做出了巨大的贡献，大幅度减少了农业的使用的原材料,并且在处理废弃物方面也做出了积极的努力。农牧业的稳定性和社会和谐性也在不断提升,农牧民的平均可支配收入达到1.7万元,培育高素质农牧民5万人。青海省正在努力建设绿色有机农畜产品输出地,以确保其可持续发展。

当然,打造绿色有机农畜产品输出地是一项复杂的系统工程,并非一蹴而就。必须认真遵循习近平新时代中国特色社会主义思想,认真执行习近平总书记在青海的重要讲话精神。在持续改善环境的同时,致力于创造更多的健康、安全、可持续的农业、牧业等。这不仅仅需要努力,也需要智慧,只有继续努力,才能真正成功。通过"提质、稳量、补链、扩输"的指导,青海将积极探索新的发展模式,大力拓展绿色有机农牧产业,进一步改善品种,完善品质,创新,不断深入开发,努力将青海打造成一个具备良好的生态环境、独具魅力的绿色有机农畜产品输出基地,从而实现青海的经济社会可持续发展,实现青海的美好未来。

其次,青海省打造绿色有机农畜产品输出地具体路径是要基于生态优先、因地制宜、创新驱动、调优结构、精品定位、龙头带动这六大原则,并结合本省绿色有机农畜产品的实际,从"七个维度"建构"七大体系",即绿色发展支撑体系、"三品一标"发展体系、科技创新服务体系、新型农牧业经营体系、现代农畜产品加工体系、物流输出体系、市场营销体系,这些体系相互支撑,层层推进,共同推进青海省打造绿色有机农畜产品输出地。"七大体系"的成功建设,必然需要一系列保障措施,要从组织领导、责任落实、政策支持、宣传引导四个方面发力,推动体系建成,为青海省打造绿色有机农畜产品输出地提供基础保障。

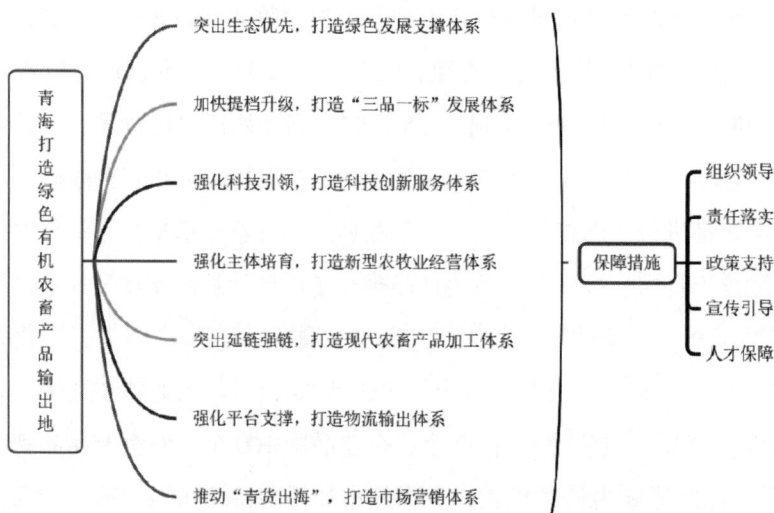

图 10.1 绿色有机农畜产品输出地建设体系

10.1 突出生态优先，着力打造基础稳固的绿色发展支撑体系

绿色是高质量发展的永恒底色，良好的生态环境，是人民对美好生活向往的题中应有之义，也是经济社会可持续发展的基础。习近平总书记更是强调："要探索以生态优先、绿色发展为导向的高质量发展新路子。"生态环境是底线，良好生态环境是人和社会持续发展的根本基础，保护生态环境就是保护生产力，改善生态环境就是发展生产力。生态环境被破坏，必然导致地区生产力下降，使得经济和社会发展水平降低，进而导致生态系统平衡被打破，人类生存与发展受到威胁。

青海地处青藏高原东北部，因地势、气候等因素，使生态系统呈现出复杂多样的特征，因此青海在发展生态畜牧业方面做出了大量的尝试。但由于青海生态环境的脆弱性、生态治理不到位、农牧业生态转型存在困境以及工业"三废"造成的农业环境污染正在由局部向整体蔓延，污水灌溉农田面积不断增加，农产品产地环境污染加剧，这些都严重威胁着农产品质量安全，导致实现生态畜牧业的可持续发展依旧存在一些难题。因此青海省打造绿色有机农畜产品输出地时，更应该首先考虑生态环境，突出生态优先，认真践行"绿水青山就是金山银山"理念，准确把握"三个最大"省情定位，严守耕地和生态红线，坚定不移走生态保护与绿色发展之路，统筹生态环境承载能力和农畜产品供给保障能力，整体推进提质稳量、绿色代替、种养循环，促进生态保护与农牧业发展有机融合、相得益彰，构建"四区一带"农牧业发展布局，打造绿色有机农畜产品输出地。

第一，加强耕地质量保护提升。加强高标准农田建设，深入开展耕地质量保护与提升行动，完善农田灌溉等配套设施，加大河湟谷地旱作梯田改造提升力度，推动落实耕地宜机化改造措施和耕地轮作制度，发展林下经济、生态旅游等，建设河湟谷地百里长廊经济林带。加强耕地土壤环境管理，强化污染源头防控，强化空气、土壤、水质环境监测评估，落实分类管控措施，提升耕地安全利用水平。分区域开展退化耕地综合治理，集成一批保护与治理并重的技术模式，积极发展节水农业、雨养农业。

第二，推进农牧业生态化转型。开展生态畜牧业关键技术研发与集成示范，抓好生态畜牧业股份制改造，以组织化、规模化、产业化为重点，加快牦牛、藏羊产业高效发展，培育一批"企业＋基地＋合作社＋家庭农牧场"联合体，落实好第三轮

草原生态保护补助奖励政策,提高草地畜牧业生产水平。加快刚察县、湟源县两个国家农业绿色发展试点先行区建设,推动建立农业绿色发展先行先试支撑体系。结合重点区域生态保护与修复项目,加快发展饲草产业,抓好粮改饲、种养结合型农业。在农牧结合区构建粮饲兼顾、种养结合、农牧循环的新型农业模式,探索低碳高效畜牧业发展路子。

第三,推进产地环境清洁化。加快推进节水节肥节药绿色技术,稳步实施化肥农药减量增效行动,推行"有机肥 +N"替代减量模式,强化示范引领和技术培训,推动科学施肥、绿色防控技术推广应用。结合实施三江源地区清洁取暖工程,强化草场有机肥有效转化、综合利用。推动化肥、农药和兽用抗菌药减量增效由重数量向提质量转变。发展畜禽清洁养殖,加快畜牧业生产方式转变,合理布局畜禽养殖场,推动农牧结合和生态养殖模式,实现畜牧业与种植业协调发展。深入实施畜禽粪污资源化利用,稳妥推进全生物降解地膜替代行动,全面实施秸秆综合利用行动,提升生产清洁化水平。

第四,提升基础设施建设水平。加强青海省东部农业区设施农业改造升级和新型设施农业建设。强化青南牧区畜牧业防灾、避灾基础设施建设,稳定牦牛、藏羊养殖规模,保障产品供给能力。扩大高产优质饲草种植面积,推广应用装配式牛羊棚舍、移动式畜圈、饲草料加工储藏、动物防疫等设施。改善渔业绿色健康养殖设施。

第五,建设重点产业生产基地。按照青海省农牧业"四区一带"区域布局,东部地区以绿色认证为主,环湖和青南地区以有机认证为主,重点打造青南牦牛生态有机畜产品基地、环湖藏羊绿色有机畜产品基地、柴达木地区绿色有机枸杞生产基地、沿黄冷水鱼生产基地、河湟谷地高原夏菜生产基地、农牧结合带优质饲草生产基地等六大基地。支持建设以泛共和盆地为主的青稞、油菜等传统特色产业生产基地和以青南牦牛、藏羊养殖为主的生态大牧场。

10.2 加快提档升级,着力打造农业生产"三品一标"发展体系

青海省打造绿色有机农畜产品输出地,必须要以高质量的农畜产品作为支撑。自 2020 年以来,从县到市,所有从事蔬菜、水果、畜禽、禽蛋、养殖水产品生产经

营的企业、农民专业合作社、家庭农场，在严格执行现有农产品质量安全控制要求的基础上，全覆盖推行食用农产品达标合格证制度。截至 2021 年 10 月已开具合格证 65 万余张，带证上市农产品 32.6 万吨，合格证试行取得重大进展。

绿色发展理念逐步深入人心，农业绿色发展加快推进，使得绿色优质农产品供给能力不断提升。但青海省农业发展方式仍然粗放、农产品供给还不完全适应消费升级需求，需要加强引导、加大投入，提高农业供给的适应性，促进农业高质量发展。为更高层次、更深领域推进青海省农业绿色发展，进一步推进绿色有机农畜产品输出地的打造，应该加快提档升级，着力打造农业生产"三品一标"发展体系。

农业生产"三品一标"即品种培优、品质提升、品牌打造和标准化生产。青海省打造绿色有机农畜产品输出地，最重要的是要保障重要农畜产品有效供给，既要保数量，也要保多样、保质量。推进品种培优、品质提升、品牌打造和标准化生产，是重要途径，也是重要任务。农业生产"三品一标"首先是深入推进农业和畜牧业绿色发展的需要，它可以推动农牧业绿色发展向全要素保护、全区域修复、全链条供给、全方位支撑转变，实现农牧业投入品减量化、生产清洁化、废弃物资源化、产业模式生态化。其次，它是提高农牧业质量效益和竞争力的需要，实施农业生产"三品一标"，可以加快选育推广高产优质多抗新品种，提高农畜产品品质，创建农畜产品品牌，全产业链拓展增值空间，提升农牧业质量效益和竞争力。最后，它是适应消费结构不断升级的需要。经济快速发展，城乡居民收入大幅增加，消费结构加快升级，农畜产品消费需求呈现个性化、多样化特点。实施农业生产"三品一标"，可以优化农业、畜牧业的生产结构和产品结构，提升农畜产品绿色化、优质化、特色化、品牌化水平。

第一，积极探索新的技术手段，不断保护品种的多样性。完善品种的组成、分类、配置，更有效地利用技术不断挖掘出更多的优良品种，并且在全国范围内积极拓宽新的技术手段，以满足不同行业的需求。为了提升我国的经济发展水平，我们将积极推进"育繁推一体化"现代化的农业发展，并在全国范围内构筑一个完善的蔬菜、水果等植物的育种、育苗和种质资源库，同时还将在"育繁推一体化"现代种业企业，建设牦牛、藏羊性能测定中心及农作物品种测试站，建设高标准农作物种子生产基地 4 万公顷。

第二，改善农畜产品的品质，建立一套具有针对性的营养品质指标体系。加强对其包装标识及分类的管理，并且积极采取措施，如实行测土配方施肥技术、地膜覆盖种植、耕地挖掘深松、水肥一体化、病虫害生物防控、引入现代化的农机、精心选择优良的饲料、实行"三增三适"的藏羊高效养殖、实行冷水鱼陆基养殖以及采取其他有助于提高农牧业的增产增效的技术以及将农学、科学、工程、文化融入到一体的综合性技术体系中，以实现更加有效的农畜产品管理。通过改进技术和方法，我们可以大幅度提升农牧业的产品品质。

第三，加快发展"青字号"农牧业品牌，深入开发和提高其中的文化内涵。增加文化创意，努力建立起具有独特风味的、地方性的、高质量的、具有竞争力的、具有深远影响的地方性品牌，如青海牦牛、藏羊、青稞、油菜、马铃薯、枸杞、冷凉蔬菜、冷水鱼、藜麦、食用菌、沙棘、青稞系列酒、冬虫夏草、蕨麻、藏茶等。"叫得响"品牌价值建设的重点是加强"青字号"的品牌宣传，积极与有深远影响的新媒体合作，并通过举办贸易会、绿色有机农产品博览会、品牌商品推广会、投融资洽谈会、高层会议等多种形式，建立青海健康有机农牧产品的展览馆，定期举办品牌设计比拼，进一步提升品牌的认知度，扩大影响范围。应当大力支持龙头企业、农牧民合作社以及其他农业经济组织，培育一批独具一格、具有良性发展势能、具有较高市场份额的中小企业及农畜产品品牌。

第四，推动全程标准化生产。通过完善"菜篮子"规范，积极地探讨现代农业的模式以及实施现代农业的全产业链体系标准，努力实现"菜篮子"规范的落实。为了提升我国的农业发展水平，将努力打造一批具备先进技术的千头牦牛、千只藏羊还有其他多种牲畜的标准化饲养场，并且在全国范围内推行规范的农民合作社，包括更多的健康产品、有机、地理标记农产品的确认，重视健康产品原材料、有机农牧业等方面的发展。

第五，严格执行"绿色、有机、地理标志农产品"规定，健全省、市（州）、县（市、区）、乡（镇）四级农畜产品质量安全监管体系，对农畜产品的质量安全进行有效的监督，并建立完善的"绿色、有机、地理标志农产品"认证机制以及完善的农牧业投入品及其相关产品的质量安全追踪机制。为了确保食品安全，市场监管部门将加强对食用农畜产品批发市场的监管，严格控制其准入标准，严厉打击违法违规经营行为，确保所有商家都能够依照规定的标准生产、经营。同时，为了确保商家的商业信誉，将严格依照规定的标准，严厉打击违法违规经营行为，确保商家的商业信誉。"治违禁控药残促提升"行动旨在加强对药物滥用的监督，规范农兽药残留超标问题。建立和完善对牦牛、藏羊、青稞、冷水鱼等特殊产品的原产区追踪机制，以保障它们的质量。应当采取更多措施来确保农业可持续发展，加大对农业产品的包装、标签以及其他相关行为的监管力度，防止任何形式的不合格应用，如保鲜剂、防腐剂、添加物质等。此外，还应当建立健全监管、检测、执法"三同步"的有效监督体系，以确保"舌尖上的安全"。

10.3 强化科技引领，着力打造智慧高效的科技创新服务体系

随着时代的向前发展，科学技术给各行各业带来了翻天覆地的变化，农业也不例外，通过新型科学技术的应用，农业生产效率大幅度提升，各种农作物产量显著提高，在质量上也得到了改进，通过新型科学技术的应用，使古老的农业焕发出新的生机。青海省在十年间，坚持把强化科技创新作为助力乡村振兴、推动农牧业高质量发展的关键举措，围绕发展壮大优势特色产业，搭建平台，组建团队，完善体系，破解瓶颈，厚植创新沃土，着力增强科技对现代农牧业的支撑能力，为青海现代农牧业发展注入强大活力，使优势产业竞争力不断增强、农牧业科技之花硕果累累。其中最让人称道的就是"牦牛产业"与"脱贫马铃薯"。

牦牛产业：以科技聚力，推动牦牛产业高质量发展。青藏高原的牦牛繁育推广服务中心致力于推广先进的育种技术，以满足发展的需要。该中心通过开展多种项目，包括冬季补充营养、断奶牛的集中喂食、一年一胎的人工授精以及其他一系列措施，来保证牦牛的健康成长。此外，该中心还致力于解决 7 个月的枯草期以及其他一些挑战，如维护青藏高原的生态平衡、保护当地的野生动物，以促进牦牛的健康成长。经过多次改进，已经成功地掌握了如何有效地配置母牛，并且能够精确地掌握它们的配种时机。每年能够生产 5 万支优良牦牛细管冻精，人工授精授配率超过 80%，大幅度提高犊牛的繁活率。通过努力寻找更有效的方法，如使用优质的畜种、改进断奶技术、建立溯源信息平台，并在冬季进行补饲来探索提高牦牛养殖效益，增加农牧民收入。2012 年，建立起省级的牛肉产业科技创新平台，以 54 项重点技术的推动、示范、研究、引入和应用，形成完整的技术链条，以满足牦牛产业的不断变革和发展的要求，获得良好的效益。

脱贫马铃薯：砥砺深耕，培育脱毒马铃薯。马铃薯是青海省重要的高产粮菜兼用优势作物，在全省农业生产中占有重要地位。青海省马铃薯农业主要分布于东部农

业区，东部农业区 70% 耕地是山旱地，随着种植业调整，省内马铃薯种植面积约为 10 万公顷，总产量为 10060 万吨，单产仅为世界平均水平的一半，提升马铃薯产量关键在于使用优质脱毒种薯以及新品种的选育。为了解决优质脱毒马铃薯种薯的使用及新品种的选育问题，多位科研专家及其团队建立了以"脱毒马铃薯微型薯高山大田直播技术"为核心的省、县、乡、村四级种薯生产体系和以"病毒检测"为核心的质量监测体系，大大降低了种薯生产成本，加快了脱毒马铃薯的推广进程。并先后对青薯 9 号、青薯 2 号、下寨 65 号等十余个青海省主栽品种进行脱毒和推广，在湟源县下寨村建立了马铃薯高山实验站种薯生产基地，辐射互助、湟源、湟中、大通、乐都、平安、民和等县。科技的创新，解决了马铃薯产业发展中关键、重大技术问题，实现了马铃薯产业的工程化，促进了马铃薯综合配套技术措施实施和马铃薯现代化机械化生产及加工利用，极大地促进科技成果向现实生产力转化，在国内率先实现马铃薯品种系列化、优质化、专用化、脱毒化，单产水平以年均 8% 的速率持续递增。

以科技为引领，青海省不断破解农牧业产业效益低的难题，加大新品种、新技术、新模式研发和推广力度，推进产业优质化、绿色化，有效推动农牧业产业高质量发展。然而时代在进步，科技在发展，科技依然在以不可预见的速度发展。青海省应紧跟时代，不断加大科技创新力度，强化科技引领，推动农牧业技术、业态、模式创新，提高农业科技进步贡献率、农牧业资源利用率、农产品加工转化率，增强绿色有机农牧业质量效益竞争力，以科技为支撑走内涵式现代农牧业发展路子，在推动农业绿色发展上打造新模式，助力绿色有机农畜产品输出地的成功建设。

第一，促进科技创新。建设一批现代农牧业科技创新中心，布局一批农牧业科技创新平台，加强特色产业产品核心技术攻关，集成推广一批先进适用技术。强化国家级、省级农牧业重点实验室等平台基地创新能力，加强与国内外科研院校和单位合作。建设青海高原种质资源研究与利用实验室，推进国家牦牛技术创新中心建设。积极探索植物工厂等现代农业高新技术。保护青藏高原特色种质资源，做强油菜、牦牛、藏羊、牧草等种业。

第二，发展智慧农业。推进青海智慧农牧业大数据平台建设和运用，完善农牧业生产管理、监测预警等应用系统建设。充分运用物联网、人工智能、大数据、区块链、5G 等现代信息技术发展现代农牧业，推动现代农牧业提质增效和产业转型升级。建设国家农业遥感中心青海分中心。加快推广现代农业产业园、绿色食品标准化生产基地和有机农业基地物联网技术，开展农牧业生产环境监测，推动智能管理、智能分析、智能控制技术与装备集成应用，提升种养业生产管理信息化水平。

第三，加强农技服务。继续推进农技推广服务体系改革建设，健全公益性农牧业技术服务力量为主体、市场化科技服务力量为补充的农牧业社会化服务体系。全面推行县乡农技人员包村联户制度。实施国家基层农技推广体系改革与建设补助项目，加强农业技术平台建设和主体培育，开展农技人员分级分类培训，招募特聘农技员，强化技术服务力量支撑，确保主推技术落实到位。深入实施科技特派员制度，完善科技特派员选派政策。

第四，培育人才队伍。搭建农牧区创业平台，以最优惠政策积极引导返乡农民工、大中专毕业生、退役军人、科技人员和经营管理者到农牧区创业。实施农牧区创业青年培训行动，依托现有各类开发区和农业产业园区，建设农村创业园区和孵化实训基地，培育一批"田秀才""土专家"。借助各类协会、联盟等平台，建立省级产业发展和促进专家团队、创业导师团队、一二三产业融合咨询服务团队、休闲农业人才汇集中心等平台，培养一批熟悉绿色有机认证、监管、生产、管理的人才。

10.4 强化主体培育，着力打造带动力强的新型农牧业经营体系

党的十九大提出："构建现代农业产业体系、生产体系、经营体系，完善农业支持保护制度，发展多种形式适度规模经营，培育新型农业经营主体，健全农业社会化服务体系，实现小农户和现代农业发展有机衔接。"新型农牧业经营主体与传统小农户相比，具有集约化、专业化、组织化、社会化的特点，大力培育新型农牧业经营主体是落实农业农村优先发展和乡村振兴战略的必由之路。

近年来，青海省根据自身实际，加快培育专业合作社、家庭农牧场、龙头企业等农牧业新型经营主体，引导龙头企业、专业合作社等主体发展实体经济，通过产业链的有机协作，推动粮经饲统筹，农林牧渔结合，种养加一体化构建集约化、专业化、组织化、社会化相结合的新型农牧业经营体系。

青海正处于转型升级的重要阶段，为了实现绿色有机农牧产品的高质量发展，必须大幅度改进传统模式，积极推进"专精特新"的发展，实施市场驱动和政府指导的双重战略，以拓展市场、增强输出、实现经济增长为核心，着重发展绿色食品产品、

食品加工储存、冷链物流、营销等领域，形成完善的产、供、销一体化的输出网络。通过建立健全政策和法规，加大对农牧民的支持，激发他们的积极性，构建一个具有活力的现代化农牧业。

第一，做强重点龙头企业。加大农牧业产业化龙头企业培育力度。强化对重点龙头企业的监测服务、动态管理和政策支持。支持龙头企业、合作社等各类加工主体以资本、技术、品牌为纽带，通过股份合作、工序衔接、产销对接等方式，建立产业化联合体。鼓励和引导龙头企业通过兼并重组、股份合作、资产转让等方式，建设大型企业集团，着力培育一批农畜产品加工"专精特新"企业。优化营商环境，保护产权和知识产权，保护公平竞争，增强发展信心。

第二，积极发展新兴合作组织。全面深化改革，加强对合作组织的管理，支撑一批合作社及其发展，加强供销合作社的发展，构筑"村级股份合作社＋农牧民专业合作社＋农牧户"的合作体系，把最前沿的科学知识、资源、技能等引入到小农户中，使其能够更好地融合到当地的发展中，从而使得当地的农牧业从传统的家族式管理发展到更加高效、可控的发展。

第三，推进农村劳动者的技能提升。加强对新一代、高素质的农村劳动者的技术指导，以及对外来务工的农村劳动者、个体工商户的技能提升，以促进全社会的可持续发展。为了促进当地的发展，大力推进新一代的职业农牧民培训计划，并为他们提供全面的教育，例如提供先进的科技知识、专业以及优秀的商业运作能力，并制定一整套全面的扶持政策，以帮助他们更好地参与到当地的农牧业发展之中。

10.5 突出延链强链，
着力打造提质增效的现代农畜产品加工体系

青海打造绿色有机农畜产品输出地，要坚持提质、增量、补链、扩输并举，突出延链强链，唱响"生态青海、绿色农牧"品牌，加强高原特色种质资源保护利用，举全省之力打造龙头企业，推进农畜产品精深加工，打造提质增效的现代农畜产品加工体系，搭建特色农畜产品输出交易平台，建成绿色有机农畜产品示范省。

第一，推动农产品初加工。大力推进产地初级加工，制定更有力的补助措施，大力推进农户合作、家园农庄、中小微企业的深度合作，将产品运输到更多的市场和更多的区域，以期降低产后的损耗，提升市场价值，实现更好的效益。为了提升产出效益，着力建造先进的仓库，用于存放各种新鲜的食物。围绕肉类、奶类、蔬菜及水产等鲜活农产品，重点发展预冷、保鲜、冷冻、清洗、分级、分割、包装等仓储设施和商品化处理，实现减损增效。围绕青稞、油菜等耐储农产品，重点发展烘干、储藏、脱壳、去杂等初加工，实现保值增值。根据当地情况，建立一批专业的家族企业、传统的手工艺品店以及农庄。

第二，强化精深加工。重点改革供给侧结构，促进绿色加工，实现生产、消费、经营、服务的统筹协调，实施"双链融合"规划，扩大绿色高效、环保的农产品生产。利用政府投入的专项基金，鼓励企业采用先进的科学技术、生产方法，实现智慧型、环保型的改革。为了促进青藏高原的经济增长，大力开展牦牛、藏羊、牦豆奶、青稞、枸杞、冷水鱼的产业开发，积极投资一批新兴的、高效的、可持续的技术改造项目。推动农畜产品向高端精深加工产品发展，做强牦牛、藏羊、青稞、马铃薯、浆果、油菜等特色肉制品、乳制品、农作物精深加工产业，提升产品加工转化率，打造绿色有机农畜产品加工基地。加快青藏高原动植物资源种植养殖基地建设，发展有机定制药园，培育中藏药材专业化市场。湟源青藏高原原产地特色产业聚集园积极承接牧区农畜产品资源，大力发展绿色有机农畜产品精深加工，建成全省最大的农畜产品加工集散基地。

第三，提升综合加工。通过推动牦牛、藏羊、青稞、油菜等特色农副产品的综合加工，鼓励和引导龙头企业不断完善和优化其制度，推动其技术创新，探索出更多的可行性、可靠性和可持续性的新兴服务，推动农产品加工业的转型升级，充分发挥其在推动农村可持续发展方面的积极性，形成 3 到 5 个具有较大影响力、具有较好的现代性的、优势明显的龙头企业，从而推动整个行业的可持续增长。应该大力支持龙头企业及其他农牧产品加工园区建设，积极探索可持续的资源回收、再生、再利用技术，以期将有价值的资源转换成可持续的经济效益。同时，应该引入最前沿的提取、分解及制备技术，以期将麦麸、菜籽饼、畜禽皮毛、骨髓、内脏等有机废弃物有效地回收再生，并创造出更多的经济价值。

第四，推进产学研贸工农一体化。主动探讨"龙头公司 + 研发单元 + 联合社 + 市场"模式，鼓励和引导龙头企业投资于具有独特资源的现代农业产品园、农业产业强镇的建设，并主动引导和鼓励农业产业联合社、农牧民专业合作社联合社建设，采取产品、技术、市场、资金的有机结合的方式，发展乡村产品经营效益。为了实现经济的可持续发展，推动行业发展，打造现代农业产品园，培育农业产业强镇，并在乡村地区打造产业融合发展的示范区。这样，就能够形成覆盖产品、加工、流通、研发和服务的完整产业结构，扩大产品的销售渠道，改善供应链，增加企业的竞争力。借助于当今先进的农业技术和政策，打造一批具有全面的供应、消费、生态、服务等功能的农产品加工园区，实现一、二、三产业的有机结合，形成一个充满活力的、相互支持、相互帮助的利益共同体，以期达到共赢的局面，推动资源的有效整合、提升品牌的影响力。

10.6 强化平台支撑，着力打造高效快捷的物流输出体系

现代农牧业的发展和新农村建设首先表现为农业生产资料和商品流通的现代化，这使得物流在第一产业中非常重要。青海省正努力构筑一个具备高效、安全、可持续的绿色有机农畜产品输出体系，而这一体系的构建，离不开农产品的精准加工、精细包装、精确仓储、精确运输、精确配送，从而实现农产品的价值提升，并将它们安全、高效地送到消费者的手中。农产品的物流具有许多独特的优势：首先，它们的数量众多，品类繁杂；其次，由于农产品与工业品有所区别，因此需要满足"绿色物流"的质量标准以及以最小的费用实现最佳的效率；最后，由于农产品的包装、运输和仓储"三难"都具有相当的挑战，因此必须采取有效的措施来提升效率，以确保农民的利益。青海省要想做大做强绿色有机农畜产品输出产业链，必然需要有效消化以上三个特点，强化平台支撑，构建高效快捷的农畜产品物流输出体系。

第一，积极探索"互联网+"区域性的电子商务模式。加强对国内外著名的电商公司的招募，建立完善的青海省绿色有机农牧产品的营销体系，促进农牧产品的电子营销。加快"互联网+"乡村电商的建设，鼓励各类电商、物流、邮政、快递等服务提供者到乡村布局，加快完善乡村电商体系。通过西宁综保区、海东跨境电商综合试验区的建立、运作，积极吸纳国内外优质的跨国电商企业，落实"青货出海"计划，搭建起一个完善的电商孵化环境，促进当地的农民、农产品生产者、以及各类电商平台之间的联系，促进农产品的在线销售，拓宽其销售渠道，提高其销售额。采取全面的措施，利用"窗口"等多种平台，开辟多元化的营销模式，深入挖掘农产品的潜在

价值，提高其在全国范围内的竞争力，并利用多种渠道，如网络、电商等，实现农产品的有效供应，实现产销的有效衔接，提高农产品的整体质量。

第二，加快现代数字化交易技术的应用。增强互联网平台对创新生产力组织方式、促进跨界融通发展的支撑作用，高水平运行青海青稞和牛羊肉交易中心。同时，积极开拓藜麦、牦牛、马铃薯等特色产品的市场，加快从传统的分散型经营模式到现代的综合性经营模式的转型。为了更好地服务青海，打造全新的、具备深度和可持续性的青海绿色生态有机农畜产品大数据平台，并迅速构建完善的青海绿色生态有机农畜产品输出交易中心。此外，积极开展数字农牧业建设项目，以促进农牧场直供、消费群体自定义、订单农牧业的发展。

第三，打造物流专业服务平台。积极培育一批具有鲜明地域特征、配套设备先进、结构科学、功能完备的农牧产品物流经营者，鼓励和引导物流公司实现从传统的仓储式到现代的综合性、智慧式的物流服务，以提升整个行业的发展水平。为了提升供应链效率，大力推广第三方物流、智能仓储、城际快运、农产品冷藏运输以及其他相关的互联网物流服务。鼓励快递公司打造智能物流体系，并为其他行业提供更多的合作机会。

第四，加强农牧民的素质，增强现代物流意识。为了在市场竞争中取得优势，应该加强教育、培训，让农牧民更加清楚地认识到市场经济的重要性，改变"小而全，大而全"和自货自运的经营模式，更好地满足消费者的需求。采用系统优化、最小总成本等技术手段，大大改善农畜产品的流通模式，极大地提升运营效率，降低成本，为农牧民带来更多的收益。

第五，打造绿色物流。积极探索可持续发展新模式，大力发展绿色物流，完善绿色低碳的货物和服务链，积极参与"绿色邮政"行动，大幅度改善货物和服务的传统模式，完善集疏运体系，提升一体化的货物和服务的综合性效率。为了更好地促进可持续的物流服务，大力提升物流运输的效率，在必要时，建立专业的物流公共服务平台。推广绿色低碳运输工具。加快绿色物流基础设施建设。支持物流企业构建数字化运营平台，推进智慧物流发展。

10.7 推动 "青货出海"，着力打造开放协同的市场营销体系

"生态青海，绿色农牧"。作为全国五大牧区之一，青海最大的优势在于生态，全省天然草原可利用面积 3886.6 万公顷，发展生态畜牧业具有得天独厚的资源优势。青海湖畔的藏羊、果洛雪山下的牦牛、龙羊湖里的三文鱼、柴达木的枸杞、贵南牧场的青稞……独特的高原气候孕育出独特的农畜产品资源。青海省已成功申报五个中国农产品特优区，16 个农产品区域公用品牌。为推动全程标准化生产，设立国家行业标准 5 项、地方标准体 3 项，推广应用重点目录标准 57 项。绿色食品、有机农产品和地理标志农产品达到 1001 个，同比增长 15%。青海省农畜产品质量已达到高标准，环保无公害，很好地迎合了市场的需求。但青海省绿色农畜产品存在整体销售情况不均衡，有些地方农畜产品质量高但无人问津，有些地区销售方式仍以传统销售方式为主，农畜产品销路不广等问题。究其原因就是青海省农畜产品存在市场营销体系尚不完善，农畜产品的优质优价在实际销售中难以充分体现以及农畜产品附加值低等问题，从而影响了绿色有机农畜产品发展与销售。农产品营销是市场营销的重要组成部分，是指农产品生产者与产品市场经营者为实现农产品价值进行的一系列的产品价值的交易活动。农产品营销活动贯穿于农产品生产和流通、交易的全过程。农产品市场营销概念体现了一定的社会价值或社会属性，其最终目标是满足社会和人们对农产品的需求和欲望。因此，青海省打造绿色有机农畜产品输出地，要立足 "世界牦牛之都，中国藏羊之府"，以 "净土青海，高原臻品" 品牌，着力打造开放协同的农畜产品市场营销体系，打开国内国外两个市场，推动 "青货出海"。

第一，大力拓展产品市场。现阶段国内、国外对优质农畜产品需求量大，尤其绿色农畜产品具有很大市场潜力，构建绿色有机农畜产品营销体系时应高度重视对相关市场的开发。为了更好地促进 "拉面经济" 的发行，在中西部地区的主要城镇中建立独具高原风味的农牧业产品的专门门面，并与 "青货出海" 的内容相互配套，以实现更加全面的营销活动。此外，利用支持政策，与当地的政府部门、企业、社会团体以及其他相关组织，共同努力，实现 "拉面经济" 的发行。

第二，完善市场服务手段。为了更有效地满足消费者的需求，大幅改进市场服务体系，增强仓储、保鲜、冷链、物流等基础设施，以及构筑 "蓄水池" 以促进农牧业生态的发展。为了更好地满足农民的需要，打造一个完善的农畜产品信息服务平台，

促进农民信息社的建设,实现生产者与市场的信息对接。积极纳入"一带一路"倡议,鼓励优势企业开拓境外生产基地和农畜产品出口基地,推动构建对外开放的农牧业发展新格局。

第三,做好产品市场定位。产品市场定位可以强化产品的针对性,提高产品竞争力,开拓新市场。在确立农畜产品的市场定位时,需要全面考虑产品的特点和缺陷。此外,还需要明确产品的客户群体。根据收入水平的差异,客户群体也会有所区别,例如:最低收入群体、低收入群体、中低收入群体、中等收入群体、中高收入群体、高收入群体等。因此,这就决定了各类农畜产品在营销过程中无法推向所有消费市场,要加强绿色有机农畜产品市场分布、市场容量、消费群体的研究,进一步挖掘青海特色农畜产品的功能和价值,在满足多层次、多样化需求的基础上,瞄准中高端市场,面向特定消费群体,加大青稞等各类功能性食品研发利用力度,对农畜产品进行科学有效定位市场,有针对地发展各类农畜产品营销渠道。

第四,打造区域品牌。产品品牌是提高产品竞争力的一个重要方面。为了推动"生态青海、绿色农牧"地域品牌的形成,在全省范围内开展绿色生态有机农畜产品的创新以及我国民族特色现代农产品的特色优势区的创新,并向社会宣传16个青海省的农产品地方公用品牌,打造一批农牧业关键品牌和独特品牌。基于"世界牦牛之都,国内藏羊之府"的资源和独特优势,"净土青海,高原臻品"的企业声誉不断提升,让"青"字号的招牌更加耀眼,促进本土的特色产品进入海内外消费者的视野,有效推动地区特色产品流通到国际市场,推动"青货"走向国际,以品牌效应"撬开"国外市场。

第五,构建市场交易平台。为了更好地服务青海农畜产品市场,青海省建立交易平台,宣传权威的产业、企业和产品信息,统筹价格,并在合理范围内进行调整。该平台通过对各种生态农畜产品的认证和市场调查,来确定其价格,发挥初级市场的作用,通过互联网、当地市场、跨境贸易等多种渠道实现这些高附加值的生态物质产品的市场化交易。通过引入先进的技术和管理体系,不仅可以使产品生产者获得更高的收益,还可以为消费者提供可靠的、可信赖的信息以及优质、环保、健康的生态产品,从而实现生态产品的最大价值。

2022年12月23日,在四川成都举办的第十九届中国国际农产品交易会上,由青海省农业农村厅主办的"净土青海·高原臻品"2022年度青海绿色有机农畜产品"青农优品"品牌在现场发布。青海省农业农村厅总经济师陈克雄,青海省农业农村厅市场与信息化处、青海省绿色有机农产品推广服务中心、海北藏族自治州刚察县有关负责同志及企业代表共同参会。

发布会现场，青海省农业农村厅发布了"青农优品" 20 强企业品牌、企业品牌未来之星以及 100 个 "青农优品" 产品品牌，涵盖牛羊肉、青稞、油菜、马铃薯、枸杞、果蔬、奶制品、饲草等多种农产品类别。作为第十九届中国国际农产品交易会的子活动之一，"青农优品" 品牌发布是近年来青海省深入实施品牌强农战略，大力推进品牌提升行动，着力构建区域公用品牌、企业品牌和产品品牌协同发展的品牌体系，共同讲好青海特点、高原特色农牧业品牌故事，不断提高 "青字号" 农牧业品牌的知名度、影响力和竞争力，全面展示质量兴农、绿色兴农、品牌强农新成就，加快打造绿色有机农畜产品输出地的具体例证。

青海省农业农村厅总经济师陈克雄在现场表示，"青农优品" 品牌的发布，旨在宣传推介青海特色农畜产品，拓宽农畜产品销售渠道，提升 "净土青海·高原臻品" 区域公用品牌影响力，助力打造绿色有机农畜产品输出地，加快推进青海农业现代化进程和乡村振兴战略实施步伐。

近年来，青海省坚持生态优先，大力发展高原特色现代生态农牧业，坚持质量兴农、绿色兴农、品牌强农，全域创建绿色有机农畜产品示范省，全力打造 "净土青海·高原臻品" 特色农牧业品牌，培育了一大批特色鲜明的牛羊肉、乳制品、青稞、冷水鱼、枸杞等生态、绿色、有机农畜产品；建成了全国最大的有机畜牧业生产基地，全国青稞加工转化率最高省份、全国最大的春油菜杂交制种基地，全国最大的冷水鱼生产基地，全国最大的有机枸杞生产基地；柴达木枸杞入选中欧互认地理标志农产品清单；鲑鳟鱼养殖获得农业农村部绿色食品认证和出口欧洲许可，成为国内唯一获准出口省份。

10.8 保障措施

习近平在青海考察时指出青海最大的价值在生态，最大的责任在生态，最大的潜力也在生态，并根据青海资源禀赋、发展优势和区域特征，亲自为青海推动高质量发展擘画 "四地" 建设战略，即加快建设世界级盐湖产业基地，打造国家清洁能源产业高地、国际生态旅游目的地、绿色有机农畜产品输出地。其中"打造绿色有机农畜产品输出地"为新发展阶段"三农"工作指明了前进方向，提供了根本遵循。为加快推进有机农畜产品高质量发展，持续提高全省绿色有机农牧业发展水平，推动打造绿色有机农畜产品输出地，需要一系列政策和保障措施。

第一，强化组织领导。为了更好的推动青海省的发展，设立"双组长""双办公室主任"机制，并且明确各自的负责人和职能，以确保各项工作的有效开展。为了更好地强化"党政同责、一岗双责"责任制，各县（区）政府应当加大对绿色有机农畜产品输出地的投入，并且根据不断变化的需求，明确每个人的具体负担，积极发挥"党政同责、一岗双责"互相配合的功能，充分发挥全社会的积极作用，尽力营造美好的环境，以期达到预期的目标。

第二，强化责任落实。为了达成创建绿色有机农牧业生态系统的目的，青海省相关厅局应当加大对各项职能的执行力度，精准划分各项任务，并且详尽列举相关的工作措施，以便于能够更好地把握发展的脉搏，并且采取每月一次的调度、每半年一次的讨论以及每一个年度的总结等方式，更好地促进绿色有机农业发展，制定一系列政策措施，建立一个高质量的、高水平的、符合环保理念的生态友好型的农业生态系统。积极探索、制定一系列符合当前环境的、高质量的、符合发展趋势的政策措施，以期达成目标。

第三，强化政策支持。积极推进政策扶贫，采取多种措施，如贷款贴息、奖励机制、先行赔付、政府采购服务、激励机制、激励创新、激发活力，鼓励社会资金参与，着力推进基础设施的更新换代，大力推进园区基地的发展、"青字号"品牌的塑造、产业链的扩张。为了更有效地推动经济社会可持续发展，我们将积极推进金融改革，将输出地的重点项目纳入优先支持范围，制定更多的优惠措施，精简信贷程序，拓宽信贷渠道，完善融资担保机制，充分利用农牧业融资担保体系的潜力。同时，要认真执行农业新增建设用地的保护措施，以解决农畜产品加工的难点。

第四，强化宣传引导。通过多种形式和途径，积极开展宣传，充分阐明建设绿色有机农畜产品输出地的重要性、目标和政策，并积极汲取和整理成功的经验和做法，以此来激发公众的积极性，为建设绿色有机农畜产品输出地创造一个良性的环境。

第五，强化人才保障。深入推行科技特派员制度，实施高素质农牧民培育计划，重点抓好致富带头人和有技能的农牧民、农村工匠培育。落实人才返乡创业支持政策，鼓励农牧区外出务工人员、大中专毕业生、退伍军人、在外企业家等人才回乡就业创业。继续实施千名大学生服务村集体经济组织行动。制定"三农"干部队伍建设规划，把农村牧区一线锻炼作为培养、提拔重用干部的重要途径，持续面向优秀村党组织书记定向考录乡镇（街道）公务员，城乡互动、双向交流。从市（州）、县（市、区、行委）机关单位和国有企业中选派一批优秀干部到农村牧区挂职锻炼。健全人才定期服务乡村等制度。支持和引导高校、科研单位工作人员到乡村兼职或离岗领办企业。探索建立涉农专业人员"县管乡用、下沉到村、服务到户"新机制，引导各类人才向基层一线聚集，培养一批永不走的工作队。充分发挥各级党校和职业技术院校的培训功能，加大涉农干部和农牧业人才培训力度。

11 生态价值转化协同促进高质量发展

　　党的十九大报告提出建立健全绿色低碳循环发展的经济体系，这是我国立足于基本国情、结合国际趋势、面向第二个百年奋斗目标作出的战略选择，具有十分重要的战略意义。构建绿色低碳循环发展的现代化经济体系要求绿色发展、低碳发展和循环发展，其核心就是要贯彻"绿水青山就是金山银山"的新发展理念。党的二十大报告中指出，"中国式现代化是人与自然和谐共生的现代化"，这明确了我国新时代生态文明建设的战略任务，总基调是推动绿色发展，促进人与自然和谐共生。报告在充分肯定生态文明建设成就的基础上，从统筹产业结构调整、污染治理、生态保护、应对气候变化等多元角度，全面系统阐述了我国持续推动生态文明建设的战略思路与方法，并对未来生态环境保护提出一系列新观点、新要求、新方向和新部署。中国在持续推进生态文明建设的过程中，生态产品成为践行"绿水青山就是金山银山"理念的有形抓手和实践载体，生态产品价值转化的路径成为落实"两山理论"的核心路径。而青海最大的价值和潜力就在生态，生态是青海的底色，产业"四地"即建设世界级盐湖产业基地、国家清洁能源产业高地、国际生态旅游目的地、绿色有机农畜产品输出地，这些都充分体现了青海的生态资源和生态产品特征，提供的几乎都是生态产品。绿水青山就是金山银山的重要发展理念与绿色循环低碳发展经济体系具有协同性，拥有相同的系统观和发展观，因此构建以产业"四地"为主体的绿色低碳循环发展经济体系能够协同推进提升青海生态价值。

11.1 高质量发展与生态价值转化具有协同性理论支撑

建立绿色低碳循环发展的经济体系是建设现代化经济体系的重要组成部分。该体系涵盖了绿色经济、低碳经济与循环经济，绿色、低碳和循环发展并不是三者的简单叠加，而是三者的有机结合、协同推进，是以破解资源环境约束实现高质量发展；同时这也是一项系统工程，是以自然约束条件为基础（资源承载力和生态环境容量），以资源节约和环境友好为最终目标，依托产业协同，推进供需协同，实现资源环境与社会经济可持续发展的高级发展模式。绿色发展、低碳发展和循环发展有着共同的发展目标，就是提倡资源节约、提高资源利用效率、保护生态环境，实现长远的可持续发展。

建立健全绿色低碳循环发展经济体系，是解决我国经济发展过程中存在的资源环境生态问题的基础之策，要将绿色低碳循环发展现代化经济体系统一于生态文明建设中。党的十八大报告明确强调了生态文明建设的途径："着力推进绿色发展、循环发展、低碳发展。"构建绿色低碳循环发展现代化经济体系就是进行生态文明建设。把绿色发展、低碳发展、循环发展的理念和模式贯穿到经济发展的各个环节、层面和领域，并形成有机联系的整体，就构建形成了绿色低碳循环发展的经济体系。

11.1.1 低碳循环发展注重的是解决人与自然和谐问题

习近平总书记在党的二十大报告中指出："中国式现代化是人与自然和谐共生的现代化。""尊重自然、顺应自然、保护自然，是全面建设社会主义现代化国家的内在要求。必须牢固树立和践行"绿水青山就是金山银山"的理念，站在人与自然和谐共生的高度谋划发展。"绿水青山就是金山银山"是生态观、发展观、政治观，是中国化马克思主义在人与自然和谐发展方面的集中概括。绿水青山既是自然财富、生态财富，又是社会财富、经济财富。绿水青山不仅是金山银山，也是人民群众健康的重要保障。绿色循环低碳发展，是当今时代科技革命和产业变革的方向，是最有前途的发展领域，可以形成很多新的经济增长点。"绿水青山就是金山银山"的重要发展理念与绿色循环低碳发展经济体系具有协同性，拥有相同的系统观和发展观。

11.1.2 从传统发展方式走向绿色低碳循环发展方式

建立健全绿色低碳循环发展经济体系，促进经济社会发展全面绿色转型，是解决我国资源环境生态问题、推动经济高质量发展、满足人民日益增长的美好生活需要的重要举措。传统发展方式受人类中心主义等传统发展观影响，主张一切以人类的利益和价值为中心，以人为唯一尺度来考虑问题，关注经济增长，忽视生态指标，强调对自然界的征服和索取，这加剧了人与自然关系的对立和恶化。绿色发展方式坚持以生态价值观为指导，综合考虑资源利用率、环境承载力、生态需求度等要素，遵循自然规律，追求资源、生产、消费等要素相匹配的生态平衡，强调人与自然和谐相处。"只有抛弃那种以人类利益作为唯一的终极价值尺度的观点，才有可能建立起新的价值尺度，即以人类与自然界的和谐作为最高价值尺度的非人类中心主义的观点，既尊重人类的利益，也承认自然界的利益。而保护与维系自然界的利益，其实就是保护人类的生存条件、保护人类自身的利益。"总之，绿色发展方式与"绿水青山就是金山银山"新发展理念一直坚持经济社会发展和生态环境保护协调统一，通过调结构、优布局、强产业、全链条，使生态环境质量得到明显提升。

11.1.3 推动形成绿色低碳循环发展方式和生活方式

习近平总书记指出："生态环境问题归根到底是经济发展方式和生活方式问题。"应加快形成绿色发展方式，深入推进供给侧结构性改革，促进产业结构优化升级，开创一个人人参与的"绿色+"时代。以人与自然和谐为价值取向，以绿色低碳循环为主要原则，以生态文明建设为基本抓手，强调经济与生态的良性循环。完善绿色产业发展支持政策，发展绿色金融，推进市场导向的绿色技术创新，更加自觉地推动绿色循环低碳发展。构建绿色低碳循环发展的现代化经济体系要求绿色发展、低碳发展和循环发展，其核心就是要贯彻"绿水青山就是金山银山"的新发展理念。"绿水青山就是金山银山"的重要发展理念与绿色循环低碳发展经济体系具有协同性，拥有相同的系统观和发展观。坚持绿色发展理念，形成绿色发展方式和生活方式，才能实现经济社会发展和生态环境保护协同共进，形成人与自然和谐发展的新格局，从而不断推动我国生态文明迈上新台阶。因此构建以产业"四地"为主体的绿色低碳循环发展经济体系能够协同推进青海生态价值提升。

11.2 "四地"产业体现青海生态产品特征

青海作为"中华水塔"及全球至关重要的生态资源库,拥有着丰富的生态产品,具有提供优质产品的潜力。青海实施产业"四地"建设战略,要结合青海优势和资源,贯彻创新驱动发展战略,加快建设世界级盐湖产业基地,打造国家清洁能源产业高地、国际生态旅游目的地、绿色有机农畜产品输出地,构建绿色低碳循环发展经济体系,建设体现本地特色的现代化经济体系,进一步推动高质量发展。"四地"产业也充分彰显了青海的生态底色和生态产品特征。

生态资源的资本化实践路径是通过政策或市场化手段进行生态价值转化,实现生态资源向财务资源、潜在资源向现实资源转化。以产业"四地"为主体的绿色低碳循环发展经济体系涵盖了青海的主要的生态资源和生态产品,如提供由农业生态环境系统中所需要直接加工转化或产化出来的各种生态农畜产品、清洁有效的绿色能源电力、清洁优质的有机淡水资源、盐湖等多种生态物质产品,能够极大程度满足人们精神文化需要,实现旅游价值、宗教文化价值、科学研究价值、审美精神价值,这些生态文化产品为打造国际生态旅游目的地提供生态价值及一定的物质基础和环境条件。

生态产品

生态物质产品	生态调节产品	生态文化旅游产品
1. 生态农畜产品	1. 气候调节、净化	1. 生态旅游
2. 天然材料特色作物	2. 涵养水源水土保养	2. 观光休闲
3. 淡水三江源	3. 生态固碳释氧	3. 生态康养
4. 清洁能源电力	4. 防风固沙	4. 生态文化精神和教育
5. 其他	5. 生物多样性	5. 审美价值
	6. 其他	6. 其他

图 11.1 生态产品分类

11.3 生态产品价值转化相关支撑理论

生态文明建设是一项长期的战略任务和目标。"绿水青山就是金山银山"科学论断理念，明确了生态文明建设的目标导向、途径方法和标准要求。"绿水青山就是金山银山"科学论断，生态产品价值的实现就是该科学论断的关键有形抓手和现实载体。党的十八大报告中明确提出要"增强生态产品生产能力"，党的十九大报告指出"供给更多优质的生态产品用以满足人民群众日益增长的生态需要"。推动生态商品价值实现，是青海力争成为全国生态文明建设排头兵、奋力建设成全国最美丽地区的关键实践路径，也需要在守住绿水青山的同时实现向金山银山科学发展论断转型，从而促进了生态资源优势向经济与社会发展资源优势的全面转变。生态商品价值实现的路径，已经成为实现"两山理论"的核心路径。生态商品价值实现将与为生态系统服务、生态系统地区生产总值、生态商品价格核算、生态产品分类等诸多因素交织在一起，成为推进区域生态文明建设、推动区域经济社会可持续发展的重要举措。

11.3.1 生态产品价值形成的理论基础

（1）马克思劳动价值理论

马克思的《资本论》将商品界定为用于交换的劳动产品，同时规定了产品必须具备使用价值与交换价值两个条件。商品的使用价值的关键是在一定程度上满足人类的某种需求，体现了人与人之间具有互动关系，交换价值的载体是使用价值；商品的交换价值是具有不同使用价值的商品按照不同交换比例进行交换，对于交换比例关系标准的探索、讨论、研究的过程是商品交换价值的核心。商品的双因素是价值抽象共性体，商品会耗费人类劳动，人类通过劳动产生价值实体，劳动量凝聚在商品中的多少即商品价值量。

马克思劳动价值理论认为商品的价值实体是由无差别的人类劳动形成的，社会必要劳动时间决定了商品价值量的大小。由于当前经济和社会的发展使得生态产品的供给不能满足人们日益增长的需求，为满足需求必须通过投入人类劳动以保护生态环境和实现生态产品的再生产，因此，马克思劳动价值理论恰好证明了生态产品价值的形成。生态产品的价值凝结了人类劳动主要体现在两个方面，一方面，人类生存和发展需要获取自然资源和生态要素，人类通过劳动从生态系统中获取的过程凝结了价值；另一方面，人类为实现可持续发展，缓解人地矛盾，推动人与自然和谐共生，需要保障生态系统的稳定和生态产品的持续供给能力，人类通过劳动对生态系统进行保护和修复的过程凝结了价值。

马克思劳动价值理论为青海生态产品价值实现提供了理论依据，之所以说青海生态环境修复、保护和维持凝聚了人类劳动，是因为当地生态环境被破坏、自然资源的退化、过牧和鼠害引起的草场沙化等现象需要人类修复，在修复过程中，一方面支持了人类劳动；另一方面牺牲了当地农畜产品的产出，因此青海生态产品凝聚了人类的劳动。从交换价值属性来看，青海生态产品价值实现需要借助市场交换、生态产品购买等方式实现其价值；从使用价值属性来看，青海生态产品具有复合多功能使用价值，首先，它能够保障人类的生存和安全需要，满足人类的基础生活需求；其次，它能够为人类提供各类生产和生活资料，保障人类社会和经济的发展需要；最后，它能够保障人类的美学需要，陶冶人类情操，满足人类的精神需要。因此，马克思劳动价值理论是青海生态产品价值实现的重要基础理论之一，为当地生态产品价值实现研究提供理论指导。

（2）生态环境价值理论

生态环境价值是由生产生态环境使用价值所需要消耗的社会必要劳动时间决定的，社会必要劳动时间的组成分为三个部分，第一是人类在生态环境修复和再生产过程中投入的必要劳动总和；第二是人类在生态环境修复和再生产过程中耗费的劳动时间；第三是人类为生态环境扩大再生产投入的资金和劳动的总和。

生态环境能够提供各种生态系统服务，生态系统服务是一种对于人类生产和生活具有稀缺性的基本要素，是生态资产的重要组成部分，需要有效的配置和管理。生态环境价值理论将生态环境系统视为自然资源资本，生态环境系统提供的生态系统服务具有能量流动、物质转换和信息传递的基本功能，为人类的生存和发展提供必要的资源和服务，不同的生态系统服务对人类具有差异且多样的价值。当前，对于生态环境价值的核算并未涵盖人类投入的劳动，而仅关注生态环境自身的价值，因此，生态环境价值的核算多是通过核算生态系统服务价值体现。

长久以来，大众认为自然资源的供给是无限的、可随意支配和使用的，生态环境并不具有价值，直接导致了人们在经济与社会活动中忽略了生态环境本身具有的价值。由于人类经济和社会的发展，造成生态环境的恶化，并影响的人类的生存和发展，因此，人们为修复和保护生态环境，付出了大量的资金和精力，对于生态环境的认识发生了改变，生态环境逐渐被人们视为具有稀缺性的资源之一，并认识到了生态环境的价值，生态环境价值理论也成为生态产品价值实现的基础理论。生态产品不仅包括可见的生态物质产品，还包括固碳释氧、土壤保持、水源涵养、旅游文化等生态调节和文化产品，满足人类的生存、物质、精神等层面的不同需求，这要求人类在消费和使用各类生态产品时，除了意识到其商品价值外，必须意识到生态产品的生态环境价值，即生态价值。生态产品价值包括生态价值和商品价值，生态价值就是对生态系统服务功能价值的核算，不能因为生态产品通过交易后实现了交换价值而忽略其自身的生态价值。

实现青海生态产品价值，不能忽略生态产品的生态价值，如果忽略其生态价值，会造成生态产品价值被低估，从而超出生态环境承载能力，并影响到生态系统的健康与安全。因此，青海生态产品价值实现需要合理配置生态环境资源，充分考虑各类生态产品的生态价值与商品价值，并做到有偿使用，通过市场化交易、横向生态补偿和纵向生态补偿的方式共同实现青海生态产品商品和生态价值。

11.3.2 生态产品价值实现的理论基础

（1）产权理论

产权理论是现代市场经济的重要理论之一，着重研究市场经济的基本制度结构，即市场经济背后的财产权利构成。产权概念的根基是制度安排，而制度安排又是社会经济整体交往过程的物质基础，所以，分析社会经济的第一个任务便是产权分配，以明确了当事人权益，并通过权益分配实现社会经济整体生产的利益最大化。产权理论是生态产品交易并实现其价值的前提和基础，同时，清晰的产权能够很好的解决外部性问题。

产权理论通过明确资源所有者占有和使用权力的基础上，实现具有稀缺性资源的最优化配置，为解决外部性问题提供了重要思路和依据。随着生态环境问题的持续发展，生态产品的稀缺属性越发凸显，该属性一定程度上决定了生态产品产权的形成和对生态产品需求竞争性的产生，同时为生态产品的市场化交易奠定了基础。

产权具体实现形态的不同可以分为所有权、管理权和使用权。当前国内生态产品较为明确的产权为所有权，自然资源所有权属于国家和集体，私有化生态物质产品所有权属于个人；生态产品的管理权在经过行政机构改革后也有明确的归属和划分，除私有生态产品外，基本归于自然资源部管理。然而，使用权是生态产品产权最混乱的领域，生态产品的种类多样性致使其产权难以清晰界定，例如水、土地资源等具有公共产权的公共物品。与此同时，生态产品的外部性问题加大了使用权确权的难度，为解决上述问题，当前国家正在推进自然资源确权登记工作。产权理论能够有助于明确生态产品的所有者，为明确生态产品价值最终归属，保障生态产品的价值实现提供理论依据和指导。

（2）公共物品理论

公共物品理论是新政治经济学中重要的基础理论之一，是一项有助于正确处理政府与市场关系、转变政府职能、市场化公共服务的重要理论。公共物品指的是能够被全社会成员共同使用产品的集合总称，具有典型的非竞争性和非排他性。非竞争性指的是一部分人对某一公共物品的使用和消费不会影响到剩余其他人使用对此类产品的使用，无论是数量层面还是质量层面；非排他性指的是某一类公共物品被一部分人使用的同时不能组织其他人对此类产品的使用。

生态产品明显具有公共物品的非竞争和非排他属性，例如清新的空气、清洁的水源等生态要素构成的生态产品。因此，开展生态产品价值实现相关研究时需充分考虑其公共物品属性。然而，当前人们在享受生态产品带来的价值同时，"搭便车"的困境持续存在，受益群体的庞大造成的"公地悲剧"效应使得难以找到生态产品价值的付费者或购买者；同时，当一部分人在享受生态产品时，对生态环境的影响和破坏影响到其他人的使用，此类"囚徒困境"效应使得生态环境受损害后直接导致生态产品的供给受影响，生态产品价值的损害者应当执行的赔偿标准需要进一步明确。

惠及空间范围与消费群体规模以明确生态产品价值的付费者和购买者，对于具有典型公共物品属性的生态产品可以采用政府购买、生态补偿等手段实现其价值；对于部分群众直接享受的生态产品可以通过税收管理、规费手段进行支付，对于具有私人产品性质的生态产品价值则可以通过市场交易的手段由明确的消费者付费。

公共物品理论的发展对于生态产品价值实现具有重要的意义，生态产品的分类因产权、功能、定位不同存在物品分类的多样性，青海生态物质产品、生态文化产品、生态调节产品在分类过程中能够从公共物品理论获得指导。

（3）外部性理论

外部性理论是现代环境宏观经济政策的思想支柱，外部性理论也被称为环境经济学的主要思想依据。外部性的概念是指某个体从事经济活动时，会对其他个体产生或积极或消极的影响，但并不会因为影响获得报酬或承担责任。生态环境的外部性主要从两方面体现，一方面是由于人类的生产生活对生态环境造成影响和破坏，从而对其他人的产生不良影响的过程，也被称为生态环境的负外部性；另一方面是人们为修复和保护生态环境投入劳动和资金，使得生态环境质量改善和生态产品供给能力提升，然而未投入劳动和资金的人群同样会因生态环境保护而获益，也被称为生态环境的正外部性。

然而，对于生态环境的正外部性和负外部性没有办法明确体现成本和价格，一方面会造成生态环境保护行为不能得到合理补偿而影响生态产品的供给，另一方面会造成因生态环境破坏的所应承担的责任或赔偿小于实际造成的损失而加剧生态环境的破坏。正外部性与负外部性都会导致政府和市场出现失灵的情况，致使无法实现资源配置的帕累托最优，所以需要通过各种手段对外部性进行治理，进而实现外部性的内部化，即通过政府和市场两种途径，也被称为庇古手段和科斯手段。庇古提出解决负外部性（外部不经济）或市场失灵的条件手段是借助一定政府干预，对边际私人产值大于边际社会产值的经济主体进行惩罚，用税收和其他行政手段实行；对于编辑私人产值小于边际社会产值的经济主体进行奖励，用补贴和补偿等手段进行，其中，惩罚和补偿的额度应分别等于私人、社会的成本和产值的差额，即边际外部成本和边际外部产值。科斯指出，外部效应并不仅仅是指简单的或是一方对另一方的损害，同时损害也具有着联合性质，即一方对另一方的损害在产生的同时，受害一方也同时受到损害。该问题的关键点在于哪方拥有损害的权力，这里讨论的权力即明晰的产权。如果产权被明确界定，前提是交易费用为零，"庇古税"是没有必要存在的，因为通过双方依靠市场机制进行自主协商即可实现资源配置的帕累托最优状态或最优资源配置效率；即使存在双方自主协商中存在交易费用的情况，出现市场失灵的现象时，需要权衡各项政策手段的成本和收益，并选行之有效的政策来解决外部性的内部化问题。

11.4 盐湖产业的生态价值转化

青海要立足盐湖资源优势，把盐湖产业作为最具特色的产业，以构建绿色低碳循环产业体系为目标，突出创新驱动，推动盐湖产业高质量发展。一是着力加强对盐湖资源综合资源开发利用产业战略规划顶层框架设计。二是形成具有广泛全球影响力的战略性产业集群,打造一批资源战略互补、产业战略融合、科技文化融通、人才资源互动、技术领先一流的产业集群。三是要塑造成为世界领先技术水平的现代化盐湖化工产业体系。四是促进盐湖资源绿色永续发展。打造"盐湖+"产业生态集群,推动盐湖产业与化工产业的融合发展。五是吸引高端人才服务盐湖产业发展。实施一批盐湖产业技术创新重大科技攻关专项,支持企业牵头组建创新联合体,加速盐湖产业发展。

(1)加强顶层设计,高位引领世界级盐湖产业基地建设。

推动盐湖产业纳入国家规划和重大产业布局。积极与国家相关部委协调,在国家层面成立建设世界级盐湖产业基地领导小组或省部协调机构,加强盐湖资源综合开发利用战略规划顶层设计。立足新发展阶段、贯彻新发展理念、构建新发展格局,主动融入国内国际双循环,以建设世界级盐湖产业基地为目标,坚持"生态优先、绿色发展,创新驱动、提质增效,区域联动、内外循环,合作共赢、开放共享",突出"政府强化政策引领,企业充分市场主体作用,科研助力创新发展",按照市场化、法治化、国际化原则,统一规划、统一开发、统一建设、统一管理、统一标准,培育形成若干个行业产业龙头企业,打造一批资源互补、产业融合、科技融通、人才互动、技术领先的产业集群,力争 2035 年,将青海省打造成为优势产业聚集地、重要产品主产地、技术创新策源地、人才培养输出地、循环经济示范地、全国区域合作示范地,实现盐湖资源平衡开采、综合利用和高质量发展。

(2)打造产业集群,助推盐湖产业高质量发展。

培育世界级盐湖产业集群。发挥园区对产业发展的聚集效应,以现有骨干企业为核心,以园中园、专业园区等形式建设产业发展基地,精准招商,配套服务。推动盐湖产业项目、技术、资金、人才等向园区集聚,形成区域特色产业发展的集聚效应。集中资源加快产业园区建设,根据产业链布局,引导产业链上下游相关企业向园区集中,促进产业集聚和规模发展。立足现有盐湖产业基础,结合各地资源优势、市场需求、人才条件、环境承载能力等情况,建立各具特色的多元发展格局,全面提高盐湖资源开发和综合利用效率,着力构建形成以钾资源开发为龙头,锂、镁、钠、硼、其他元素资源梯级开发和综合利用的世界领先现代化盐湖化工产业体系。产业重点集中在七个方面:一是巩固全国最大的钾肥生产基地地位,推动盐湖资源综合利用上升为国家战略，以稳定钾肥总产能、推进钾下游产品多元化为重点，加快钾资源向精细化、技术含量高、高附加值方向发展，到 2035 年建成世界级钾产业基地；二是优化卤水提锂工艺，提升锂盐生产工艺水平，突破低成本电池级锂盐生产技术，发展高纯氯化锂、氢氧化锂、溴化锂、钴酸锂、磷酸铁锂、金属锂等产品，到 2035 年建成世界级锂产业基地；三是加大盐湖镁资源开发利用的技术创新，强化上、中、下游对接耦合，着力破解镁盐新产品制造关键技术难题。稳步扩大金属镁、氢氧化镁等基础性产品产能，重点发展镁系合金、高纯镁砂等产品，完善产业链，到 2035 年建成世界级镁产业基地；四是继续优化钠资源的产业化利用，推动钠盐向高端化、功能化方向发展，重点发展纯碱碱液的综合利用，鼓励发展下游产品，实施钠资源高效开发工程，到 2035 年建成世界级钠产业基地；五是引进开发先进技术工艺，拓展硼等资源下游精细化学品生产，加强卤水提溴、提碘、提铷技术攻关，注重盐湖稀散元素开发，实施盐湖资源多元提取强链工程，到 2035 年建成世界级稀散元素综合高效利用基地；六是加快推进盐湖与其他产业纵向延伸、横向耦合的循环经济产业链条，构建高性能复合材料产业链，打造具有盐湖特色的高分子功能新材料产业集群，加强与清洁能源的融合发展，到 2035 年建成世界级循环经济示范基地；七是依托镁、锂、铝、钛、钠等轻金属资源和产业优势，提升金属单质的生产能力，壮大轻金属合金产业集群，到 2035 年建成国家级盐湖轻金属合金产业基地。

（3）完善产业体系，助推盐湖产业高质量发展。

塑造世界领先的现代盐湖化工产业体系。利用国内国外两种资源两个市场，全面提高盐湖资源开发和综合利用效率，着力构建形成以钾资源开发为龙头的，镁、锂、钠、硼、其他元素资源梯级开发和综合利用的世界领先现代化盐湖化工产业体系。强化盐湖资源开发的全生命周期绿色管理，遵循能源资源消耗最低化、生态环境影响最小化、可再生率最大化原则，支持企业推行绿色设计，开发绿色产品，建设绿色工厂，发展绿色盐湖工业聚集区，打造绿色产业链，全面推进绿色制造体系建设。对现有工业园区，要优化园区内的产业、企业和基础设施的空间布局，推进产业集聚和耦合链接。持续提升强卤水开采和盐田工艺技术，推广采用采矿、选矿新技术、新工艺，加强尾矿库处理处置与综合利用。推广卤水中锂、硼、镁、钾等资源的综合回收利用，推广深加工等新技术，研究低成本、高质量、无污染的元素分离提取技术，推进行业清洁生产。组织开展资源综合利用上下游产业对接等活动，推动各类资源联合开发，有效促进产业副产品、能源和废弃物相互交换、资源共享，促进物质和能量梯级利用，逐步形成绿色循环经济发展合力。

（4）促进智造融合，助推盐湖产业高质量发展。

促进盐湖资源绿色永续发展。打造智慧盐湖、数字盐湖等绿色低碳循环"盐湖+"产业生态集群，推动盐湖产业与煤化工、油气化工融合发展。从两个方面着手：一是大力推进智慧盐湖建设。大力推进移动互联网、大数据、云计算、物联网等新一代信息技术在盐湖产业的示范应用，示范推广集生产计划、作业排产、生产制造远程实时监控、产品质量控制、能耗监测于一体的互联网制造执行系统。积极推进信息技术在钾肥等核心生产流程和设备的智能化改造，提高生产设备智能化水平。支持骨干企业开展"机器代人"等专项试点，应用智能制造关键技术开展智能工厂、数字矿山、工业机器人试点示范研究。深化信息技术在质量、计划、财务、设备、生产、营销、供应链、人力资源、安全等企业管理环节的信息化应用，促进企业管理创新与管理信息化。二是强化军民融合发展。凝练一批高科技含量的军民融合项目，推进军民结合、产学研一体的科技协同创新，探索形式多样、多主体合作、多学科交融、多技术集成的军民融合协同创新模式。

（5）加大科研攻关，助推盐湖产业高质量发展。

吸引高端人才服务盐湖产业发展。实施一批盐湖产业技术创新重大科技攻关专项，支持企业牵头组建创新联合体，助推打造盐湖产业创新引领基地；组建"盐湖产业创新智力资源池"，建立健全盐湖产业创新攻关"揭榜挂帅"机制，制定实施引进人才管理办法。要着力做好四件事：一是搭建多领域协同创新平台。建立以龙头企业为核心的新型盐湖创新研究院，盐湖镁资源开发、精细化工等工程技术研究中心，产学研用协同创新的锂产业创新发展研究院。发挥国家盐湖资源综合利用产业技术创新战略联盟作用，建设若干国家重点实验室、工程技术研究中心、资源勘探开发工程技术研究中心、新材料开发重点实验室等科研平台。建设资源勘探开发科技创新基地，建立盐湖资源开发数据库及自动监测数据库。二是加大科技投入力度。争取在国家、省级层面分别设立盐湖重大专项，集中开展共性技术研究、重大产品研发，支持盐湖资源基础科学和应用研究。三是加快科技成果转移转化。依托盐湖资源综合开发利用技术成果，发展科技服务业，加强各类技术成果和知识产权交易平台建设，构建技术转移转化服务体系，加快科技成果转移转化。四是强化人才引进战略。用盐湖化工技术创新的主战场的引力优势，利用"请进来"和"走出去"两条路径，多种方式引进技术、引进人才。

11.5 实现清洁能源电力生态产品价值转化

清洁能源不仅给青海产业发展的启示，更让青海百姓端牢了"绿色饭碗"，清洁能源联动了青海经济发展的方方面面，更成为了高原百姓生活的重要一部分。清洁能源电力产品是青海重要生态物质产品。青海省域内水力、光照、风力等清洁能源丰富，自然条件优越，为其发展提供得天独厚的条件。青海省新能源外送量大幅度提升，新能源利用率大幅改善。青海清洁能源电力装机达90%，拥有太阳能资源10亿千瓦，风能总储量超过4亿千瓦，水能资源总蕴藏量2400万千瓦，保持着连续100天全清洁能源供电的世界纪录，新能源装机占比、集中式光伏发电量均居全国首位，将为我国实现碳达峰、碳中和目标贡献青海力量。青海绿色电力是产业生态化的集中体现。通过利用清洁能源发电，加快绿色电力基础设施建设，致力于用通道建设等方式发展清洁能源产业。

（1）不断提高新能源超短期预测准确度

新能源超短期预报的精度，对于实现全洁净能量供电十分关键，直接决定了未来4小时内洁净能源的出力，是否达到了全网供电要求。当前，由于没有有效的气象信息支持，对风力、光能资源变化状况无法精确预测，清洁能源超短时预报准确率亟须进一步提高，因此青海地区电网部门将根据新能源技术的发展特征和变化趋势，通过加强数字天气预报应用和大数据挖掘的分析，持续完善和提升预报模式，不断提升清洁能源超短时预报准确率。通过建立将清洁能源滚动优化引入到调度技术的支撑体系，建立将清洁能源滚动优化引入到调度技术支持结构，逐步完成对清洁能源预测、规划、管理等产销全过程的大数据分析、监测。

（2）加快推进清洁能源输送通道建设

一方面，因为我国新能源资源与我国负荷核心逆向分配。在我国西、北部地区，虽然存在着80%以上的陆地风能、60%以上的海洋太阳能，但由于将近70%的负荷都集中在中、东部地区，新能源资源也就经常远离了负荷核心，这对于我国电网的长距离输送又是一个负担。所以，我国还需要进行地方间的高电压等级输电线路建设与供电改造性能升级工程，以缓解区域电力的"卡脖子"现象。另一方面，因为青海省的经济开发规模总量较小，整体能源供给增速趋缓，而这种清洁能源资源的最丰富区域又位于全省经济欠发达区域，本地能源消纳能力也有限，所以清洁能源规模开发数量往往远超本地负荷开发水平，可再生能源生产基地建设也主要依赖于大量外送消纳。目前，因为受制于电力消纳，青海省光伏开发总量仅占全省可开发量的0.45%，占全国光伏装机总量的6%，巨大能量资源还没有得到充分利用，与当前已经将清洁电力发展成为青海省的优势支柱产业差距较大，所以青海资源的外送需求将越来越迫切，需要推动清洁能源的外送渠道建设，依托大电网、培育更大市场，以实现省域内对清洁资源在全国更大范围内的合理分配和消纳。

（3）不断深入挖掘用户参与新能源电力系统经济运行的调节潜力

在新能源大比例接入国家电网的情况下，对用户侧深度的调节是保证供电系统的安全可靠和高效运行的必要条件。同时，通过优化电力资源配置，可以深入挖掘在用户侧具备可中断性调整特点的负荷潜能，进而提高了供电调峰、调频、调压等的性能。并利用新经济技术手段促进负荷曲线的调整，进而激活空闲能力，增加清洁电源大发时段的用电量，例如支持蓄热电锅炉、应用侧储能、电动汽车充电装置、分布式网络结构的发电体系等用户侧可调整资源以及由负荷整合者、虚拟电厂经营者、综合电源提供者等参与的电力需求交易和电网运营调整，提升负荷与电网供给侧反应性，进而实现需求侧资源削峰填谷、发挥新能源的消纳作用，进而保证社会电力供求的平衡。同时明确了用户侧储能技术安全与研发的标准要求，进而加强了安全监管，以推动清洁能源发电企业、终端用户、国家电网企业的三方协同共赢。

（4）加快大容量储能设施建设

依托于得天独厚的太阳能资源与大面积荒漠化的土地资源，青海省近十年来以太阳能光伏发电系统为主的新能源装机实力明显提高。截至目前，青海省电网的总装机容量已突破了 4000 万千瓦，其中清洁能源装机能力占总装机的比例已达到 60% 以上。但由于清洁能源存在着间歇性、波动性等不均匀的先天问题，要实现对全清洁能源发电的短期电力平衡和中长期用电平衡，还必须配置一定数量的灵活调度资源。所以，作为可以解决新能源发电稳定性问题、增强省电网对整个地区清洁能源发电的承载能力和控制能力的储能技术就应运而生，储能发展技术也必将伴随着整个青海省的清洁电源事业发展。要针对全省供电区域内的地理、天气特点、环境资源特征等的具体实际，统筹规划建设抽水储能、压缩空气储能、电化学储能、贮氢等储能装置，使得高比例的清洁能源发电项目安全稳定运行，以满足灵活性资源丰富的环保要求。

（5）不断完善市场机制和监管机制

相比于生产技术的提高，市场的完善也对全清洁能源供电的实现同样重要。但是，如果政府要全面保障清洁能源的大力发展，就需要及时推动可再生能源配额制、全球碳交换机制等政策机制以及利用市场化手段促进清洁能源的大规模式发展，并通过可再生能源激励机制和保障机制，逐步建立了全社会共同共担可再生能源消费责任的社会保障机制，以实现可再生能源可持续发展。尽快做好碳配额分配工作，为碳市场体系建设提供法律支撑，推进"双碳"目标顺利实施。为保障最大比例清洁能源电力系统的可持续发展，政府必须通过合理的市场机制引导储能和灵活性资源投资建设并及时为供电安全、社会经济提供调峰、调频等辅助业务。另外，还必须适时建立相关的市场监管机构，确保电力市场的公正、有效运作。

11.6 实现生态文化旅游产品生态价值转化路径

生态产品与自然资源密不可分，是自然生态系统与人类生产共同作用所产生的结晶。自然资源作为生态产品的自然本底和供给主体，为生态产品的生产和价值实现提供了最基本的物质基础和空间保障，自然资源部门应当成为生态产品价值实现的制度供给者和重要管理者。建立健全生态产品价值实现机制，既是贯彻落实习近平生态文明思想，践行"绿水青山就是金山银山"理念的重要举措，也是坚持生态优先，推动绿色发展，建设生态文明的必然要求。生态旅游资源产品价值也具有多个实现路径：

一是要抓紧做好发展生态产品的顶层政策设计，编制生态旅游发展总体规划战略和发展布局，制定生态旅游与开发保护工作的地方相关法律规范；二是进一步加强旅游生态产品基础建设，加强生态旅游的市场基础建设，优化营商环境，培育市场主体，引导社会参与，实现共建共享；三是加快生态旅游的产业生态化，推进生态旅游产业节能减排，推动产业融合。

青海省域生态文化旅游资源丰富，富含极高的生态价值，如何将资源禀赋有效转化成经济动能，实现生态文化旅游资源向财务资源、潜在资源向现实资源转化，是当前摆在青海人民面前一道亟待破解的发展难题。开发生态文化旅游产品，科学合理利用生态价值，进而实现将青海得天独厚的资源禀赋向更加强劲的经济动能有效转化。青海省充分发挥中央预算内投资关键带动作用，致力于打造标志性文旅项目，推动旅游业多领域、多业态、多层次发展。积极打造国际生态旅游目的地，提升"大美青海"品牌国际影响力，从绿色生态入手，向全世界人民展示青海生态发展建设新成果，大力推进生态旅游发展。在青海省十四次党代会上明确了着力打造生态文明高地、着力构建以产业"四地"为主体的绿色低碳循环发展经济体系，着力探索共同富裕实践路径、加快建设绿色发展的现代化新青海的目标，使产业"四地"成为经济发展主引擎。

（1）充分认识青海生态旅游产品价值对实现打造国际生态旅游目的地重要性。

青海省地处青藏高原东北部，位于地球第三极核心区，海拔高，地形多样，气候独特，是长江、黄河和澜沧江的发源地，号称"三江之源""中华水塔"，是全国乃至亚洲的水生态安全命脉，为流域近8亿各国人民提供工农业和生活用水。过去很长一段时间，人们对青海高原的认识仅仅局限于广袤无垠、地大物博、人烟稀少、偏远落后、景色秀丽、高原缺氧、物种独特这几个概念，并不了解青海高原不仅仅是中国的宝地，更是世界的宝地；不了解正是由于青海高原的存在才改变了季风和气候的地理格局；不了解青海为全国乃至东南亚提供了丰富的水资源；不了解青海是非常重要的高寒生物种质资源库和天然基因库，蕴藏了世界独特的生物资源，青海高原的生态价值没有被充分了解和认识。"保护好青海生态环境，是国之大者。"习近平总书记2021年在青海考察时指出青海最大的价值在生态，最大的责任在生态，最大的潜力也在生态，并根据青海资源禀赋、发展优势和区域特征，亲自为推动青海高质量发展擘画蓝图，提出青海"四地"目标建设战略，即加快建设世界级盐湖产业基地，打造国家清洁能源产业高地、国际生态旅游目的地、绿色有机农畜产品输出地。党的十八大报告指出，"增强生态产品生产能力"，党的十九大报告进一步指出"提供更多优质生态产品以满足人民日益增长的优美生态环境需要"，青海生态产品的主体是生态文化旅游产品，其价值主要包括旅游价值、宗教文化价值、科学研究价值、审美精神价值等。要打造国际生态旅游目的地，青海应坚持以习近平生态文明思想为指引，践行"绿水青山就是金山银山"新发展理念，挖掘生态文化旅游资源，开发生态文化旅游产品，科学合理利用生态价值，进而实现将青海得天独厚的资源禀赋向更加强劲的经济动能有效转化。因此，青海打造国际生态旅游目的地，需要探索出将资源禀赋科学转化成经济动能的实现路径。

（2）以习近平生态文明思想为指引践行"绿水青山就是金山银山"新发展理念。

党的十八大报告指出要"增强生态产品生产能力"，党的十九大报告又指出"提供更多优质生态产品以满足人民群众日益增长的优美生态环境需要"。随着青海省将生态、文化、旅游深度融合发展，生态文化旅游已经成为青海旅游的新亮点，生态文化旅游产品成为了青海生态产品的主要组成部分，生态文化产品主要分为生态旅游资源和文化资源两类，生态文化旅游产品的价值主要包括旅游价值、宗教文化价值、科学研究价值、审美精神价值等内容，有着巨大的生态产品价值和发展潜力。要实现打造国际生态旅游目的地，必须按照习近平生态文明思想，践行"绿水青山就是金山银山"新发展理念，其主要路径是发展生态旅游，把潜在生态价值通过市场化手段进行转化，实现生态文化旅游资源向财务资源、潜在资源向现实资源转化。青海打造国际生态旅游目的地表明了习近平生态文明思想在青海取得重大理论突破。青海不仅是习近平生态文明思想重要实践地，还是新时代习近平生态文明思想理论和实践创新的重要实践地。青海作为青藏高原核心区域，作为世界第三极，将会提供更多具有特色的生态旅游和生态保护样本和素材，进一步丰富习近平生态文明思想理论和实践。推进青海打造国际生态旅游目的地，实现生态保护和高质量发展是世界性难题，需要着眼破解难题，着眼理清思路，创新工作，这必将推动党的创新理论，特别是习近平生态文明思想创新理论在青海在青藏高原落地生根。

（3）青海打造国际生态旅游目的地实现生态价值转化的路径。

2021年，习近平总书记参加十三届全国人大四次会议青海代表团审议和来青考察时赋予青海"打造国际生态旅游目的地"的重大任务和历史使命，这既是"政治要件",也是青海发展生态旅游的根本遵循,是青海为全国发展生态旅游、走生态优先、绿色发展之路作出的积极探索。要系统全面分析打造国际生态旅游目的地的优势、劣势、机遇和挑战,这对于明确青海生态文化产品价值实现路径具有重要意义和作用。生态旅游资源产品价值实现路径有:一是要做好生态文化产品顶层设计,编制生态旅游发展规划和布局,制定生态旅游与保护的相关规范,管控生态旅游开发空间和环境容量,统筹区域协作和加强国际合作;二是加强生态文化产品基础建设、生态旅游的市场基础建设,优化营商环境,培育市场主体,引导社会参与,实现共建共享;加快生态旅游的基础设施与服务建设,完善基础服务设施,对标国际服务标准,重视生态旅游科技支撑和智慧服务,强化生态旅游人才培养;三是生态旅游的生态产业化,健全生态旅游产业体系,开发生态旅游产品体系,打造生态旅游高端定制体验,推动生态旅游自然教育和科研合作;打造和宣传生态旅游品牌,构建生态旅游品牌体系,加强生态旅游品牌的宣传推广,打造生态旅游高品质特色文化产品。四是生态旅游的产业生态化,推进生态旅游产业节能减排,推动产业融合。

近年来,青海省文化和旅游系统充分发挥生态价值,大力推进生态旅游发展,生态旅游新优势日益显现。促进青海生态文化旅游产品的价值实现,一方面是实现生态产品价值转化的有效途径,另一方面能够提升人民群众的获得感,扩大生态产品的受益面。打通"绿水青山"至"金山银山"的转化通道,实现青海生态文化旅游产品价值,发展生态旅游是主要路径。青海生态旅游以当地良好生态资源为基础,融合历史与民族文化,集合生态体验的综合活动,探索出平衡发展与保护、融合文化与生态、人与自然和谐共生的旅游模式。青海生态文化旅游产品价值实现需要大力促进生态旅游市场化,同时需要政府和市场的共同作用实现。青海生态文化旅游产品能够有效带动青海省经济发展,实现青海生态环境保护和生态产品的持续供给,为青海省打造国际生态旅游目的地提供强大助力。

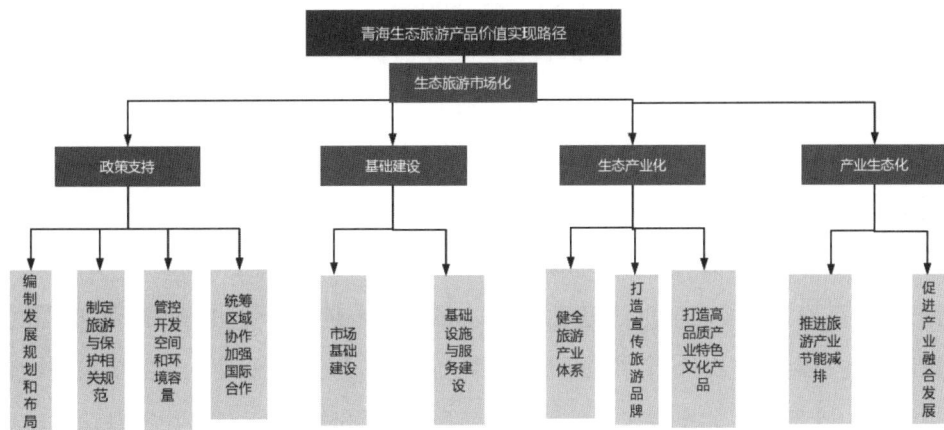

图 11.2　青海生态文化旅游产品价值实现路径

11.6.1 做好生态文化产品顶层设计

（1）编制青海生态旅游发展规划和布局

紧紧围绕《青海打造国际生态旅游目的地的行动方案》的指示要求，借助青海省"十四五"规划与 2035 远景规划中设定打造绿色人文青海的要求，坚持"一环引领、六区示范、两廊联动、多点带动"的生态旅游发展框架，构建以点带面、以线连片、生态环境优美、文化氛围浓郁、旅游要素集聚、服务功能完善、区域协作密切的国际生态旅游目的地发展空间布局。大力发展和推动当地特色文化产业的发展，建设中国重要生态文化产品供给地。通过发挥青海地区生态资源、人文独特性和大尺度景观优势，实现打造高端特色旅游品牌，因地制宜开展生态体验和自然教育，推动从生态补偿对象向生态产品卖方市场转变等目标和任务，积极推动青海地区文化产业发展，建设点状分布、规模适度、功能配套的生态人文旅游城镇，打造文商旅城融合发展的综合体系能够推动生态文化旅游产品价值实现。

青海省打造国际生态旅游目的地的目标任务为：到 2025 年，青海接待旅游人次 7300 万，旅游总收入 800 亿元，年均增速 20% 以上，文化和旅游产业增加值占 GDP 的 12%。推出 50 条生态旅游精品线路，形成 30 条生态旅游风景道，指导 3 家以上旅游景区申报创建国家 5A 级旅游景区，指导 4 家生态旅游区申报创建国家生态旅游示范区，争取打造 8 个文化特色鲜明的国家级旅游休闲城市和街区。

到 2035 年，青海省旅游行业人次与总收入持续稳定增长，入境游客占比明显提升，全省生态旅游标准基本完善，生态旅游体系基本建立，国际生态旅游目的地基本建成，实现生态旅游强省目标。

（2）制定青海生态旅游与保护的相关规范

青海省生态文化旅游产品价值转化要充分借鉴国内外发展生态旅游的典型经验，研究制定国际生态旅游目的地建设标准，制定青海省统一标准和规范，制定《青海省生态旅游产品标准》《青海省绿色餐饮评定标准》《青海省生态旅游景区开发与经营管理规范》《青海省生态旅游解说服务质量规范》《青海省生态旅游者行为准则》等标准规范，同时建立健全《青海省生态旅游环境保护制度》《青海省生态旅游环境督察制度》《青海省生态旅游环境破坏责任追究制度》。游客旅游过程需要明确的管理制度和人员约束和监督机制，坚决杜绝游客的生态破坏行为，从立法、制度、约定等层面构建青海生态旅游管理体系，让游客享受美好自然风光的同时，避免破坏生态环境，实施最严格的生态环境保护措施，杜绝因生态旅游活动而给生态环境带来负面影响。

（3）管控青海生态旅游开发空间和环境容量

需要建立更加精准化的生态旅游开发空间和环境容量管控方案。青海省生态地位重要，生态环境脆弱，需要正确处理好生态旅游发展与生产、生活和生态空间的关系，优化生态旅游布局，引导当地政府在国家公园等自然保护地周边合理规划建设入口社区和特色小镇。依据青海国家自然保护区、青海国家公园、青海生态保护综合试验区等国家级生态保护示范区域的空间类型和生态红线保护要求，将青海生态旅游空间管控分为一、二、三级保护区，应根据不同级别实施青海生态旅游开发空间管制。其中一级保护区是自然保护地的核心保护区，禁止开展生态旅游活动；二级保护区是自然保护地的一般控制区以及其他生态红线范围区域，可以适当开展生态旅游，同时在旅游旺季时控制进入景区的游客人数；三级保护区是指生态环境较好的景区景点，适当进行小规模建设，但应做好环境评价工作，同时应加强废弃物处理，规范约束旅游开发运营行为。将景区空间分为禁止建设区、限制建设区和试验建设区，实施严格的空间保护利用管控措施。其中禁建区是指对生态、安全、资源环境等对人类有重大影响的区域，一旦破坏很难恢复或将会造成重大损失。限建区指生态重点保护区域、根据生态、安全、资源环境等需要控制的区域。适建区指已经划定为景区建设发展用地的范围，需要合理确定开发模式和开发强度。适建区一般在景区外围，满足游客正常需求，使游客"区内游，区外住"，减少对环境的不利影响。同时，对景区空间的旅游环境容量阈值进行测算，建立以互联网、信息技术等科技手段为基础的景区环境容量调控系统，避免景区超负荷接待游客，对满负荷的生态旅游景区在旅游淡季安排充分恢复和休息。

（4）统筹区域协作和加强国际合作

对口支援青海藏区和开展东西部扶贫协作是党中央作出的重大战略决策，架起了青海与内地、藏区与支援省市间的联系纽带和合作平台，扩大了受援地干部群众与支援方之间的交流交往，促进了民心相通、情感相融，也极大深化了双方间的经济合作，在援受双方的共同努力下，支援帮扶工作成绩很大、亮点纷呈。应发挥政府主导作用，加强青海与援青省份的帮扶合作，鼓励对口支援省份在基础设施建设、人才教育培训、旅游宣传推广、前沿科技支持等方面提供帮助。加强青海省内外生态旅游市场的沟通、交流、协作，统筹打造青海生态旅游产品线路和品牌，推动青海生态旅游和环境保护的协调发展。同时，积极推进青海省与世界旅游组织、世界保护联盟等国际组织开展生态旅游发展与生态环境保护协同发展层面的合作，建立信息共享机制，通过交流培训、技术研讨、能力建设、项目评估等工作，推进青海生态旅游与生态保护的平衡发展。加强与"一带一路"合作伙伴和其他国家与地区的生态旅游合作，提升青海生态旅游质量，促进国际生态旅游目的地的建设。

11.6.2 加强生态文化产品基础建设

（1）青海生态旅游的市场基础建设

①优化营商环境，培育市场主体。旅游业作为朝阳产业，是推动动能转换的新引擎，带动服务业的新龙头，产业扶贫的新支撑，吸纳就业的蓄水池，在青海省经济社会发展中有着重要的地位和作用。推动旅游产业高质量发展，是贯彻新发展理念，实现青海绿色崛起的不二选择。旅游业是青海省现代服务业的龙头产业，生态旅游是实现青海生态产品价值的关键手段。青海生态旅游为国内和国外游客提供高端旅游体验，要营造市场化、法治化、国际化的营商环境。对国有、民营、外资等各种所有制企业产权和自主经营权进行依法平等保护，保障青海生态旅游市场主体公平竞争的法制环境，鼓励企业创新发展，并保障其知识产权，形成公平、稳定、持续向好的营商环境。引进国内战略型投资企业，发挥其在创意研发、品牌培育、渠道建设、市场推广等方面的优势，带动青海生态旅游产业发展；扶持省内文化旅游企业，支持各类文化旅游协会和联盟，并引导其参与青海生态旅游，整合优势资源搭建青海生态旅游市场平台，全面提升青海生态旅游服务能力，扩大影响范围。

②引导社会参与，实现共建共享。引导社会参与青海生态旅游产业，一方面，鼓励社会资本加入青海生态旅游资源开发、景区营运和产业项目建设，推行绿色旅游

产品和绿色旅游企业认证制度，完善特许经营等准入、管理和退出机制；另一方面，积极引导青海地方社区和居民参与生态旅游建设、经营和服务，参与青海生态环境保护工作。探索建立青海生态旅游生态补偿机制，完善生态保护与生态旅游收益分配激励约束机制，使政府、企业、居民和游客共享青海国际生态旅游目的地的建设成果，将青海生态旅游产业作为巩固脱贫攻坚成果、推动乡村振兴的战略性主导产业，同时推动青海农牧区文化艺术、地区教育、卫生条件、水电供应、交通金融、邮政通信等基础设施服务与生态旅游景区同步建设和发展。

（2）青海生态旅游的基础设施与服务建设

①完善青海基础服务设施。全面加强基础设施建设，构建现代化基础设施体系是全面建设社会主义现代化国家的重要支撑。提升传统基础设施水平，加强新型基础设施建设，加快构建系统完备、衔接高效、绿色集约、安全智能的现代化基础设施体系，为谱写现代化国家青海篇章奠定坚实基础。建设与青海生态旅游资源配套的基础服务设施，从住宿、餐饮、交通运输、服务、娱乐、购物、加油充电等相关服务行业入手，参照国际标准建设基础设施和旅游辅助设施：建设高标准旅游交通集散中心、游客咨询服务中心、应急救援中心、多语种旅游标识牌、山地户外营地、自驾车房车营地、低空飞行营地、停车场、旅游公厕等，以可持续利用、节能节约、生态保护为原则，探索生态住宿、绿色餐饮、共享交通等业态。青海地区生态环境脆弱，对于基础设施建设有明确的要求和限制，在生态旅游区进行配套设施建设需要当地政府和监管部门在明确的建设标准和环保要求下审批立项，杜绝对生态环境存在影响的项目上马，相关配套产业和设施可以集中在县城和村社打造，一方面能够避免青海内部生态环境受到影响，另一方面也能创造大量就业岗位，提升当地社会经济水平和居民生活质量。

②对标国际服务标准。全面提升青海生态旅游服务国际化、标准化、信息化水平。以国际标准建设青海生态旅游标识标牌、安全救援、导游导览、医疗应急、志愿服务等旅游服务体系。因青海部分地区自然环境特殊性，需加强旅游安全管理，建立突发事件应对处置机制和旅游安全预警信息发布机制，加大投入建设青海旅游应急救援基地，从通信、监控等科技层面保障青海旅游安全。以质量管理体系认证的国际管理标准，建立与国际通行规则相衔接的旅游服务标准体系，促进青海生态旅游服务要素升级，提升当地景区、交通、住宿、餐饮、旅行社、娱乐、购物等行业的服务标准和水平。

③重视青海生态旅游科技支撑和智慧服务。通过技术创新，将现代互联网、5G通信、大数据应用、电子商务等科技应用融入青海生态观光、生态休闲、生态环境保

护、生态科普教育、生态文化演出等生态旅游产品中，加大生态旅游产品的科技内涵。借助科学研究和技术研发，为青海污染物处理、生态修复等项目的研发提供支持，确保当地生态环境不会因为生态旅游产业发展受到影响。实现青海风能、太阳能等清洁能源在景区的充分利用，突出绿色、生态、环保特点，积极推进青海生态旅游的产业生态化和低碳化。借助信息技术，建立青海联动的智慧旅游大数据平台，同时接入气象、交通、应急、卫生、公共安全等数据，实现数据在青海地区的互联和共享，保障游客参与青海生态旅游时的用户体验和安全。整合青海生态旅游景区资源，建立全青海生态旅游景区预约平台，实现游客动态管理，保障游客的旅行体验，在景区生态承载力范围内进行流量监测和分时游览，并借助智慧服务为游客提供智能导览的智慧化服务，严格落实"限量、预约、错峰"的景区管理要求。同时为游客提供网络信息预览、网上预定、网上支付的便捷在线服务，并为游客提供更多的智能化与个性化服务。

④强化青海生态旅游人才培养。为满足青海生态旅游产业人才需要，首先，需要从自身出发，开办特定技能和方向的人才培训班和研修班，立足自身条件，培养当地人才，奠定青海未来生态文化旅游发展的人才基础；其次，通过人才引进手段满足高端人才需求，配套能让相关专业人才"安下心、留得住"的待遇和政策；强化对口支援人才支援机制，大力引进高层次创新创业团队，通过引领、带动、影响作用在帮助发展当地生态文化产业的同时，协助培养当地专业从业人员，实现人才培养的良性循环，培养建立一支由生态旅游研究人才、环保技术人才、经营管理人才、市场营销人才、导游解说人才等专业人员组成的人才队伍，同时对人才队伍开展国际礼仪和外语服务水平培训。最后，在当地建立青海生态旅游志愿者队伍，围绕文明引导、游览讲解、应急救援、生态保护和监督、旅游咨询等方面开展志愿服务，建立多语种的志愿服务队伍，开展"人人都是青海生态旅游大使"的生态旅游支援服务活动，全面提高青海生态旅游服务水平，促进生态旅游的人才培养工作。

11.6.3 生态旅游的生态产业化

（1）健全青海生态旅游产业体系

第一，开发青海生态生态旅游产品体系。从生态旅游线路、生态旅游景区、生态旅游景点、生态旅游风景道四方面打造青海生态旅游产品体系。首先，结合国家生态文明战略，建设青海生态旅游大环线。在此线路中，加强生态环境科普教育，打造三江源科考、可可西里科考、野生动物观光、摄影观光、少数民族文化生态、高原湖泊、雪山冰川、生物多样性体验等内容组成的精品线路。立足"绿水青山就是金山银山"理念，推出长江、黄河、澜沧江溯源之旅、阿尼玛卿雪山穿越之旅、可可西里自然保护区穿越之旅等特色旅游产品。其次，遵照国际生态旅游公约和国家生态空间管制要求，根据青海各地资源禀赋、环境质量、市场潜力、基础设施等条件，依托当地山地、森林、湖泊、草原、冰川、人文等生态系统和人文景观，打造青海生态旅游世界遗产地、自然公园、一般自然景区、人文生态景区等重点生态旅游景区。最后，在打造青海重点生态旅游景区的基础上，发掘景区内优势旅游资源，将景区内独特的山地、河流、湖泊、冰川、草原、乡村、聚落等自然和人文要素整合，设计和规划景区内重要生态旅游景点，将其作为景区旅游中心，发挥景点优势，进而带动景区的同步发展。

第二，打造青海生态旅游高端定制体验。青海生态旅游对交通工具、医疗卫生、安全保障等旅游保障需求较高，高标准的住宿和餐饮条件能使旅行体验更加美好。打造青海高端定制旅游体验有以下优点：首先，高端定制旅游线路能够为游客提供更优质的服务和可定制的旅游方案，为顾客提供高标准的服务和保障，例如：高标准越野车辆、舒适酒店住房、当地绿色特色餐饮、定制化景点游览、民俗文化体验、民族宗教深度感受、医疗卫生安全贴身保障、直升飞机游览当地山河等服务。通过高标准的服务给顾客提供高端旅游体验，进而获得更高的旅游收入和更高的游客满意度；其次，高端定制旅游能够更好地集中力量服务顾客，在做好特定旅游服务的同时，保障游客的人身安全和身体健康，使游客的体验提升，并作为宣传媒介推广青海全域生态旅游的高端体验，最终吸引更多游客并获得更多旅游收入；最后，高端定制旅游代表着对于游客的管理是及时有效的，很大程度上降低了游客对生态环境造成破坏的潜在风险，很大程度上缓解了生态旅游产业发展与生态环境保护之间的矛盾，从旅游活动开始即保证了生态环境的保护，同时带给顾客非常优越的旅游体验，是青海生态文化旅游产品价值实现的有益探索和尝试。

第三，推动青海生态旅游自然教育和科研合作。建设青海自然生态研学基地、生态旅游宣教中心、科普教育场所和生态文明体验教育基地，利用青海地区特有的自然环境作为教育教材，配合使用科技手段和网络平台，向游客普及景区生态环境与保护知识，加深游客对环境的认知，提升游客环保意识，在保障青海生态环境的持续修复和改善的同时，实现其生态文化旅游产品价值。发挥青海生态文化产品的科研文化价值，构建跨地区科研合作模式，一方面有助于提升青海社会认知度和青海生态旅游收入；另一方面，借助其他地区科研力量与青海省科研部门的合作，有助于进一步掌握青海实际情况、提升青海省科研水平和成果。通过吸引和鼓励各科研院所到青海开展科研活动，设立国家重点实验室、生态环境修复研究中心等科研平台，推动青海国家公园研究院建设和科研活动。由青海省政府提供政策支撑和保障，提高青海生态保护的科技支撑，着力解决青海资源环境承载力、灾害风险、绿色发展路径等方面的问题，为打造国际生态旅游目的地作出新贡献。

（2）打造和宣传青海生态旅游品牌

第一，构建青海生态旅游品牌体系。坚持保护优先、绿色发展原则，高水平、高标准地构建由青海生态旅游目的地品牌、产品品牌、企业品牌组成的生态旅游品牌体系。在政府引导和市场机制的共同作用下，根据青海各地区特色，全力培育当地特色产品品牌和企业品牌，在统筹协调基础上，避免特色文化品牌和产品的同质性，打造具有影响力和市场竞争力的特色文化产品和品牌，借助品牌优势带动全产业链的发展和进步。青海各州县虽然拥有大致相同的生态旅游产品，例如：自然风光、民族宗教、民俗风情等，但产品优势和风格却不尽相同，在立足自身区域文化产品优势基础上开拓"一州多业"和"一县一品"发展思路，借助科技加速当地生态旅游产业发展，助力生态旅游品牌培育和发展，持续提升青海生态旅游品牌体系的知名度和美誉度，最大程度地吸引、留住游客。

第二，加强青海生态旅游品牌的宣传推广。整合青海各地区生态文化产品资源，避免出现各县"单兵作战"的宣传方式，首先，借助青洽会、文化旅游节、生态博览会、环青海湖公路自行车赛、三江源国家公园论坛等重要活动，展示、宣传、推广青海生态旅游品牌；其次，在青海各生态旅游区加强游客服务中心建设，在提升景区内部针对当地自然风光、民族文化、宗教信仰、民俗特点等信息的推广和宣传的同时，对生态的保护和游客准则的宣传同样需要强化，保证游客遵守当地管理要求；再次，加强青海生态旅游网站、微信、微博等网络职能平台的宣传力度，结合电视、广播等媒体宣传当地的自然风光、民族宗教文化、生态环保等重要信息；最后，与国内外生态旅游协会、野生动物保护协会、环境保护组织、国际旅行集团等相关组织开展交流合作，促进青海生态旅游的国际化发展。

（3）打造青海生态旅游高品质特色文化产品

为助推文旅产业高质量发展，青海省将推进生态、文化、旅游深度融合，丰富优质旅游产品供给。依靠青海地区丰富独特的民族文化资源优势，将挖掘、开发和利用特色民族文化资源作为打造高品质特色文化产品的着力点，通过集中区域各类优势资源，关注发展青海地区工艺美术、演艺娱乐、民族手工、新闻出版等产业，并重点培育区域内高品质特色文创品牌。青海地区目前拥有较高知名度的文化产品包括：唐卡、藏毯、玉石、藏式家具、藏族首饰等，当地经过精心设计、生产、包装、宣传和推广，可将上述产品打造成为青海生态旅游特色纪念品，进一步实现当地生态文化旅游产品价值。藏族文化包含特色曲艺和歌舞特长，应发挥当地民族文化优势，加大当地民族歌舞、曲艺演艺精品创作力度，鼓励并支持当地歌手、舞者、乐手创作，打造反映青海文化的舞台剧、文旅演艺剧、艺术剧，在构建独具青海风格和气质的精品演艺体系的同时，将各类特色文化产品作为持续宣传和推广青海地区生态文化旅游产品的重要工具。

（4）生态旅游的产业生态化

近年来，青海遵循自然规律、经济规律，全面深化生态旅游业供给侧结构性改革，通过生态产业化、产业生态化实现了生态旅游业可持续发展。但是，生态旅游业作为青海打造国际生态旅游目的地的重要基石，仍需进一步提高发展质量。青海生态旅游产业发展应遵循产业生态化路径，在发展生态旅游产业，实现生态产品价值的同时，杜绝对青海生态环境的污染、破坏，同时促进当地生态产品的保值和增值。

第一，推进青海生态旅游产业节能减排。为实现"双碳"目标，开展青海生态旅游产业节能减排行动，实现青海生态旅游景区碳中和。通过节约和集约旅游产业用水、用能、用地等资源，降低生态旅游及相关行业的资源消耗强度，将青海生态旅游产业打造为生态友好产业和生态保护产业。通过景区管理和科技投入，加强生态旅游产业可再生资源的利用和回收工作，完善景区旅游垃圾无害化处理，避免对当地生态环境造成影响和破坏。鼓励和引入节能服务机构与旅游企业开展合作，通过旅游资源综合管理利用手段，在实现青海生态文化产品价值的同时，保障当地生态环境质量和生态产品供给。

第二，推动青海产业融合。青海生态旅游产业是当地生态文化产品的重要表现形式，与生态物质产品和生态调节产品联系紧密。生态旅游产业的高质量发展能够带动青海绿色有机农畜产品养殖业和加工业等相关产业的发展，青海其他产业的发展对生态旅游产业同样具有促进作用。在青海地区大力培育生态旅游衍生的自然教育、文化创意、共享牧场、生态研学、旅游装备制造等关联产业，形成具有广泛市场影响力和竞争力的生态产业体系，并积极推动生态旅游产业与农牧业、林业、工业、文化产业、商贸服务业、医疗卫生、金融服务等产业融合发展，在当地形成围绕生态旅游产业的新业态和新格局。

11.7 实现农畜产品生态价值转化

要打造绿色有机农畜产品输出地，必须按照习近平生态文明思想，践行"绿水青山就是金山银山"理念，把潜在生态价值通过市场化手段进行转化，实现生态资源向财务资源、潜在资源向现实资源转化。根据生态产品概念内涵，生态产品一般分为生态物质产品、生态调节产品和生态文化产品，其中农畜产品就属于生态物质产品。青海农畜产品种类丰富，包括粮食作物、经济作物、肉产品、奶产品以及植物药用产品。农畜产品主要凭借市场交易和生态产业化实现其价值，由于青海目前生态农畜产品市场化投入力度小、市场基础不够健全，体现不出青海生态农畜产品的稀缺性和绿色、有机等生态价值属性，生态农畜产品价值实现尚不乐观。为了提升产品影响力和产品附加生态价值，体现青海良好的生态环境为普通农畜产品带来较高生态溢价的特点，要从以下六个方面寻找路径，更好实现青海的生态农畜产品价值。

（1）生态产品认证和标准确立

政府要建立统一的青海农畜生态产品标准、认证、标识体系，健全生态产品认证有效性评估与监督机制。在参照国家标准的基础上建立企业标准，建立的企业标准必须高于国家标准，从而实现青海生态农畜产品价值及其生态价值。加强技术机构能力和信息平台建设，青海农畜生态产品可以借助生态标签，对符合生态、绿色、有机、健康标准的生态物质产品进行权威绿色产品认证（包括产区认证、绿色生态产品认证、营养成分检验认证）后公开、公布产品的真实信息。在获得生态产品认证的同时，青海农畜生态产品需要明确产品标准，产品标准一般以国家标准或行业标准为标杆，但农畜生态产品种类多样、内容丰富，在明确标准时或许存在国家标准并未建立或无法突出此类生态产品优势的情况，此时就需要建立企业标准，为了更好的实现农畜生态产品价值，建立的企业标准必须高于国家标准或以更高标准约束此类生态产品。具备生态产品认证和相应标准的青海农畜生态产品，进行直接交易时，更具有市场竞争力。

（2）延伸产业链增加附加值

青海生态农畜产品要优化和延伸产业链，增加产品附加值，提高区域经济竞争力。现有的农畜产品急需大力提高附加值，如青稞产品，牦牛产品，需加大投入力度，延长产业链。青海拥有包括冬虫夏草、雪莲花、黄芪、川贝母、秦艽等名贵植物药材。尤其是冬虫夏草的储量和质量均居全国之首，是我国名贵药材之一，与人参和鹿茸并称为中国"补品三宝"。随着近年来人民群众生活质量和健康意识的提升，商家瞄准市场需求，对冬虫夏草进行产业链深度开发，从产品质量、品种及包装开发、设计到宣传加大开发力度，造成市场供不应求的局面。想要延伸产业链，增加产品附加值，还需从以下几点做起：

第一，培育壮大现代畜禽产品加工业。按照"公司＋基地＋市场"的经营模式，支持、鼓励肉羊肉牛屠宰加工龙头企业整合生产和产品资源，同时鼓励外部龙头企业加盟，以全产业链模式组建发展联合体。以新品种推广为支撑，以精深加工为延伸，通过合资合作、改革重组、吸引外部龙头企业加盟等方式，真正做到统一规划、统一品牌、统一标准，实现产业一体化经营，做强现有的龙头加工企业，创新产品营销模式、积极对接国内外市场，建立从原料到加工到销售的全过程质量管控体系，全力打造衔接有序、完整完善、具有市场竞争优势的全产业链工程。

第二，多形式培育新型经营主体。依托肉羊、肉牛、生猪优势产业，多主体、多形式发展农牧民专业合作社和家庭农牧场，提升带动小农牧户发展的能力。对现有农牧民专业合作社进行以生产标准化、设施机械化、经营品牌化、管理规范化、产品安全化和社员技能化为主要内容的"六化"改造和建设。积极开展家庭农牧场认定工作，继续创建农牧民专业合作示范社。引导土地草牧场向种养能手集中，发展适度规模经营，培育更多的家庭农牧场，加快现代畜牧业的产业化进程，同时加强对农牧民的职业技能培训，大力培养农村牧区实用人才，全面提升畜牧业从业者的职业素养。

第三，建立有效利益联结机制。继续实施屠宰补贴政策，引导发展当地育肥产业，由相关政府机构牵头，结合乡村振兴和产业扶贫政策优势，建设家庭订单式养殖育肥基地，积极推进政企民利益联合体的构建。使生产、屠宰、加工合理衔接、环环紧扣，形成以利益为纽带、抱团发展的利益共同体。

（3）创建生态产品品牌

品牌主要是指具有经济价值的无形资产，商家通常利用品牌识别来体现其差异性，并在人们消费意识当中产生品牌定位。生态产品品牌分类大致分为特定产品品牌和区域公共品牌两类。青海生态产品品牌建设，需从品牌标准化建设入手，整合区域品牌和大品牌，扩大知名度和美誉度，形成规模优势和统一标准，实现青海生态产品价值最大化。青海三江集团三江牦牛品牌是具有一定影响力的生态农畜产品品牌，而三江源区域公共品牌是具有鲜明区域特色的区域公共品牌。政府应当加大支持力度，加强宣传和推广的力度。

第一，以"三级联动"为基础，加强绿色有机农畜产品品牌建设顶层设计。一是充分发挥省、市（州）、县三级政府作用，强化品牌建设顶层设计，形成系统性品牌建设规划，强化品牌建设共性管理，突出个性创新，避免品牌建设重叠、恶性竞争等，加强统一宣传推广，提升品牌建设的合力。二是紧紧围绕青海绿色有机农畜产品的突出特点和市场需求，精心策划青海绿色有机农畜产品整体品牌形象，制定品牌建设、管理和推广工作方案，明确省、市（州）、县的任务和责任。三是建立"省级整体品牌、区域公用品牌、企业产品品牌"的品牌运营体系，在企业品牌和产品品牌建设中发挥好市场主体作用，有效激励企业做强做优做大企业品牌和产品品牌。

第二，以"双轮驱动"为引擎，推进绿色有机农畜产品品牌建设融合发展。坚持改革创新，充分发挥市场在资源配置中的决定性作用，更好发挥政府作用，紧紧抓住政府和企业这两个"轮子"，优势互补，相互协力、共同驱动，推进农牧业供给侧结构性改革和高质量发展。一是按照"特色化、精品化、市场化"原则，打造一批能够代表青海绿色有机农畜产品输出地建设成就的区域公用品牌，带动企业品牌和产品品牌协同发展，支持农牧企业集团化发展，做强做大优势产业。二是加快要素市场化配置改革，主动融入全国统一大市场，扶持特色优势企业做大做强。指导和扶持农牧业龙头企业做优做强做大绿色有机农畜产品品牌，加快完善绿色有机农畜产品品牌建设力度，研究制定品牌建设方案，发挥好品牌建设的主力军作用，发挥好重点企业品牌、重点产品品牌的引领和带动作用。三是支持企业大力推动名品创建、品质革命、品牌提升，并积极向全国拓展，增强企业核心竞争力和影响力。加快培育"专精特新"农牧企业，重点突出新产品开发，结合市场需求开发"专精特新"绿色有机农畜产品和特色品牌。

第三，以"三大品牌"为关键，加快绿色有机农畜产品品牌建设聚力提升。推进区域公用品牌、企业品牌和产品品牌是加快绿色有机农畜产品品牌建设的关键。一是根据青海各地生态优势、地理优势、农畜产品优势和产业优势，夯实和提升区域公用品牌。二是推进企业品牌和产品品牌创建，通过奖励和补贴等方式鼓励企业做强做优品牌，在产业中起到示范引领作用。三是引导和激励农牧企业"企业品牌和产品品牌"品牌建设主体作用，扶持重点企业、重点品牌发展壮大，助力区域公用品牌的价值提升与可持续发展。

第四，以"四大体系"为主线，提升绿色有机农畜产品品牌建设质量体系。将"三品一标"贯穿到种养殖业、农畜产品加工、冷链物流、农畜产品销售"四大体系"，推进产业链、供应链、价值链品牌建设的提升，推动建立现代农牧业产业体系、生产体系和经营体系。一是推进农牧企业由粗放式管理向精细化管理转变，由单一的生产端转向复合的消费端转变，由粗加工单一企业向精加工食品企业转变。二是促进产品设计和品牌营销联动推进，根据产品定位、消费群体打造各具特色的品牌形象，紧跟消费趋势，加快推进电商平台建设，积极探索社区团购、直播带货等营销方式。三是加快冷链物流体系建设，积极发展"生鲜电商 + 冷链宅配""中央厨房 + 食材冷链配送"等冷链物流新模式，不断提升消费者体验。

第五，以创新品牌策划宣传为平台，提升青海绿色有机农畜产品品牌的影响力、竞争力。一是组织开展青海绿色有机农畜产品品牌营销拓展行动，利用互联网、大数据、人工智能等现代信息技术，组织开展营销推介活动，提高营销推广效率和受众覆盖率。二是立足有机农畜产品特色和优势做好品牌策划，找准生态旅游品牌和绿色有机农畜产品品牌的融合点，以生态旅游品牌力带动绿色有机农畜产品影响力，推进青海旅游品牌与绿色有机农畜产品品牌融合发展，发挥好著名旅游品牌的带动力，加快塑造青海绿色有机农畜产品品牌形象，培育扩大消费群，不断提高品牌识别度和市场销售力。三是围绕消费者群体创新宣传方式，突出"互联网 +"品牌宣传，与中央网络媒体加强合作，加强互联网宣传。创新推广和营销模式，积极打造"数字营销""智慧会展"。开展"青海绿色有机农畜产品品牌推广和提升"活动，选拔推广优秀品牌案例、品牌故事等。

第六，以强化人才队伍为根本，为青海绿色有机农畜产品品牌建设提供智力支持。一是建立绿色有机农畜产品各专业领域的品牌建设专家库，组织开展专业咨询、调研培训、品牌论证等工作，加强专业指导。二是加大绿色有机农畜产品品牌人才培育力度，通过"引进来 + 走出去"的方式加快培育专业人才，结合青海绿色有机农畜产品输出地建设打造品牌专业人才队伍。三是加大绿色有机农产品精深加工科技研发投入，强化农牧科学技术人才和创新人才培养，积极研究开发"专精特新"绿色有机农畜产品，努力让新产品符合新消费理念。

（4）产品价格和目标客户确定

针对青海生态农畜产品的直接市场溢价需要基于权威性的绿色产品认证，再根据消费者意愿确定市场化直接交易价格。所以我们更加倾向于有权威性绿色产品认证的产品。选择产品的第一个理由，便是由于产品拥有比较洁净的空气、水源、动植物群等良好自然条件；产品拥有符合国家权威、全国一致认可的绿色生态产品标准；所有营养技术指标，都显著高于普通农畜产品且对人体健康有益。所以，在正常生产、标准建立和新产品形成的基础上，建立科学合理的产品价格标准，是反映青海生态物质产品特色的关键环节。价格的确定是扩大消费的重要一步，最重要的是借助绿色产品、有益于身体健康等特色优势推广生态物质产品，为大家提供高生态物质产品的同时使青海也实现生态产品价值。目前，由于青海生态农畜产品市场交易价格与普通农畜产品市场交易价格相当，生态农畜产品交易价格未体现绿色、有机、纯净等生态价值属性，因此青海生态物质产品的市场交易定价并非合理定价。虽然青海地区当前生态农畜产品基本依靠市场交易实现自身价值，但目前市场定价只关注到经济适用性原则，并没有关注到社会公平性原则。青海生态农畜产品的合理定价问题即生态价值的市场化问题，解决生态农畜产品的合理定价，需要评估生态农畜产品的生态价值，其中涉及生态农畜产品和产地的绿色有机权威认证、产品营养指标和成分分析等，从而提升青海生态农畜产品定价，实现生态价值。与此同时，青海地区生态农畜产品具有稀缺性，产品的生产与生态环境密切相关，盲目扩大生产存在超出生态承载力范围的可能性，造成区域生态环境破坏，因此，对青海地区生态农畜产品进行合理定价是当前生态农畜产品价值实现的关键。

（5）建立相应的市场交易平台

打造青海国际生态农畜产品信息交易平台，将用于宣传权威产业、企业、行业的相关信息以及协调市场产品价格使其在适当时调整等任务。青海生态农畜产品交易平台提供了良好的推广和宣传的渠道。加强信息共享和资源共享，为生态产业的发展提供新的发展路径。建立省级的农畜产品市场信息交易平台，以市场为导向宣传生态物质产业，通过举办大型的产品博览推介会，邀请全国农畜业龙头企业和"特精专新"的中小企业家积极参加，为消费者带来权威、真实资讯以及优质、绿色、有机的生态物产业产品和各种福利服务，产生良好市场效果，从而达到生态价值向经济价值的转变。生态农畜产品交易目前依靠市场交易完成，市场交易的方式主要包括互联网线上交易、线下实体交易，目前的交易方式单纯的以商品交易买卖为主要形式，商品价格制订一方面参照市场反馈，另一方面参照农畜产品的基本使用价值，但当地生态农畜产品的生态价值溢价很难得到体现，生态价值体现涉及到产品认证、标准确定、市场监管、同类比较优势等多方面，因此需要搭建特定交易平台完成生态农畜产品的价值认定和评估工作，最终实现产品生态价值。

（6）发挥政府主导作用

政府主导为青海生态农畜产品的价值实现开辟了道路。第一，政府必须采取一切法律手段防止或者主动地利用其他行政措施维护社会主义生态产品市场贸易活动的公平以及创造更加公平开放的贸易条件；第二，政府机构还必须进一步明确完善社会主义市场经济要素在提高经济与社会资源配置效益过程中的角色，建立能够实现政府主导作用的有效市场机制，为青海生态产品直接贸易活动提供更为健全的制度条件；第三，政府还必须大力促进绿色产品的生态消费，必须进一步明确政府顶层政策设定以及有关标准规范制度、产品市场准入验证制度建设和更多政策方面的配套保证措施；第四，地方政府经济主管部门还需要通过进一步完善立法，确定有关农业产品交易规则，通过进一步构建健康和合理的社会主义市场化经营机制和经营方式，促进和提高青海省内生态农畜产品的生产、消费和价值实现，从而构建绿色有机农畜产品输出地，为青海省的"四地"产业发展提供条件。

12 以产业 "四地" 推动青海高质量发展体制机制和政策建议

中国共产党青海省第十四次代表大会已经顺利闭幕，这次大会是在踏上全面建设社会主义现代化国家、向第二个百年奋斗目标新征程进军的关键时期召开的一次十分重要的会议，也是建设现代化新青海以优异成绩喜迎党的二十大的重要会议。大会明确提出高举习近平新时代中国特色社会主义思想伟大旗帜，坚定不移沿着习近平总书记指引的方向前进，从党的百年奋斗重大成就和历史经验中汲取智慧和力量，大力弘扬伟大建党精神，攻坚克难，开拓创新，在推进青藏高原生态保护和高质量发展上不断取得新成就，奋力谱写全面建设社会主义现代化国家的青海篇章。大会明确了统筹把青藏高原打造成为生态文明高地的和实现高质量发展两大历史任务，明确了将建设产业 "四地" 作为推动高质量发展的主攻方向和行动路径，为青海和青藏高原的生态保护和高质量发展指明了前进方向、擘画了宏伟蓝图、提供了根本遵循。

12.1 重视顶层设计：从整体出发加强顶层设计

立足青藏高原发展整体，立足国家层面和青藏高原战略生态位置，从整体出发加强顶层设计。按照中国共产党青海省第十四次代表大会会议精神要求，地方政府必须坚决扛起维护我国环境安全、国土安全、资源能源安全的重大社会政治责任，同时进一步融入和服务于国家扩大内需战略。进一步认识和把握国内大循环给青海地区带来的新任务、新机遇，扬长避短，主动作为，进一步融入国内供应链产业链创新链，积极鼓励和引导经济发展要素向盐湖化工、清洁能源、生态旅游、特色农牧业和优势新兴产业等方面集中，进一步提高资源供给体系的适应性、速配性、规模性，有效连接国内市场需求。充分发挥政府资金对优化供给需求结构的关键作用，精准把握国家发展战略方向，围绕 "两新一重" 及生态文明 "高地"、产业 "四地" 建设等重点领域，持续扩大政府有效投资，适度超前完成基础建设投资，重点加强产业互联网转型升级，城市化，农业农村，国土安全等领域的现代化基础设施体系建设，积极谋划实施一个重基础、增功能、利长远的重要工程，奠定发展基础。

发挥体制和机制等制度优势，是被中国自改革开放以来四十多年实践证明了的促进经济社会持续高速发展的可靠保证，是被国际社会日益接受的合理体制选择。有鉴于此，中国政府今后需要更加坚持并不断进行体制机制的改革创新与完善优化，尤其是要结合青藏高原特色，围绕科技创新、产业创新、金融市场创新、政府财政用人制度改革以及金融服务产品创新等方面内涵，大胆开展系列化、配套化的改革探索，积极建立更加适合于青藏高原的地域特点的新型经济运行模式，并着力于为青藏高原区域的经济可持续发展和更高层次发展提供有效的政策保障。

12.2 强化科技创新战略支撑

解决高质量发展中所遇到的新问题，就必须强化 "弱鸟先飞" 的意识，把创新置于更加重要的战略地位上，使科技创新为高质量发展不断注入源头活水。同时顺应产业技术创新发展的趋势，围绕产业链部署创新链条，以重点共性技术创新为突破口，进一步强化产学研协同，注重原始创新和引进消化吸收与再创新之间的有机融合，畅通科技成果转化途径。围绕国家资源环境、产业发展战略和民生需求，以资源、能源、高原环境等国家重大领域的研发为主攻方向，有规划地打造国家科技发展平台，重点扶持建设盐湖、光伏、储能等国家重要实验室和实证平台，逐步健全行业标准制度建设，重点支持天文检测、高原生物等领域创新，青海省将以更加强烈的社会责任感、紧迫性和危机感，全面落实科技创新的发展思想，强化科技创新战略支撑，以展现科技担当的积极作为，聚力于打好稳住经济大盘攻坚战，为维护全省经济社会发展稳定贡献科技力量。

12.3 紧密结合国家乡村振兴战略着力全面改善民生基本问题

实施乡村振兴战略，是党的十九大作出的重大政策战略部署，是决胜全面建成小康社会、全面建设社会主义现代化国家的重大历史任务，是新时代"三农"工作的总抓手。巩固脱贫攻坚成果，坚持精准扶贫精准脱贫的基本方略，将全面提高农民脱贫致富质量摆在首位，在保持政策措施连续性、稳定性的基础上，深入展开农村脱贫攻坚战政策行动，进一步巩固农民脱贫致富成果。紧密结合我国乡村振兴战略，着力于全方位提升农村民生基本状况，实现共同富裕。要以筑牢"国家重要的生态安全屏障"为最高原则、坚持绿色生态发展思路、走人与自然的和谐发展道路；更要进一步完善农村生态产品供给，提升城市公共服务供给效率，以促进全省人民民生福祉实现共同富裕。积极构建我国高原秀美城乡示范地，努力构建宜居、韧性、创新、智能、绿色的人文城市。通过统筹城市融合和开发，推动形成城乡工农协作互促、优势互补、协调发展、共同富裕的新型工农城乡关系，进一步缩小农村城市经济差异。

通过几年持续的艰辛奋斗，青海在2019年末已经基本实现绝对贫困"清零"目标，各族群众获得感、幸福感和安全感不断提高，这在青海地方史上具有划时代意义。不过，人们必须清楚地看到，青海农牧民群众赖以生产生活的地域条件与自然环境存在高度脆弱性，农牧区市场条件和发展能力、公共服务设施环境以及社会公共服务提供能力等，尚有很大改善余地，青海广大农牧民群众在实现经济社会可持续发展、人均收入逐年增加以及生活品质持续改善目标上然存在一定困难。在这个形势下，一定要把民生改革、凝聚民心事业同中央确定的乡村振兴战略紧密结合起来，认真进行顶层设计，精心谋划政策方案，用日益丰厚的物质产品和日益提高的社会服务质量，助力民生持续改善。

12.4 积极融入国内国际双循环新发展格局和"一带一路"建设

  青海是"一带一路"东西双向重要的商贸物流承接点、战略接续地，是沟通东西、连接南北的重大交通枢纽。国家方面，基于青海省的自身资源优势和发展需求，为青海省积极融入"一带一路"建设提出了明确定位，提供了顶层设计和政策支撑。"一带一路"建设既符合中亚、中东地区"向东看"的发展策略，也符合青海省向西开拓、西向发展的战略。要发挥青藏高原和青海在"一带一路"建设中的特殊作用，持续推进南亚中亚西亚大通道建设、构建国内国际双循环。瞄准"双循环"发展格局下中国之所需、青海省之所能，进一步扩大传统民族地区优质产品贸易规模。立足青藏高原和民族地区的成本优势以及区位资源优势，抓住承接国内向全球产业转移的良好契机，借助产业转型激活产业动能，为发展传统民族优势产业提供了新的动力。但经济逆全球化抬头，导致全球原材料运输困难，产业链出现了断层，但为青海作为民族地区、西部地区承接产业转移提供了机遇。一方面，因为青海作为青藏高原核心区域，是中国主要的资源富集区，是我国现代制造业发展需求的关键原料产区，具备成本资源优势；另一方面，又因为青海省位于亚欧大陆的核心地带，既背靠着中国的主要经济发达地区，又可通过陆路运输充分辐射中西亚和东欧国家市场，是我国天然的经济洼地，具备区位资源优势。所以，借助中国在"一带一路"倡议下的国际经贸文化交流，青海省也能以较低成本及海外贸易费用，拥有中西亚和欧洲等发达国家市场，以及积极承接我国向东部地区产业转移的有利优势。

  牢牢抓住"一带一路"建设过程中国家赋予青藏高原特殊任务，充分利用好区位优势及边境资源优势，以中央最近提出的"加快形成以国内大循环为主体、国内国际双循环相互促进的新发展格局"为指导，以"中尼跨境经济合作区"建设为重要抓手，加快推进"南亚大通道建设"。高质量发展，也一定是具有国际竞争力的实体经济和服务贸易发展，为此，一定要牢牢把握好国内大循环这个主体，同时又要更好地利用境内和国外的两种市场、两种资源优势，继续培育我国在青藏高原区域参与世界合作和竞争中的独特优势。这就是说，国内和海外的大循环既不是有内无外，也不是有外无内，只有二者辩证和统一，彼此互为前提、相辅相成、相互融通、相得益彰，完成整合发展战略目的，才能推动整个青藏高原区域迅速进入经济高质量发展的快车道。

12.5 继续提升公共服务供给效率助推民生福祉改善

公共产品与服务的供应能否充分且优质，既是新发展阶段事关市民获得感、满意度和幸福感的关键指标，也是检验经济发展能否有质量、社会主义制度能否具有优越性的关键标尺。建设全面而优质公共服务系统，"存量"的完善，又要注重"增量"的培育；既要增加"硬件"的投入，更要提升"软件"的品质。具体来看，首先，继续增加公共服务支出在社会资本营运和总财政支出中的比例，并着力加强对公共服务设施的投入力度，尤其要改善基础医疗卫生、城市各类文化教育、市民基本文化公共服务等领域的设施，全面提高人均对公用产品和服务的占有量，持续增加公用产品和服务的覆盖率。其次，还将着力建设全面而高效的人才管理体系，切实提升医护、教师和文化服务等公共行业工作人员的待遇水准，并持续改进此类人员的居住环境和工作环境，通过提升其社会认同和社会地位，来构建更为专业化的人才队伍。最后，政府要逐渐开放公共服务行业的市场，以医疗健康领域为例，政府应当通过引导民间资金举办医疗机构来扩大医疗健康的公共服务提供主体，并通过加强事中事后监督来推动医疗卫生服务行业的合理竞争，从而在给市民带来更为便捷、实惠和安全的医疗健康公共服务过程中，最终使得人民幸福感进一步提升。

立足新发展阶段、贯彻新发展理念、构建新发展格局，青海的生态安全地位、国土安全地位、资源能源安全地位就显得更加关键。要优化国土空间与发展的生态格局，坚持绿色低碳经济发展，结合实际、扬长避短，走出一条具有地方特色的高效发展之道。总之，推进青藏高原地区生态保护和高效发展的世界性难题，就需要我们进一步贯彻"四个扎扎实实"重大要求，增强"四个意识"、坚定"四个自信"、做到"两个维护"，以引领推动全省各级党组织进一步落细执行全面从严治党的职能。着眼破解难题，着眼理清思路，持续推动党的理论创新，只有习近平生态文明思想理论创新和实践创新才能推进和实现青藏高原生态保护和高质量发展。

12.6 必须树立质量第一发展理念着力提高供给体系质量

习近平总书记指出，推动高质量发展是我们当前和今后一个时期确定发展思路、制定经济政策、实施宏观调控的根本要求，同时指出要把改善供给体系质量作为主攻方向，显著增强我国经济质量优势。提高供给体系质量，是经济社会高质量发展的第一要义，内涵十分丰厚。一是要提高产品质量。进一步规范质量标准与市场监督，并继续开展产品质量提升行动，积极培育质量文化。进一步加速对资源配置的市场化改革，以增强资源配置对市场需求结构的灵活性，增加有效供给，减少无效供给，提高资源供给结构与市场需求结构之间的匹配度。二是要降低供应成本。供给结构成本，重点并非生产成本，而是市场交易成本。交易成本类似于物理学世界上的阻力或摩擦力，反映出了营商环境的好坏，也决定着市场经济的活力。供给系统的交易成本，主要与制度相关，其核心属于制度性交易成本。减少核心价值交易成本，特别是隐性的核心价值交易成本，是一个永恒的任务。要增强政府服务企业能力，进一步提升政府服务企业的理念；深入推进政府行政管理体系内容和方式改革，全面推行政府市场准入负面清单制度；进一步调整政府审核流程，丰富审核手段，提高审核质量；进一步改革政府信息提供模式，提高政府电子政务、网络行政比例；进一步完善和提升社会主义市场经济环境，进一步规范社会经济秩序，促进市场公平竞争，提高知识产权保护，逐步减少保护产权成本等。三是要提高供给效益。供给效率主要是产出效益，而产出效益主要又依赖技术创新。企业是最主要的技术创新主体，而企业的技术创新又决定着整个经济的技术创新。凡经济科技水平相对强大的国家中，没有一家不拥有较多大企业。特别是美国，从 1995 年至今的世界 500 强企业数量就一直在 130 家以上。要以贯彻我国创新驱动发展战略为指引，积极建立先进的创新体系，提供更完善营商条件和科学创新环境，推动产生更多科技创新主体，激发中小企业科技创新主体作用，进一步提高企业创新与经营水平，进而提高企业的全要素生产率。

12.7 丰富国内生产总值的内涵提高国内生产总值的质量

国内生产总值是反映我国经济社会发展动态的巨大"显示屏"，这个指标不可不要，也不可不增长。但若将其视为唯一的指标，过分追求绝对数字的增加，就可能干出不顾环境恶化、生态破坏、资源枯竭，以牺牲明天为代价的傻事，就容易使一些官员养成急功近利、好大喜功、竭泽而渔、浮夸成风、捏造"政绩"的坏习惯。过去经济粗放增长付出了巨大代价，经济的高质量增长绝非不要国内生产总值，反而要求更有内涵和质量的国内生产总值。正是因为过去人们过分注重于国内生产总值的整体数量，却又相对忽视了国内生产总值的总体质量，于是出现了国内生产总值水分过多、整体质量不高的现象。今天讲高质量增长，就是要挤去单位国内生产总值的水分，做出一个真正负责任的国内生产总值；过去过分强调单位国内生产总值的规模，又相对忽视了单位国内生产总值的资金成本，结果造成了单位国内生产总值资源消耗太大、环保代价太高的情况。今天讲高质量发展，就是要大幅度降低单位国内生产总值的能源消耗和环境代价；过去过分强调国内生产总值的规模，又相对忽视了单位国内生产总值的资源结构，结果造成了资金供给结构与总需求结构之间的严重失衡，部分生产和供给相对过剩，但部分生产和供给又相对不足。今天的经济高质量发展，就是要优化国内生产总值的供应结构，提高供求结构与市场结构的协调性，增强需求结构对市场变动的适应性和灵活性；由于过去政府很重视国内生产总值的数量，而相对忽视了国内生产总值的质量层次，结果中低端商品和服务较多，中高端商品和服务较少，有产品没品质，有制造没质量，有生产没技术，结果发展国民经济和制造业的能力都未得到提高。今天讲高质量增长，就是要提高国内生产总值的产出层次和生产技术层级，以此提高了我国经济发展的整体能力；但因为过去中国政府过分注重于国内生产总值的产出总量，而相对忽视了国内生产总值的产出内涵，国内生产总值中无用项目过多，无用供给过多，高质量供给不足，劳务报酬比例偏低，从而降低了国内生产总值的红利效果，百姓的获得感、幸福感、安全感都不高。所以今天讲高质量增长，就是要丰富国内生产总值的产出内涵，以此增加国内生产总值的红利效果，从而增强百姓的获得感、幸福感、安全感。

保证速度和质量的统一性。高质量发展，必须注重质量与效率，但是，高质量发展并不是缺乏速度，而且还必须保证质量和速度之间的有机统一。讲速度又不可缺少质量,讲质量也不能缺少速度,因此既不可追求缺少质量的速度,也不可追求缺少速度的质量。高质量发展,所强调的仍然是速度发展。讲质量,也应当有发展速度。不过,高质量发展所强调的发展速度,是更为有效的高质量展速度,是更加讲究质量与效益的发展,而且还应当有提高速度和增长质量数量的方式、策略、办法、途径。2018 年 4 月,习近平总书记在视察长江经济带时针对"共抓大保护,不搞大开发"发展思路作出深刻阐释,"不搞大开发不是不要开发,而是不搞破坏性开发,要走生态优先、绿色发展之路"。这对于我们在推进高质量发展过程中,如何解决好发展质量与速度之间的关系,指明了方向。

12.8 设计高质量发展的指标体系
建立高质量效益导向的考核评估机制

当前以及在今后的一个阶段内提出发展思路、制定宏观经济政策措施、履行政府宏观调控的基本要求,要按照国家宏观政策要稳、产业政策要准、微观政策要活、改革措施要实、社会措施要托底的总体思路,加快形成推动高质量发展的政策指标体系、措施体制、标准体系、统计体制、绩效评价制度和政绩考核机制,逐步在转方式、调结构、提质量、增效益等方面取得新进展,逐步形成推动高质量发展的体制机制和政治环境。

建立高质量发展的指标体系和统计体系,也就是按照高质量发展的标志和特征,设计建立能够有效体现质量特征的指标体系和统计体系。如:反映国内生产总值结构、层次、品质、水平的指标体系和统计方法;反映社会主义市场经济发展中社会福利效应、社会福利品质的指标体系和统计方法;反映社会主义市场经济体系发展层次、社会经济档次的指标体系和统计方法;反映社会主义市场体系协调性、联动性、经济社会平等程度的指标体系和统计方法;反映社会主义市场经济发展中内生动力、市场经济活力、社会创新程度的指标体系和统计方法;反映普通公民生活水平、社会生存质量、经济生存条件、社会心理健康程度的指标体系和统计方法;反映社会主义市场经济体系消费结构、层次、生活品质、社会服务水平的指标体系和统计方法;反映社会主义市场经济体系公共物品和服务的规模、品质、档次、服务质量的指标和统计分析方法；体现社会主义市场经济社会民主管理、社会和谐水平的指标和统计分析方法等。

建立高质量效益导向的绩效评估体制。通过调整各级党政部门政绩评价标准和考核制度，纠正过去"唯国内生产总值论英雄"传统观念下单纯以速度和总量评价政绩的方法，进一步加强绩效领域的评价和考核，更加重视国内生产总值内涵、居民收入、社会服务质量、环保管理等内容。通过降低国内生产总值总量增长率、固定资产投资增长率、产业增加值增长率指标的考核，提高产品质量等效益指数考核，提高能源消耗、生态损害、生态效益、技术创新、安全生产、新增债务等指标的权重。并建立了具体的绩效评价流程、机制和对考评结果的使用机制。区域间经济社会竞争，作为我国推动发展中的一种主要动力机制，体现了我国经济社会发展的制度优势，过去在我国的经济社会发展中产生了重要的影响。现阶段推动我国经济社会的发展，仍需要坚持这一机制，发挥这一体制资源优势，转变经济社会竞争的质量指标和成绩的考评方法。要通过政府对绩效管理和评估导向的转变，将区域间政府对经济社会竞争的着力点由发展的速度数量逐步转为发展的质量效益。

12.9 建立宏观调控机制完善市场配置机制

建立更加合理的国家宏观调控机制。根据党的十八大、尤其是党的十九大以来，国家出于对提高和完善宏观调控的需要，把维护国民经济发展速度均衡、推动重大国民经济结构协调、降低宏观经济循环波动因素、防止重大区域性系统性风险、实现国民经济持续健康发展作为国家宏观调控的基本任务。按照高质量发展发的重要含义、特点和基础条件，进一步完善以国民经济发展战略和计划为引导，以财政政策、税收政策、金融政策、产业政策、地方政府、金融市场调控措施为主要手段的国家宏观调控制度和协调配套制度，以促进并引领经济社会高质量发展。加强与优化地方政府市场的宏观调控，重点在于更好地发展地方行政功能，积极进行发展策略、发展规划、经营方案、环境质量标准等的制定、实施和监管。特别是对于拥有大量公共物品、外部影响、市场失灵问题严重的区域政府，更应该充分发挥政府作用。如在环境发展方面，政府在牢固树立绿色经营思想的同时，应积极构建促进发展环保经济的技术标准、政策体制、管理法规，逐步健全绿色低碳循环发展的经济架构，努力创造山清水秀、地绿天蓝的良好经济社会发展环境，积极推动人与自然和谐共生。高质量发展是一种全新的发展趋势，是一种全新的经济状态。作为一种发展理论、一种增长方式、一种增长战略，高质量的增长是我国经济社会的一个持续而不断变化的动力过程，是我国经济与社会总体增长模式不断转变、发展结构持续调整、发展动力持续转变的过程，是经济与社会总体增长水平、品位、意识形态等不断跃升的过程，是持续实现发展质量变革、发展效率变革、发展动能创新的过程，是持续实现更高质量、更具效率、更加平等、更可持续增长的过程。这就意味着，推动国民经济的高质量增长并不是一朝一夕、一蹴而就的事，而且需要长期用力、久久为功。同时，应指出，国民经济向高水平发展的战略思想和政策措施也并非是一成不变的，而是应当随着经济社会实践的发展、民众认识的深化而不断丰富、完善的。

完善市场化资源配置机制，进一步强化市场在资源配置中的决定性作用。保证供应系统的质量，是社会主义市场经济中质量的重要方面。而供给结构与需求量结构变化之间的配度，则主要体现在供给结构变化对需求量变动的适应性与灵敏度上，这也是供给体系质量优势的最佳标准。不过，因为供求结构决定着资源配置结构，所以供求结构对需求量结构变化的适应性和灵活性就决定了资源分配在需求量结构变化上的适应性和灵活性。如果说供给过剩或供给不足，抑或供给结构与需求量构成的比例不相匹配，说到底还是存在着资源配置问题。一旦资源供给结构发生了问题，就表示着资源配置结构发生了扭曲。提高资源供应体系对供需结构变化的适应性和灵活性，就需要通过变革决定并影响资源配置的体制机制，以提高资源配置体系在供求变化上的适应性和灵活性。因此，需要进一步推进资源配置制度变革，建立健全的市场化资源配置激励机制，以充分发挥市场在资源配置中的决定性作用。逐步建立生产资料所有权合理激励、生产要素自由流转、市场价格反应灵活、竞争过程公正有序、企业经营优胜劣汰的新体制环境。要深入改革政府行政管理制度，全面推行政府市场准入的负面清单管理制度。这是政府简政放权、减轻行政干预、优化社会资源配置的重要途径。一些产品或公共服务供应问题，与市场准入相关，比如民办幼儿园、学校、诊所、养老院的设立，也是市场准入问题。推行市场准入的负面清单制度，将有助于减少上述问题。要降低市场准入的隐性壁垒。比如，改善市场用地和人员编制管理。一些产品和劳动力的供给问题，有些是市场准入问题，有些则是用地或人员编制问题。看到一些医院的拥堵情况，才明白看病有多难。逛大城市中心区，才明白停车有多难。

办理过孩子入托的家庭，才知道孩子入托有多难。就医难、停车难、孩子入托难等，本身就意味着投资机会，可是，为什么市场上对这些需求或投资机会却不能及时作出反应？一定是因为市场存在着某些问题，包括人员编制困难、市场用地问题、审批或准入问题等。据此，地方政府部门应当在全面实施市场准入负面清单制的同时，逐步完善市场主体用地结构和人员编制管理，以降低各种隐性障碍，从而提高市场主体对市场机会的反应速度。

参考文献

[1] 马克思恩格斯选集（第 1 卷）[M]. 北京：人民出版社，2012.

[2] 马克思恩格斯选集（第 2 卷）[M]. 北京：人民出版社，2012.

[3] 马克思恩格斯选集（第 3 卷）[M]. 北京：人民出版社，2012.

[4] 马克思恩格斯选集（第 4 卷）[M]. 北京：人民出版社，2012.

[5] 毛泽东选集（1-4）[M]. 北京：人民出版社，1991.

[6] 邓小平文选（1-3）[M]. 北京：人民出版社，2014.

[7] 江泽民文选（1-3）[M]. 北京：人民出版社，2006.

[8] 胡锦涛文选（1-3）[M]. 北京：人民出版社，2006.

[9] 马克思 .1844 年经济学哲学手稿 [M]. 北京：人民出版社，2014.

[10] 习近平 . 习近平谈治国理政第一卷 [M]. 北京：外文出版社，2018.

[11] 习近平 . 习近平谈治国理政第二卷 [M]. 北京：外文出版社，2018.

[12] 习近平 . 摆脱贫困 [M]. 福州：福建人民出版，1992.

[13] 习近平 . 干在实处走在前列 [M]. 北京：中共中央党校出版社，2006.

[14] 习近平 . 之江新语 [M]. 杭州：浙江人民出版社，2007.

[15] 习近平关于全面建成小康社会论述摘编 [M]. 北京：中央文献出版社，2016.

[16] 习近平 . 习近平二十国集团领导人杭州峰会讲话选编 [M]. 北京：外文出版，2017.

[17] 习近平 . 决胜全面建成小康社会夺取新时代中国特色社会主义伟大胜利——在中国共产党第十九次全国代表大会上的报告 [M]. 北京：人民出版社，2017.

[18] [习近平 . 决胜全面建成小康社会夺取新时代中国特色社会主义伟大胜利 [M]. 北京：人民出版社，2017.

[19] 黄承梁 . 新时代生态文明建设思想概论 [M]. 北京：人民出版社，2018.

[20] 任铃，张云飞 . 改革开放 40 年的中国生态文明建设 [M]. 北京：中共党史出

版社，2018.

[21] 卢风. 生态文明与美丽中国 [M]. 北京：北京师范大学出版社，2019.

[22] 潘家华. 生态文明建设的理论构建与实践探索 [M]. 北京：中国社会科学出版，2019.

[23] 左雪松. 习近平新时代生态文明建设思想的质性定位 [J]. 内蒙古社会科（汉文版），2018（3）.

[24] 王永斌. 习近平生态文明思想的生成逻辑与时代价值 [J]. 西北师大学报（社会科学版），2018（9）.

[25] 周光迅，李家祥. 习近平生态文明思想的价值引领与当代意义 [J]. 自然辩证法研究，2018（9）.

[26] 王雨辰. 论习近平生态文明思想的理论特质及其当代价值 [J]. 福建师范大学学报（哲学社会科学版），2019（06）.

[27] 张永红. 习近平生态文明思想的世界意义论析 [J]. 湖湘论坛，2019，（06）.

[28] 黄承梁. 论习近平生态文明思想历史自然的形成和发展 [J]. 中国人口·资源与环境，2019（12）.

[29] 陈洪波，潘家华，我国生态文明建设理论与实践进展 [J]. 中国地质大学学报（社会科版），2012（05）.

[30] 杨园. 刍议毛泽东生态文明思想及其对生态文明建设的启示 [J]. 中共济南市委党校学报，2014：85-88.

[31] 黄娟，黄丹. 新中国成立以来中国共产党的生态文明思想 [J]. 鄱阳湖学刊，2011:5-16.

[32] 胡洪彬. 从毛泽东到胡锦涛：生态环境建设思想60年 [J]. 江西师范大学学报，2009：16-22.

[33] 鲁长安，柳志. 邓小平生态文明思想的主要内容及其当代价值. 武汉电力职业技术学院学报.2009：3.

[34] 范颖. 中国特色生态文明建设研究 [D]. 武汉：武汉大学，2011.

[35] 张军. 论邓小平社会主义全面发展理论的系统思想 [J]. 中共四川省省委机关党校学报，2004：10-12.

[36] 胡建. 工业文明与生态文明的反馈格局——新中国邓小平时期的生态文明理路探析 [J]. 中共杭州市委党校学报，2015:91-96.

[37] 李忠 . 马克思生态环境思想及其当代价值 [D]. 沈阳 : 辽宁大学, 2014.

[38] 董强 . 马克思主义生态观研究 [D]. 武汉 : 华中师范大学, 2013.

[39] 陈仲新, 张新时 . 中国生态系统效益的价值 [J]. 科学通报, 2000, 45 (1) :17-22.

[40] 谢高地, 鲁春霞, 冷允法等 . 青藏高原生态资产的价值评估 [J]. 自然资源学报, 2003, 18 (2) :189-196.

[41] 毕晓丽, 葛剑平 · 基于 IGBP 土地覆盖类型的中国陆地生态系统服务功能价值评估 [J]. 山地学报, 2004 (01) :49-54.

[42] 朱文泉, 张锦水, 潘耀忠, 阳小琼, 贾斌 . 中国陆地生态系统生态资产测量及其动态变化分析 [J]. 应用生态学报, 2007 (03) :118-126.

[43] 石垚, 王如松, 黄锦楼等 . 中国陆地生态系统服务功能的时空变化分析 [J]. 科学通报, 2012, 057 (009) :720-731.

[44] 樊继达 . 提供生态型公共产品 : 政府转型的新旨向 [J]. 国家行政学院学报, 2012, 000 (006) :41-45.

[45] 昌龙然 . 重庆两江新区生态涵养区生态资本运营研究 [D]. 西南大学, 2013.

[46] 高晓龙, 程会强, 郑华等 . 生态产品价值实现的政策工具探究 [J]. 生态学报, 2019, 39 (23) .

[47] 陈佩佩, 张晓玲 . 生态产品价值实现机制探析 [J]. 中国土地, 2020 (02) :12-14.

[48] 许英明, 党和苹 . 部生态公共产品供给机制探讨 [J]. 西南金融, 2006, 000 (009) :13-14.

[49] 高建中, 唐根侠 . 论森林生态产品的外在性 [J]. 生态经济, 2007 (2) :109-112.

[50] 钟大能 . 生态产品经营效益的财政补偿机制研究——以西部民族地区生态环境建设为例 [J]. 西南民族大学学报 : 人文社科版, 2008 (9) :233-238.

[51] Qutu Jiang, Cuicui Feng, Jieqiong Ding, Evan Bartley, Ying Lin, Jiahuan Fei, ShiliangWu, Junyu Zhou, Guanqiong Ye, George Christakos.The decade long achievements of China's marineecological civilization construction (2006-2016) [J].Journal of Environmental Management, 2020 (08) .

[52] John Aloysius Zinda, Jun He.Ecological civilization in the mountains:how walnuts boomed and busted in southwest China[J].The Journal of Peasant Studies, 2020. (07) .

[53] Ran Wang, Rui Qi, Jinhua Cheng, Yongguang Zhu, PeixinLu.The behavior and cognition of ecological civilization among Chinese university students[J].Journal of

CleanerProduction，2020（10）.

[54] 青海省生态环境厅.青海最大价值最大责任最大潜力在生态专题研究报告 [R].2019-4.

[55] 宋昌素，欧阳志云.面向生态效益评估的生态系统生产总值GEP核算研究——以青海省为例 [J].生态学报，2020，40（10）:3207-3217.

[56] 黄如良.生态产品价值评估问题探讨 [J].中国人口·资源与环境，2015，025（003）:26-33.

[57] 张英，成杰民，王晓凤，等.生态产品市场化实现路径及二元价格体系 [J].中国口资源与环境，2016.

[58] 何跃君.社区牧民全面发展视角下的黄河源区生态产品价值实现 [J].环境保护，2020（1）:41-46.

[59] 范振林.生态产品价值实现的机制与模式 [J].中国土地，2020（3）:35-38.

[60] 蒋凡，秦涛，田治威.生态脆弱地区生态产品价值实现研究——以三江源生态补偿为例 [J].青海社会科学，2020，No.242（02）:105-110.

[61] 史哲宇，张蓉.新时代生态产品文化价值实现路径研究 [J].青海社会科学2020（6）:6.

[62] 马建堂.生态产品价值实现路径、机制与模式 [M].北京：中国发展出版社，2019.

[63] 张军连，李宪文.生态资产估价方法研究进展 [J].中国土地科学，2003，17（003）:52-55.

[64] 刘峥延，李忠，张庆杰.三江源国家公园生态产品价值的实现与启示 [J].宏观经济管理，2019，422（02）:74-78.

[65] 青藏高原研究所.青藏高原科学大讲堂孙鸿烈院士谈青藏精神 [EB/OL].（2019－04－19）[2020－09－30].http://www.tibet.cn.

[66] 孙发平.中国三江源区生态价值及补偿机制研究 [M].北京：中国环境科学出版社，2008.

[67] 李长辉.青海省地下水资源评价 [R].青海省国土资源厅，2002.

[68] 杨应梅.三江源区水资源保护与利用 [J].节水灌溉，2005（05）:25-27.

[69]《三江源区生态补偿长效机制研究》课题组.三江源区生态补偿长效机制研究 [M].北京：中国环境科学出版社，2016.

[70] 冯晓玙，黄斌斌，李若男，郑华. 三江源区生态系统和土壤保持服务对未来气候变化的响应特征 [J]. 生态学报，2020，40（18）:6351-6361.

[71] 刘海英，王钰. 用能权与碳排放权可交易政策组合下的经济红利效应 [J]. 中国人口·资源与环境，2019，029（005）:1-10.

[72] 方恺，李帅，叶瑞克，等. 全球气候治理新进展——区域碳排放权分配研究综述 [J]. 生态学报，2020，40（01）:14-27.

[73] 王昊. 三江源生物多样性的田野研究 [M]. 北京：北京大学出版社，2019.

[74] 李忠. 践行 "两山" 理论建设美丽健康中国——建设美丽健康中国 [M]. 北京：中国市场出版社，2021.

[75] 侯俊青. 青海省碳排放交易的问题及对策 [J]. 青海金融,2015,000(009):24-27.

[76] 吕紫薇. 三江源地区排污权交易模式研究——基于双重差分模型的分析 [J]. 当代经济，2019，502（10）:84-87.

[77] 邵全琴，樊江文，刘纪远，等. 三江源生态保护和建设一期工程生态成效评估 [J]. 地理学报，2016，71（001）:3-20.

[78] 李俊丽，盖凯程. 三江源区际流域生态补偿机制研究 [J]. 生态经济，2011（02）:171-173.

[79] 国务院新闻办公室. 白皮书：西藏的生态建设与环境保护 [R]. 2003.

[80] 坚定不移建设美丽西藏——高举习近平新时代中国特色社会主义思想伟大旗帜奋力推进西藏长足发展和长治久安系列评论之四 [N]. 西藏日报，2018 — 07 — 10.

[81] 王小彬. 新时代新发展新举措——解读中央第七次西藏工作座谈会 [EB/OL].

[82] 王恩涌. 政治地理学：时空中的政治格局 [M] 北京：高等教育出版社，1998.

[83] 佚名. 让人费解的 "西藏环境破坏论" [EB/OL]. （2011-05-21）[2020-09-30]. http://www. tibet. cn.

[84] 孙勇. 西藏当代经济社会发展中的制度供给[M]. 北京：中国社会科学出版社，2016:104.

[85] 边巴次仁，秦交锋，德吉. "雪域高原的碧水蓝天得到很好保护" ——西藏60 年生态环境保护与建设综述 [N]. 经济日报，2011-05-30.

[86] 姚檀栋. 从青藏高原到第三极和泛第三极 [J]. 中国科学院院刊，2017（9）.

[87] 卢风. 生态文明新论 [M]. 北京：中国科学技术出版社，2013（5）:41.

[88] 孙鸿烈，郑度，姚檀栋等. 青藏高原国家生态安全屏障保护与建设 [J]. 地理学报，2012（1）.

[89] 钟祥浩，刘淑珍，王小丹等. 西藏高原国家生态安全屏障保护与建设 [J]. 山地学报，2006（2）.

[90] 贾凌民. 关于促进西藏生态文明建设的调研报告 [J]. 中国行政管理，2017（11）.

[91] 胡鞍钢，温军. 西藏现代化发展道路的选择问题 [M]. 北京：清华大学国情研究中心，2001.

[92] 胡鞍钢，温军. 西藏现代化发展道路的选择问题：上、下 [J]. 中国藏学，2001（12）.

[93] 吴舜泽，万军，秦昌波，等. 环境保护2020——以提高环境质量为核心的战略转型 [M]. 北京：中国环境出版社，2017.

[94] 杨丹 2050 年西藏的美好愿景：建成和谐绿色开放现代化的世界第三极核心区 [N]. 西藏日报，2019 — 04 — 29.

[95] 康世昌，丛志远，王小萍，等. 大气污染物跨境传输及其对青藏高原环境影响 [J]. 科学通讯，2019（27）.

[96] 刘玉洁，代粮，张婕. 资源承载力监测——以西藏"一江两河"地区为例 [J]. 自然资源学报，2020（7）.

[97] 樊杰. 地球第三极国家公园群的地域功能与可行性 [J]. 科学通讯，2019（27）.

[98] 魏子谦，徐增让，毛世平. 西藏自治区生态空间的分类与范围及人类活动影响 [J]. 自然资源学报，2019（10）.

[99] 孙勇. 西藏与邻省藏区稳定研究视域与思路 [J]. 四川大学学报：哲学社会科学版，2015（1）.